LA INFLAMACIÓN SILENCIOSA

Dr. Barry Sears

La inflamación silenciosa

Cómo combatirla
con la Dieta de la Zona

EDICIONES URANO

Argentina - Chile - Colombia - España
Estados Unidos - México - Uruguay - Venezuela

Título original: *The Anti-Inflammation Zone*
Editor original: HarperCollinsPublishers, Nueva York
Traducción: Alicia Sánchez Millet

ISBN: 978-84-7953-636-7
Depósito legal: B. 1.401 - 2007

Fotocomposición: Ediciones Urano, S. A.
Impreso por I. G. Puresa, S. A. - Girona, 206 - 08203 Sabadell (Barcelona)

Impreso en España - *Printed in Spain*

Agradecimientos

Ninguna de mis obras sobre la Zona la he escrito solo. En primer lugar he de mencionar el continuo apoyo de mi esposa Lynn, que siempre ha creído en mi misión cuando nadie lo hacía. Igualmente importante ha sido mi hermano Doug, que ha estado conmigo durante las pruebas y tribulaciones de mi misión en los últimos veinte años. Por supuesto, mis hijas Kelly y Kristin, que han sido las primeras niñas en la Zona y que han tenido que experimentar los constantes ajustes de mi tecnología en cada comida durante la mayor parte de sus vidas; también han estado siempre apoyándome. En este libro en particular, quiero dar especialmente las gracias a Deb Kotz por sus excelentes consejos, y a Cassie Jones, de ReganBooks, por su arte en el campo de la edición. Por último, quiero agradecer a Judith Regan que siga manteniendo su fe en la Zona.

Índice

Introducción

La Zona sigue estando mal entendida por la inmensa mayoría de la población, así como por la mayor parte de los profesionales de la medicina. Todavía se considera como una dieta para perder peso, en lugar de una nueva visión de la forma en que el equilibrio hormonal determina tu estado de bienestar. La verdadera clave para el bienestar reside en conservar cierto grupo de hormonas, conocidas como eicosanoides, dentro de una zona determinada. Estas hormonas, prácticamente desconocidas y casi místicas, son las guardianas de tu futuro. Consérvalas equilibradas, y tu futuro será brillante. Pierde el control, y tu futuro será poco alentador.

¿Cómo puedo hacer semejante afirmación? Puedo porque los eicosanoides controlan la inflamación, y actualmente se está empezando a reconocer que esa es la causa de muchas, si no de todas, las patologías crónicas que amenazan con destruir nuestro sistema sanitario.

Los beneficios del control hormonal exceden en mucho al de la pérdida de peso. De hecho, el control hormonal afecta prácticamente a todos los aspectos de nuestra vida. A continuación enumeramos algunos de los poderosos beneficios de seguir mi programa para llegar a la Zona antiinflamación que van más allá del control del peso:

- Mejor salud
- Longevidad
- Reducción de los síntomas de las enfermedades crónicas
- Mayor control emocional
- Mayor agudeza mental
- Aumento del rendimiento físico

Determinadas enfermedades como las patologías cardiovasculares, la diabetes, el cáncer y el Alzheimer consumen la mayor parte de los recursos sanitarios de Estados Unidos. Todas estas enfermedades contie-

nen un importante componente inflamatorio. Esta inflamación conduce irremediablemente a tu cuerpo hacia una enfermedad crónica. Controla esa inflamación, y habrás dado un gran paso para reducir, si no invertir, los síntomas de estas enfermedades crónicas, regresando a un
estado de bienestar.

De hecho, todo lo que es importante en tu vida (la salud, la longevidad, el rendimiento mental y físico y las emociones) está controlado por las hormonas. Mantén las hormonas en perfecto equilibrio y
conseguirás la meta más codiciada de la vida: bienestar físico y mental. El bienestar no es un estado mental escurridizo. Tal como voy a
demostrar, se puede medir y contabilizar en tu sangre. Por lo tanto, el
bienestar ya no es un estado filosófico, sino un hecho médico. Este libro trata de cómo alcanzar la zona de bienestar controlando la inflamación.

Los libros anteriores que he escrito en los últimos diez años sobre
la tecnología para el control hormonal de la Zona siempre han hablado del control de la inflamación, porque la Zona se basa en el equilibrio de los eicosanoides. Cuando escribí mi primer libro sobre la Zona
en 1995, prácticamente ningún miembro del estamento médico, y mucho menos el público en general, había oído hablar de los eicosanoides, a pesar de que en 1982 se concedió el premio Nobel de Medicina
al investigador que explicó su función en las enfermedades humanas.
En la actualidad, el número de personas que entienden el poder de los
eicosanoides todavía es muy limitado. Sin embargo, se conoce lo bastante sobre la inflamación como para saber que no es precisamente
muy recomendable. Lo que sucede es que todavía no parecen darse
cuenta de que los eicosanoides son los causantes de la inflamación.
Controla tus eicosanoides, y controlarás tus niveles de inflamación y,
por consiguiente, tu bienestar. Es así de sencillo, y en este proceso
cambiarás tu futuro.

Las mejores herramientas para cambiar tu futuro son la Dieta de la
Zona y el aceite de pescado concentrado y destilado Enerzona. Otras
dos herramientas, aunque no tan poderosas como la dieta, son el ejercicio adecuado y la reducción del estrés para mitigar los daños colaterales
provocados por la inflamación. Todos estos enfoques combinados comprenden lo que yo denomino Programa de estilo de vida en la Zona.
Treinta días bastarán para que domines estas herramientas que cambia-
rán tu futuro. No creas en mi palabra: tu sangre te lo confirmará alto y
claro. Pero esto es sólo el principio, porque has de utilizarlas de por vida
para mantener la inflamación bajo control.

Ten presente que el día en que dejes de luchar contra la inflamación será el día en que empieces a acelerar tu proceso de envejecimiento, junto con las enfermedades crónicas asociadas al mismo. Sí, perder el exceso de grasa será la clave para tu lucha de por vida contra la inflamación. Esto se debe a que el exceso de insulina no sólo es la causa de que engordes y de que no pierdas peso, sino que también aumenta la inflamación. Sin embargo, por importante que sea perder el exceso de grasa corporal, no lo es tanto como la utilización de una dosis adecuada de aceite de pescado destilado en tu batalla contra la inflamación.

Otro de los objetivos de este libro es alertarte sobre la nueva epidemia de un tipo de inflamación que no es dolorosa. Se conoce como inflamación silenciosa. Eso es lo que la hace tan peligrosa: no la notas, pero cuando al cabo de unos decenios te aparece una enfermedad crónica, es porque ya había estado erosionando incesantemente tu bienestar. En este libro aprenderás a controlar el nivel de inflamación silenciosa de tu cuerpo con el mínimo esfuerzo por tu parte. Hago hincapié en la frase *con el mínimo esfuerzo*, puesto que todo cambio, por positivo que sea, conlleva cierto estrés. Te prometo que en treinta días, si no antes, descubrirás que tu vida ha mejorado notablemente. Y cuando te hagas los análisis pertinentes, tu sangre confirmará tu paso a un nuevo estado de bienestar. Este es el tipo de cambio que todos esperamos.

El control continuo de la inflamación es la esencia de la Zona. No obstante, se suele necesitar al menos un año para integrar los nuevos hábitos en el estilo de vida. Me gustaría que vieras este libro como un manual del bienestar al que puedes recurrir siempre que lo necesites para reforzar tus hábitos dietéticos y de estilo de vida. Pero lo más importante es que has de tener alguna forma objetiva de medir los beneficios de estos cambios hormonales. No quiero que me creas a ciegas, aunque es cierto que puedes cambiar tus niveles hormonales en sólo una comida, y sentirte mejor, tener mayor claridad mental y conseguir más rendimiento al cabo de unos pocos días en la Zona. Esta es la razón por la que quiero que observes tus cambios y que los cuantifiques. Los cambios en la química de tu sangre determinan el grado de tu nuevo estado de bienestar. Estas pruebas sanguíneas te ofrecen una aguda visión sobre tu futuro, ya que son los marcadores más exactos de la inflamación silenciosa conocidos por la ciencia.

Si no sabes cómo dominar a tus hormonas para controlar la inflamación, tu futuro será mucho más difícil de lo que podría ser. Esta es la razón por la que llegar a la Zona antiinflamación te ofrece el potencial de cambiar tu futuro y redirigirlo en la dirección que desees. Si ahora tu futuro no te parece muy prometedor debido a tus altos niveles de inflamación silenciosa, no te preocupes, porque puedes cambiarlo en treinta días. Una vez que lo hayas hecho, estarás en la vía hacia un estado de bienestar permanente.

Bienvenido a la Zona antiinflamación y al retorno del bienestar.

PRIMERA PARTE

La epidemia de inflamación silenciosa y la correspondiente pérdida de bienestar

1

¿Qué es el bienestar?

Damos por hecho que lo tenemos hasta que enfermamos. Me estoy refiriendo al «bienestar». El diccionario Webster define el bienestar como «la cualidad o el estado de gozar de buena salud especialmente cuando se busca activamente como una meta». Esto significa que hemos de hacer un esfuerzo si queremos estar sanos, algo que muchas personas no hacen.

Probablemente pienses en el bienestar como la ausencia de enfermedades crónicas. Si no estás enfermo, es que estás bien. Esta definición es absurda, porque se necesitan muchos años, cuando no decenios, para que aparezca una enfermedad cardiovascular, una diabetes, un cáncer o un Alzheimer. Las semillas de las enfermedades crónicas se plantan muy pronto, a veces en la infancia. Nuestros genes, nuestro peso corporal, hábitos dietéticos y buena forma física determinan si estamos en un estado de bienestar, o si avanzamos hacia una enfermedad crónica en los años venideros. También determinan si nos acecha un asesino furtivo: la inflamación silenciosa. Tener niveles altos de inflamación silenciosa significa que no estás en un estado de bienestar. De hecho, esta es mi definición personal de bienestar:

Bienestar/bien-estar/: ausencia de inflamación silenciosa

Puede que te estés preguntando: «¿Qué es la inflamación silenciosa?» Lo que es aún más extraño: «¿Cómo puede ser silenciosa la inflamación?» La inflamación silenciosa es simplemente la inflamación que está por debajo del umbral del dolor. Esa es la razón por la que es tan peligrosa. No haces nada para detenerla porque arde durante años o décadas hasta que se manifiesta en una enfermedad crónica.

Nunca me cansaré de repetir lo fuerte que es el vínculo entre la inflamación silenciosa y las enfermedades crónicas mortales. Si tienes niveles altos de inflamación silenciosa en tu cuerpo, aunque no estés enfermo en estos momentos, significa que no estás bien.

Irónicamente, la inflamación es el componente protector del sistema inmunitario que sirve para combatir a las bacterias, los virus, los hongos y otros invasores microbianos. También ayuda a reparar los tejidos dañados por una herida. Sin la inflamación estaríamos completamente indefensos en un mundo muy hostil, sin posibilidades de reparar las constantes agresiones a las que estamos expuestos. Pero la inflamación también tiene un aspecto negativo si no se desconecta. Todos los estudios indican las miles de formas en que la inflamación crónica perjudica seriamente al cuerpo. Tiene un efecto nocivo sobre las arterias, que pueden provocar infartos de miocardio y accidentes cerebrovasculares. Destruye las células nerviosas del cerebro en los pacientes de Alzheimer. Deprime el sistema inmunitario y favorece la formación de tumores cancerígenos. Resumiendo, la inflamación silenciosa es el polo opuesto al bienestar. Sienta las bases para las enfermedades crónicas. Pero lo peor es que en Estados Unidos se ha convertido en una epidemia y amenaza con destruir su actual sistema de salud pública.

La buena noticia es que puedes hacer algo para cambiar tu futuro, si en la actualidad te estás encaminando hacia una enfermedad crónica. Puedes alcanzar el estado de bienestar cuando todavía estás a tiempo de evitar una cardiopatía o la diabetes. Esto, por supuesto, requiere que emprendas una acción. Primero has de averiguar si estás en un estado de bienestar o si te diriges hacia la enfermedad. Si tienes exceso de grasa en el cuerpo, comes mal y haces poco ejercicio, probablemente vas por el mal camino. Esto debería ser bastante obvio, pero descubrir el grado de inflamación silenciosa de tu cuerpo revelará lo mal que realmente estás. No obstante, lo sorprendente es que tu estado de bienestar ahora se puede medir científicamente. Los análisis de sangre revelan tu grado de inflamación silenciosa. Si tienes un nivel muy alto, has de emprender la siguiente acción: trasladarte a la Zona antiinflamación, que es el camino hacia el bienestar.

La insidiosa naturaleza de la inflamación silenciosa

Todo dolor se debe en última instancia a la inflamación. En general, empiezas a notar la inflamación si tienes inflamadas las articulaciones o tejidos, pero en realidad te das cuenta sólo cuando te duele. Este tipo de inflamación se manifiesta como lo que denominamos *dolor agudo*.

Lo sabes cuando lo tienes, y probablemente te enfrentes al mismo con algún antiinflamatorio como la aspirina o el ibuprofeno. Si estos medicamentos sin receta no funcionan, puede que acudas con desgana a tu médico para que te recete fármacos más fuertes.

Si le preguntas qué es realmente la inflamación, lo más probable es que simplemente te responda que es algo muy complejo. Es la forma abreviada que tienen los médicos de decir: «En realidad, no lo sé, pero probablemente no es buena». De hecho, la principal preocupación de los médicos desde el comienzo de los tiempos ha sido la búsqueda de componentes que calmen el dolor. Aunque los medicamentos contra el dolor pueden ser muy eficaces proporcionando un alivio temporal, no sirven para detener lo que está provocando la inflamación.

Avancemos un poco más lejos. Digamos que eres afortunado porque no padeces una patología crónica que te provoque un dolor agudo. Crees que te encuentras bien. No obstante, puede que estés sufriendo los peligrosos efectos de la inflamación crónica que está por debajo del umbral del dolor. Tu cuerpo sufre sin quejarse por esta inflamación. Puede que hasta lo consideres *dolor silencioso*. No sientes el dolor de este tipo de inflamación mientras se va cobrando sus efectos sobre tu cerebro, corazón o sistema inmunitario.

Mi promesa

Tener inflamación silenciosa significa que ya no estás bien y que estás incubando una enfermedad crónica. Lo único que sucede es que todavía no lo sabes. Sé que esto puede ser difícil de creer, pero la verdad es que prácticamente todas las enfermedades crónicas actúan de este modo. No se producen de la noche a la mañana. La mayor parte de las personas a las que les diagnostican cáncer padecen un *shock* cuando se lo dicen. «Pero si me encuentro bien. ¿Cómo puedo estar enferma?», es el comentario más frecuente. Por eso al cáncer lo llamamos insidioso. Un tumor puede estar acechando al cuerpo durante años sin ser detectado, antes de que se manifieste claramente. Lo mismo sucede con la inflamación silenciosa. Puede que no te anuncie su presencia provocándote dolor, pero eso no significa que no esté presente. Y si tienes niveles altos de la misma, simplemente ya no estás bien, aunque, de momento, no te encuentres mal.

Ahora imagina que puedes detectar el inicio de la inflamación silenciosa, años o decenios antes de que se desarrolle la enfermedad crónica. Digamos que tienes el «fármaco milagroso» que puede detener esa inflamación silenciosa, y retrasar, o incluso eliminar, esa o esas enfermedades. ¿Te lo tomarías?

¿Quién no? Bueno, yo tengo este maravilloso fármaco en la forma de este libro, donde no sólo se plasman las investigaciones más recientes sobre la inflamación, sino que también está diseñado para enseñarte a alterar el entorno hormonal de tu cuerpo que es el principal causante de la inflamación silenciosa. Cuando se siguen correctamente los consejos dietéticos y las prescripciones de estilo de vida de este libro, se puede invertir el proceso inflamatorio, evitando que se precipite en una enfermedad crónica plenamente manifestada. Con este libro tendrás una guía clara para regresar al estado de bienestar, que lo podrás verificar con un sencillo análisis de sangre. Eso es lo que llamamos buena medicina.

Alcanzar el bienestar no sólo significa alterar la vía hacia la enfermedad crónica, sino que se convierte en la senda hacia un buen envejecimiento. Es evidente que no puedes evitar hacerte mayor, pero ¿puedes mantener tu calidad de vida? ¿Puedes evitar pasar tus últimos años debilitado y dependiente de atención médica? Si sigues los sencillos consejos dietéticos y de estilo de vida de *La Zona antiinflamación*, la respuesta es un sí rotundo. Cuanto más te mantengas en ese estado de bienestar, mejor calidad de vida tendrás ahora y en el futuro.

De hecho, puedes empezar a sentirte mejor ahora mismo, a los pocos días de entrar en la Zona. Esta Zona antiinflamación no es ciencia ficción: sus conceptos se han verificado en varios estudios, incluidos los realizados por la Facultad de Medicina de Harvard. Aunque pienses que tu calidad de vida es bastante buena por el momento, te sorprenderá comprobar que puedes sentirte muchísimo mejor. Con los años, innumerables defensores de la Zona me han dicho que hasta que no entraron en la Zona no se habían dado cuenta de lo bien que se podían llegar a sentir. No creas en lo que te digo, pruébalo tú mismo. Hazte un análisis de sangre. Comprueba cuál es tu estado de bienestar. Luego entra en la Zona y repite los análisis. Si sigues el plan, verás mejoras y sabrás lo que es sentirse verdaderamente bien.

La constante evolución de la Zona

Cuando introduje la Zona hace ya diez años, inicié una revolución sobre los conceptos que se tenían de la comida. La comida no sólo es alimento para el cuerpo, sino un poderoso «fármaco» que puede devolverte al estado de bienestar a través de un buen control hormonal. No obstante, al igual que un medicamento, la comida también puede enfermarte si no la usas correctamente. La Zona no es un lugar místico ni un atractivo término de márketing. Es un estado fisiológico real de tu cuerpo donde las hormonas se equilibran para aumentar el bienestar y reducir las enfermedades crónicas. Estas hormonas son controladas principalmente por la dieta. Come los alimentos correctos en las dosis correctas y conseguirás un equilibrio hormonal. Come los alimentos incorrectos en las dosis incorrectas y aumentarás tu nivel de inflamación silenciosa, que te conducirá a una enfermedad crónica.

Mis primeras recomendaciones dietéticas de equilibrar las proteínas, los hidratos de carbono y las grasas, que expuse en mi primer libro *Dieta para estar en la Zona*, siguen siendo el mejor método para controlar la insulina. El control de la insulina es necesario para ayudarte a perder el exceso de grasa corporal y evitar enfermedades relacionadas con la obesidad como la diabetes y las cardiopatías, así como la propia inflamación silenciosa. Tomar el aceite de pescado concentrado y destilado, del que hablé hace tres años en mi libro *En la Zona con Omega-3 Rx*, es la mejor forma de equilibrar los eicosanoides, que son los que en el fondo controlan todos los procesos inflamatorios. Seguir la Dieta de la Zona e ingerir este aceite de pescado son las claves para conservar tu bienestar.

No obstante, hay otros pasos que también se pueden dar para cubrir todos los aspectos y reducir la inflamación silenciosa. Estos incluyen la incorporación de ejercicios adecuados y técnicas sencillas de reducción del estrés en tu programa de bienestar diario. Cuanto más incorpores estas técnicas adicionales, menos estricto tendrás que ser con tu Dieta de la Zona y menos cantidad de aceite de pescado necesitarás.

Este libro es el programa más completo de la Zona editado hasta la fecha. Además de detallarte una prescripción dietética personalizada, te doy un plan paso a paso para que reduzcas la inflamación silenciosa en treinta días. Aunque tengas que hacer algunos ajustes en tu actual estilo de vida, verás que estos cambios no exigen un cambio radical por tu parte. Mi programa de ejercicios está diseñado para practicarlo mientras miras la televisión. Mis técnicas de relajación se pueden practicar en una oficina o sentado en una silla cómoda. Seguir la Dieta de la Zona sólo requiere dividir tu plato en tres secciones iguales, y luego utilizar la palma de tu mano y los ojos para ayudarte a conseguir las proporciones adecuadas de proteínas, grasas e hidratos de carbono. ¡Y sólo necesitas quince segundos al día para tomarte todo el aceite de pescado que necesitas!

Un poco de esfuerzo puede suponer un largo recorrido para reducir los efectos adversos de la inflamación silenciosa. Estas son mis garantías de lo que sucederá durante tu primera semana en esta nueva Zona de bienestar. Al invertir la inflamación silenciosa:

- Tendrás mayor claridad mental
- Tendrás más rendimiento
- Tendrás mejor aspecto
- Te sentirás mejor

Todos estos beneficios son consecuencias de la rápida reducción de la inflamación silenciosa.

Con el tiempo, controlando las hormonas que provocan la inflamación silenciosa:

- Conseguirás prevenir el infarto de miocardio y los accidentes cerebrovasculares
- Te ayudará a prevenir el cáncer
- Te ayudará a invertir los dos tipos de diabetes
- Te ayudará a evitar enfermedades nerviosas (Alzheimer, depresión, trastorno de déficit de atención, Parkinson)
- Te ayudará a reducir las enfermedades autoinmunes (artritis reumatoide, lupus, esclerosis múltiple)
- Te ayudará a reducir el dolor (fibromialgia, migrañas, dolor crónico, artritis, etc.)

Pero lo más importante es que empezarás a controlar tu futuro.

Si quieres dar un paso hacia delante y empezar con el programa, ve inmediatamente a la Segunda Parte, que empieza en la página 45. Deberás notar resultados en un par de semanas, o menos. Sin embargo, no quiero que creas en mis promesas sin datos científicos que las apoyen. En los dos capítulos siguientes te explico brevemente lo que es la inflamación silenciosa y por qué es tan peligrosa para tu cuerpo si no está controlada. También comprenderás de qué modo actúan juntos los distintos componentes de mi tecnología de la Zona para combatir la inflamación silenciosa. Cuando tengas estos conocimientos, te habrás convencido de que has de permanecer en la Zona antiinflamación durante toda tu vida si tu meta es conservar tu bienestar.

2

¿Por qué es tan peligrosa la inflamación silenciosa?

La inflamación se ha convertido de pronto en una gran novedad, a pesar de que llevo diez años escribiendo sobre ella. En el mes de febrero de 2004 fue portada de la revista *Time,* y ha sido objeto de innumerables artículos en los periódicos y reportajes de la televisión. Sin duda, disfruta de atención garantizada. La culminación de muchos decenios de investigaciones señala una cosa: la inflamación que no puedes notar (la inflamación silenciosa) puede que fuera la fuerza oscura que operaba tras muchas de las enfermedades más temidas de la Edad Media y la Antigüedad.

Este descubrimiento revolucionario tiene dos aspectos. El negativo es que la mayoría de los estadounidenses llevan un estilo de vida que provoca inflamación silenciosa crónica. Esto puede condenarles a graves discapacidades en el futuro, a pesar de los recientes avances en la medicina. El aspecto positivo es que, en lugar de requerir diferentes tratamientos para enfermedades tan distintas como las cardiopatías, el cáncer, la diabetes y el Alzheimer, un remedio único para prevenir la inflamación silenciosa bastaría para prevenir esas cuatro enfermedades, así como muchas otras. Lo que significa que ya no tienes que sentarte a esperar a que se produzca algún nuevo descubrimiento en la biotecnología que cure el cáncer y el Alzheimer, que todavía puede tardar muchos años (si es que se logra alguna vez). Puede que ya dispongas de una solución simple al alcance de tus manos: mantenerte en la Zona antiinflamación. Pronto comprenderás por qué es tan eficaz en la lucha contra la inflamación silenciosa, mientras que los medicamentos resultan insuficientes.

Inflamación = dolor

Todo dolor es provocado por una inflamación. El principal objetivo de la medicina desde el principio de los tiempos ha sido la búsqueda de componentes para reducir el dolor. Sin embargo, tu médico puede que sea totalmente incapaz de explicarte lo que es la inflamación y qué es lo que desencadena el dolor en el cuerpo.

Los antiguos griegos describieron la inflamación como «fuego interno». Hacia el siglo I de nuestra era el médico romano Celso elaboró una definición al afirmar que la inflamación es «el enrojecimiento (*rubor*) y la tumefacción (*tumor*) con calor (*calor*) y dolor (*dolor*)». Después de dos mil años, esta antigua descripción romana no ha cambiado demasiado. Todavía seguimos pensando que las áreas inflamadas van acompañadas de tumefacción, enrojecimiento y calor al tacto. Y, sí, por supuesto, también de dolor.

No obstante, la inflamación abarca mucho más de lo que ve el ojo. Como ya he mencionado en el capítulo 1, es nuestra arma más potente para defendernos de los invasores (como las bacterias, los virus y los parásitos) que atacan a nuestro cuerpo y provocan enfermedades infecciosas. En el momento en que uno de estos invasores se cuela en nuestro torrente sanguíneo, la inflamación coordina un ataque masivo para destruir al enemigo y cualquier tejido infectado. La inflamación es también el modo en que el cuerpo responde a los traumatismos y a las heridas para repararse. Una vez que da comienzo el proceso de sanación, la inflamación desaparece al momento y el cuerpo vuelve a su funcionamiento normal. Sin la inflamación, estaríamos totalmente expuestos a los ataques de organismos oportunistas o a heridas que no se cerrarían jamás.

Sin embargo, en algunas ocasiones, este complejo proceso no se paraliza del todo cuando se supone que debe hacerlo. La inflamación se vuelve crónica en lugar de transitoria, pero se mantiene por debajo del umbral del dolor. Esta inflamación silenciosa crónica es la que puede acabar con tu vida. Esta generación constante de inflamación silenciosa puede ser debida a una predisposición genética o a un factor de estilo de vida, como la obesidad, una mala dieta o el tabaquismo. Sea cual fuere la causa, un nivel alto de inflamación silenciosa acaba convirtiéndose en una guerra que diezma los vasos sanguíneos, los tejidos y las células, y prepara el camino para la enfermedad crónica.

La inflamación silenciosa daña al cuerpo de varias formas. Los estudios han demostrado que desestabiliza los depósitos de colesterol en las arterias coronarias, lo que provoca infartos de miocardio y accidentes cerebrovasculares. También ataca a las células nerviosas del cerebro de las personas con predisposición al Alzheimer y desencadena una rápida división celular, que es lo que hace que las células sanas se vuelvan cancerosas.

El secreto para mantener el bienestar es hacer todo lo posible por controlar la inflamación silenciosa durante el resto de tu vida. Sí, tu cuerpo necesita un sistema inflamatorio funcional para sobrevivir, pero también ha de cortar este proceso una vez que el invasor ha sido aplacado o se ha cerrado la herida. Los soldados de a pie de la inflamación silenciosa son las hormonas conocidas como eicosanoides. Estas hormonas trabajan en coordinación con las células de tu sistema inmunitario para combatir en cualquier batalla que pueda provocarse en el cuerpo. Pero también se han de licenciar una vez terminada la lucha, de lo contrario se convierten en mediadoras de la inflamación silenciosa.

Veamos un poco más de cerca tu ejército inmunitario.

- **Eicosanoides**: estas hormonas son las que en última instancia controlan todo el proceso inflamatorio. Permiten que las células especializadas en inflamación (neutrófilos y macrófagos) se movilicen y se abran paso por la red de vasos sanguíneos hasta llegar al campo de batalla. Estas células especiales destruyen a los invasores y los engullen. Los eicosanoides también provocan la liberación de más proteínas inflamatorias, denominadas citoquinas, que mandan las señales para pedir refuerzos. En breve, acude todo un ejército de células del sistema inmunitario al lugar de los hechos para destruir los microbios y cualquier tejido dañado. Entre los eicosanoides también se encuentran otras hormonas reparadoras y de rejuvenecimiento. Cuando estos eicosanoides opuestos están equilibrados te encuentras bien. Cuando no es así, avanzas hacia una enfermedad crónica.

- **Células del sistema inmunitario**: son las células guardianas de tu organismo, denominadas mastocitos, siempre pendientes de cualquier señal de alerta. Al primer signo de invasión extranjera, estos mastocitos liberan histamina, que indica a nuestro sistema inmunitario que ha de atacar. La histamina circula por el torrente sanguíneo y se adhiere a ciertas células, provocando una serie de reacciones que comienzan con una explosión de eicosanoides proinflamatorios. Los vasos sanguíneos se dilatan como respuesta a estos eicosanoides, dando paso a más células soldados (neutrófilos y macrófagos) para que lleguen a su objetivo lo más rápido posible. En esta dilatación de los vasos sanguíneos intervienen los eicosanoides y provocan los signos típicos de la inflamación: tumefacción, calor y enrojecimiento.

CÓMO EL EXCESO DE GRASA CORPORAL GENERA LA INFLAMACIÓN SILENCIOSA

Antes se consideraba que las células adiposas simplemente eran depósitos inertes de almacenamiento de grasa. Por desgracia, las investigaciones nos han demostrado que las células adiposas no son tan inocentes como parecían. De hecho, son poderosas generadoras de inflamación silenciosa. Son el detonador que conecta la grasa corporal con una serie de enfermedades, como las cardiopatías, el cáncer y el Alzheimer.

Las células adiposas (especialmente las de la región abdominal) tienden a captar el ácido araquidónico (AA), el compuesto básico de todos los eicosanoides proinflamatorios. Esto es un mecanismo de defensa para evitar el aumento de niveles potencialmente elevados de AA en otras células. Es como el concepto de «fuera de la vista, fuera de la mente», pero en el plano molecular. No obstante, mientras el AA se siga almacenando en tus células adiposas, al final acabará generando la producción local de eicosanoides proinflamatorios. Estos eicosanoides producidos localmente generan la producción de más citoquinas inflamatorias, conocidas como interleuquina-6 (IL-6) y factor de necrosis tumoral (TFN). A diferencia de los eicosanoides proinflamatorios que no pueden entrar en el torrente sanguíneo, las citoquinas inducidas por los mismos pueden abandonar el tejido graso y adentrarse en el torrente sanguíneo, provocando una cascada de respuestas inflamatorias adicionales por todo el cuerpo.

Resumiendo: cuanta más grasa tienes, más inflamación estás generando durante todo el día. Esta es la razón por la que perder el exceso de grasa en el cuerpo es tu primera forma de defenderte en tu lucha de por vida contra la inflamación silenciosa.

¿Cómo provocan el dolor estos soldados inmunitarios? Aunque hablaré de ello con más detalle posteriormente en este libro, los eicosanoides proinflamatorios facilitan que las células del sistema inmunitario traspasen las paredes de los vasos sanguíneos para acudir al campo de batalla. Estos mismos eicosanoides también desencadenan la acumulación de exceso de fluido en el área de la batalla. Esto hace que los vasos se dilaten todavía más, lo cual a su vez propicia que alcancen las terminaciones nerviosas, que envían un mensaje a tu cerebro de que hay dolor. Para asegurarse de que tu cerebro recibe el mensaje, los eicosanoides aumentan la sensibilidad de las fibras nerviosas para que puedan enviar una señal de dolor aún más fuerte. Tu cuerpo quiere que el cerebro sepa que se está librando una batalla inmunitaria para que puedas detener lo que la está provocando y sacar a tu cuerpo fuera de la zona de peligro. Por ejemplo, si pones el dedo en una llama, la reacción de dolor de tu cuerpo te dice que lo apartes inmediatamente. Cuando se ha ganado la batalla, el cuerpo retira su ejército inmunitario. Esto lo hace enviando agentes antiinflamatorios en forma de hormonas de cortisol y de eicosanoides antiinflamatorios, que tienen el efecto opuesto al de los eicosanoides proinflamatorios. Estos agentes antiinflamatorios reducen el dolor y empiezan a estimular el proceso de curación.

Cuando la inflamación persiste

El problema empieza cuando el proceso inflamatorio persiste y se transforma en inflamación silenciosa crónica. Se interrumpe la comunicación y los eicosanoides proinflamatorios continúan generándose, pero en menor cantidad. Estos eicosanoides continúan librando una guerra inmunitaria, pero esta vez contra ti. Los tejidos, células y vasos sanguíneos sanos están sufriendo un ataque constante.

Si la intensidad del ataque es lo suficientemente alta, continuarás sintiendo dolor. Este es el tipo de dolor agudo que te envía al médico para que te suministre fármacos antiinflamatorios como la aspirina, el ibuprofeno o naproxeno. Sí, puede que consigas controlar el dolor con uno de estos fármacos o con otros nuevos más caros, como los inhibidores COX-2 (véase páginas 30-31), o con medicamentos más fuertes, como los corticoesteroides. Esto se debe a que prácticamente todos estos medicamentos detienen la superproducción de eicosanoides proinflamatorios.

Por desgracia, estos mismos fármacos son como bombas silenciosas, ya que también detienen la producción de los eicosanoides antiinflamatorios, que tu cuerpo necesita no sólo para reparar los daños ocasionados en el campo de batalla sino también para mantener el estado de bienestar. La utilización de estos medicamentos a largo plazo puede provocar un montón de efectos secundarios, desde úlceras de estómago, hasta una disfunción de las paredes del aparato digestivo denominada síndrome del intestino agujereado (permeabilidad intestinal aumentada), un fallo cardíaco o incluso la muerte. De hecho, en Estados Unidos cada año mueren tantas personas por tomar antiinflamatorios como por el sida. Por esta razón, no creo que estos medicamentos sean una buena forma de controlar la inflamación silenciosa. (Hablo de esto con más detalle en el capítulo 12.)

Al menos cuando padeces dolor agudo estás haciendo algo positivo, como es tomar la iniciativa. Con la inflamación silenciosa no haces nada, y ahí es donde empieza el peligro. La inflamación silenciosa no desencadena el tipo de inflamación intensa que afecta a tus terminaciones nerviosas y que envía señales de dolor al cerebro. Sin embargo, tienes suficiente inflamación como para que tu cuerpo sufra las consecuencias a largo plazo. Con el tiempo puede desgastar tus vasos sanguíneos, tu sistema inmunitario y tu cerebro, provocando enfermedades crónicas como cardiopatías, cáncer y Alzheimer.

Aunque provocada por los mismos eicosanoides proinflamatorios que los que causan el dolor agudo, permanece oculta durante años. No puedes notarla, por lo tanto no haces nada por detenerla, y esta es la razón por la que es tan destructiva para tu salud. Esto da lugar a un terrible desequilibrio. ¿Tomas antiinflamatorios regularmente para controlar la inflamación silenciosa? Esto reduciría la probabilidad de padecer cardiopatías, pero también aumenta el riesgo de padecer efectos secundarios gastrointestinales, y posiblemente la muerte. ¿Existe otra alternativa? La alternativa es llegar a la Zona antiinflamación.

Las últimas investigaciones demuestran que la inflamación silenciosa perjudica a tu cuerpo de varias formas. Lo fascinante es lo lejos que pueden llegar los efectos negativos de la inflamación silenciosa. Al igual que un veneno, se extiende por todos los sistemas del cuerpo causando estragos en la división celular, el sistema inmunitario y algunos órganos principales como el corazón y el cerebro. El resultado es que gran parte de los conocimientos médicos convencionales sobre la enfermedad están actualmente en tela de juicio.

Cardiopatías

Muchos médicos piensan que las cardiopatías son un problema de bombeo derivado del almacenamiento de depósitos de grasa en las principales arterias coronarias. Estos depósitos o placas se ensanchan hasta que al final cortan todo el suministro de sangre a la arteria, provocando el infarto de miocardio. Puesto que las placas son ricas en colesterol, un nivel alto del mismo debería aumentar el riesgo de padecer cardiopatías. El problema es que el 50 por ciento de los infartos de miocardio se producen en personas con niveles de colesterol normales, y el medicamento por excelencia que reduce este riesgo (aspirina) no tiene ningún efecto en regular los niveles de colesterol. Lo que es más importante, los médicos han descubierto, mediante nuevas pruebas de imagen, que los depósitos más peligrosos con frecuencia no son muy grandes, pero sí muy fáciles de romper. Se denominan placas blandas.

Debe haber otro factor que contribuya a esta enfermedad, pero ¿cuál? Las claves empezaron a descubrirse en 1848, cuando Rudolf Virchow, el patólogo más famoso de Europa en aquellos tiempos, tras observar el tejido cardíaco de las personas que habían muerto por enfermedades del corazón, afirmó que las cardiopatías eran una situación inflamatoria. No obstante, las observaciones de Virchow se perdieron en el olvido, puesto que en aquellos tiempos no había forma de medir la inflamación. Sin embargo, sí se podía medir el colesterol, que pronto se convirtió en la «causa» de las cardiopatías (véase capítulo 15 para más detalles).

La relación de la inflamación con las cardiopatías no volvió a ser investigada hasta la década de 1970, cuando Russell Ross, de la Universidad de Washington, empezó a proclamar el por entonces controvertido concepto de que las cardiopatías eran una enfermedad inflamatoria. En aquellos tiempos, la verdad inconcusa que se repetía habitualmente era que los niveles altos de colesterol eran la principal causa de las enfermedades del corazón. Puesto que no había forma de medir la inflamación, especialmente la silenciosa, la reducción del colesterol siguió siendo el Santo Grial de la medicina cardiovascular.

Por último, a finales de la década de 1990 se desarrolló el primer marcador sanguíneo rudimentario para detectar la inflamación silenciosa. Este marcador, conocido como proteína C-reactiva (PCR), es una molécula producida por el hígado como respuesta a la inflamación. Tal como describiré más adelante, hay un nuevo indicador mucho más sensible de la inflamación silenciosa, que detecta los marcadores en la sangre que aparecen en una fase mucho más primitiva del proceso inflamatorio que la PCR. Esta nueva prueba puede detectar la inflamación silenciosa en su fase inicial.

Diabetes

Los investigadores han empezado a dilucidar la compleja interconexión entre la inflamación, la insulina y el exceso de grasa corporal. Han descubierto que las células adiposas pueden actuar como las células del sistema inmunitario, liberando proteínas inflamatorias conocidas como citoquinas en cantidades cada vez mayores a medida que aumentas de peso. Es decir, cuanto más obeso eres, más inflamación silenciosa generas. Estas citoquinas hacen que las células sean más resistentes a la insulina, de modo que el cuerpo genera cada vez más insulina, lo que aumenta la producción de citoquinas. El resultado es la diabetes de tipo 2 (adulto). Entonces, ¿qué fue primero: la inflamación o el aumento de la insulina? En mi opinión, la inflamación, como explicaré más adelante (véase capítulo 14).

Cáncer

La inflamación puede actuar mano a mano con las mutaciones genéticas para convertir células normales en tumores potencialmente peligrosos. Los macrófagos y otras células inflamatorias lanzan radicales libres, que destruyen no sólo los microbios, sino también el ADN de las células sanas. Es el equivalente biológico de la expresión bélica «fuego amigo», que indica que las tropas son atacadas por su propia artillería. Esto puede conducir a mutaciones genéticas que hacen que una célula se desarrolle y prolifere rápidamente. También se sabe que los eicosanoides proinflamatorios (la principal causa de la inflamación silenciosa) no sólo están íntimamente relacionados con la formación de tumores, sino que también facilitan su propagación a los tejidos anejos (metástasis). Además, estos mismos eicosanoides inflamatorios colocan una barrera entre la célula tumoral y el sistema inmunitario, con lo que la hacen prácticamente invisible.

Los científicos están explorando actualmente el papel de la enzima denominada ciclooxigenasa 2 (COX-2), que genera muchos de estos eicosanoides proinflamatorios. Esta enzima aumenta durante la inflamación, y también en el desarrollo de distintos tipos de cánceres. Varios estudios han demostrado que las personas que toman aspirina diariamente son menos propensas a desarrollar las formaciones precancerosas del colon denominadas pólipos. (Se sabe que la aspirina bloquea la enzima COX-2, pero también tiene efectos secundarios como la muerte por hemorragias internas, por lo tanto no la convierte en el mejor fármaco contra el cáncer.)

Alzheimer

Al intentar descubrir la razón por la que algunos pacientes de Alzheimer desarrollaban la enfermedad antes que otros, los investigadores se encontraron con un dato curioso: los pacientes que tomaban antiinflamatorios para la artritis u otras patologías tenían menos probabilidades de desarrollar la enfermedad que los que no los tomaban. Quizás el sistema inmunitario le hace la guerra a las placas características que se forman en el cerebro de los pacientes de Alzheimer; de ser así, esta reacción inflamatoria podría ser la causa del empeoramiento de la enfermedad.

Las investigaciones más recientes parecen indicar que todo lo que reduzca la inflamación silenciosa disminuyendo los eicosanoides proinflamatorios (como la aspirina o el pescado) reducen el riesgo de padecer Alzheimer. La cuestión es que se han de tomar medidas para reducir la inflamación silenciosa algunos decenios antes de que empiece la enfermedad. Es muy difícil invertir el proceso de la demencia en las personas que ya la padecen, pero es muy probable que se pueda reducir significativamente si se empieza con suficiente antelación (unos treinta años antes).

Enfermedades autoinmunes

Estas enfermedades, entre las que se encuentra la artritis reumatoide, la esclerosis múltiple y el lupus, son los ejemplos más claros de lo que es la inflamación descontrolada. El cuerpo está literalmente en guerra consigo mismo mientras el sistema inmunitario lanza sofisticados ataques sobre las células y tejidos sanos, que no dan muestra alguna de tener ningún invasor microbiano que pueda desencadenar semejante reacción. En los últimos años se han introducido en el mercado nuevos y costosos medicamentos antiinflamatorios que han dado alguna esperanza a los enfermos de artritis reumatoide. Estos medicamentos inhiben las citoquinas inflamatorias de acción específica para ayudar a mitigar el dolor agudo. El problema es que también tienen efectos secundarios, y al igual que todos los antiinflamatorios, no pueden reparar el daño que ya han ocasionado al tejido. La única forma de hacerlo es interrumpir la generación constante de inflamación silenciosa y dejar que los mecanismos antiinflamatorios naturales del cuerpo empiecen su proceso de sanación.

Pongamos por ejemplo que pudieras descubrir la inflamación silenciosa, años o decenios antes de que desarrollaras una de estas enfermedades. ¿Te harías análisis de sangre para conseguir el diagnóstico? Ahora, imaginemos que tienes un nivel alto de inflamación silenciosa, lo que supone que tienes muchas más probabilidades de desarrollar cualquiera de las enfermedades antes descritas. ¿Harías algo para detener ese proceso?

Supongo que la única respuesta a esta pregunta es: ¿cómo no iba a hacerlo? Yo llegué a esta conclusión hace muchos años, y me he embarcado en la misión de ayudar a reducir la inflamación silenciosa a millones de estadounidenses que creen estar sanos. Quiero que estén verdaderamente sanos y que mantengan su bienestar mientras envejecen. Este libro tiene la finalidad de describir médicamente el bienestar y de exponer un camino sencillo para conseguirlo.

Sé que estoy bien. No es una intuición. Tengo pruebas basadas en los análisis de sangre que describo en el capítulo 4, que te ofrecen un espectro completo de tu verdadero estado de bienestar. Entras en esta Zona antiinflamación y permaneces en ella siguiendo la Dieta de la Zona, tomando complementos de aceite de pescado concentrado y destilado y manteniendo un nivel de actividad medio.

Quiero hacerte el regalo del bienestar. En el siguiente capítulo verás cómo al reducir la inflamación silenciosa entrarás en un estado de bienestar en menos de treinta días, y estarás más protegido contra el riesgo de padecer enfermedades crónicas en el futuro.

3

El origen y la cura
de la inflamación silenciosa

La inflamación silenciosa es el primer signo de que tu cuerpo no está equilibrado y de que ya no estás bien. No te das cuenta, pero está atacando tu corazón, tu cerebro y tu sistema inmunitario. De hecho, existen tres cambios hormonales subyacentes que están relacionados con la inflamación silenciosa. Estas condiciones preparan el camino para la enfermedad crónica. Implican la superproducción de tres tipos diferentes de hormonas.

- Eicosanoides proinflamatorios
- Insulina
- Cortisol

Cada una de estas hormonas contribuye a la inflamación silenciosa cuando existe un exceso de las mismas en el cuerpo. Afortunadamente, todas pueden volver a estabilizarse siguiendo la dieta y el estilo de vida prescritos en este libro.

Eicosanoides proinflamatorios

Si has leído mis otros libros de la Zona, probablemente ya estarás familiarizado con estas hormonas. Como ya explicaré más adelante, los eicosanoides fueron las primeras hormonas desarrolladas por los organismos vivos, y todas las células de tu cuerpo las producen. Aunque puedan considerarse como hormonas primitivas, lo controlan todo, desde el sistema inmunitario hasta el cerebro y el corazón. Hay dos tipos de eicosanoides: los que promueven la inflamación (proinflamatorios) y la destrucción de los tejidos, y los que detienen la inflamación (antiinflamatorios) y promueven la sanación. Ambos son necesarios para conseguir el equilibrio y gozar del bienestar. Por desgracia, la mayoría de las personas producimos demasiados eicosanoides proinflamatorios, lo que conduce a niveles cada vez más altos de inflamación silenciosa, y en última instancia conduce a las enfermedades crónicas. La Dieta de la Zona se desarrolló principalmente para equilibrar estas hormonas.

Los eicosanoides forman el centro de mando de tu sistema inmunitario. Destrúyelos, y tu sistema inmunitario se destruirá con ellos. Esto es lo que les ocurre a las personas que padecen enfermedades de deficiencia inmunitaria, como el sida (síndrome de inmunodeficiencia adquirida). No obstante, lo más habitual es que los eicosanoides protagonicen un golpe de Estado contra el sistema inmunitario. Al igual que soldados traidores, si no se vuelve a acuartelar a los eicosanoides, se descontrolan y tu sistema inmunitario empieza a atacar a tu cuerpo. Las enfermedades autoinmunes, como la artritis reumatoide, la esclerosis múltiple, el lupus y la enfermedad de Crohn, se pueden desencadenar cuando existe demasiado «fuego amigo» por parte del sistema inmunitario. De hecho, el desequilibrio de los eicosanoides es la base de enfermedades crónicas como las cardiopatías, el cáncer y el Alzheimer. El desequilibrio de los eicosanoides es la causa de la inflamación silenciosa.

Puedes compensar la balanza hacia los eicosanoides antiinflamatorios de varias formas. En primer lugar, has de cambiar tus hábitos alimenticios. Los eicosanoides antiinflamatorios —a los que me refiero como eicosanoides «buenos»— proceden de comer una dieta rica en ácidos grasos omega-3 de cadena larga (que se encuentran en el aceite de pescado) y evitar los ácidos grasos omega-6 (que se encuentran en aceites como el de maíz, de soja, de girasol y de cártamo). Esto se debe a que los ácidos grasos omega-3 de cadena larga reducen los eicosanoides proinflamatorios, mientras que los ácidos grasos omega-6 aumentan la producción de los mismos. Hasta hace aproximadamente unos 80 años, la población de Estados Unidos ingería una proporción de 2:1 de ácidos grasos omega-6 respecto a los omega-3. Entonces se comía mucho más pescado, y muchos de nuestros abuelos tomaban una dosis diaria de aceite de hígado de bacalao rico en omega-3. (Sí, era asqueroso, pero también era antiinflamatorio.) Además, los aceites vegetales refinados suponían una parte muy pequeña de la dieta. Ahora, todo ha cambiado. Comemos muchas más grasas omega-6 y muchas menos grasas omega-3 de cadena larga, aproximándose la proporción entre estos dos grupos de ácidos grasos a 20:1. Con el espectacular aumento de los ácidos grasos omega-6 en nuestra dieta, el nivel de inflamación silenciosa de la sociedad estadounidense ha aumentado correspondientemente. Las cardiopatías, la diabetes y el cáncer están en auge porque su origen es la inflamación silenciosa, que se debe a la superproducción de eicosanoides proinflamatorios.

¿Cómo puede producir inflamación silenciosa el tipo de grasas que comes? Como investigador de lípidos (grasas), esta pregunta me ha intrigado durante más de veinticinco años. Resulta que ciertos eicosanoides proinflamatorios (principalmente las prostaglandinas y los leucotrienos) proceden del ácido araquidónico (AA), un ácido graso omega-6 de cadena larga. Las prostaglandinas y los leucotrienos suelen ser los principales sospechosos de provocar el dolor agudo, y también la inflamación silenciosa. Esta es la razón por la que todos los medicamentos antiinflamatorios detienen la superproducción de estos eicosanoides. (Como beneficio extra, al reducir los niveles de eicosanoides proinflamatorios también se reduce la liberación de citoquinas proinflamatorias.)

Los síntomas clásicos de la inflamación se deben en su mayor parte a estos eicosanoides. Las prostaglandinas provocan dolor, y los leucotrienos provocan la tumefacción y enrojecimiento que se asocia con la inflamación.

Para retirar a estas tropas de asalto de tu ejército antiinflamatorio procedentes del AA, has de aumentar los eicosanoides antiinflamatorios «buenos». Estos derivan de los ácidos grasos omega-3 de cadena larga, como el ácido eicosapentaenoico (EPA). Al final, el equilibrio entre el AA y el EPA en tu sangre es lo que determina tu nivel de inflamación silenciosa. Esta es la razón por la que el cociente entre estos dos ácidos grasos la denomino Perfil de Inflamación Silenciosa* (SIP). Cuanto más elevado es el SIP, peor estás y más probable es que desarrolles algún tipo de enfermedad crónica. En otras palabras, el SIP te da una visión de tu futuro. Por eso creo que es la mejor prueba en medicina, ya que revela tu estado de bienestar (o falta del mismo) con la misma precisión que un láser.

Insulina

El mero hecho de consumir mucho más aceite de pescado y mucho menos aceite vegetal empezará a invertir la inflamación silenciosa. Cambiar tus hábitos alimenticios siguiendo la Dieta de la Zona también tendrá un efecto inmediato, porque se reducirán tus niveles de insulina,

* En España se conoce como perfil lipídico, o también perfil de ácidos grasos. (*N. de la T.*)

que afectan indirectamente a la inflamación silenciosa. Esto se debe a que un nivel alto de insulina aumenta la producción de AA, el compuesto básico de los eicosanoides proinflamatorios. El poder de la Dieta de la Zona es que puedes observar una diferencia en tus niveles de insulina en tan sólo siete días. De hecho, los estudios realizados por la Facultad de Medicina de Harvard han demostrado que con una comida basta para que se empiecen a reducir los niveles de insulina y comiences a regresar a un estado de bienestar. Te darás cuenta enseguida por tu nivel de energía y de bienestar general. Por supuesto, también puede suceder lo contrario: una comida que aumente los niveles de insulina puede sacarte de la Zona antiinflamación.

Quizá hayas oído muchas cosas sobre la insulina y aún no sepas por qué es importante. Para empezar, la insulina es la hormona de almacenamiento que lleva los nutrientes a las células. Es esencial para tu supervivencia, puesto que permite que las células almacenen nutrientes, o bien que los utilicen inmediatamente como fuente de energía. Sin los niveles adecuados de insulina, tus células mueren de inanición. Esto es lo que sucede con la diabetes de tipo 1 (juvenil), en la que el paciente no genera insulina. (De hecho, sólo un pequeño porcentaje de diabéticos tienen este tipo de diabetes.) Sin las inyecciones diarias de insulina, la muerte es inevitable. No obstante, la mayoría solemos tener el problema opuesto: generamos demasiada insulina. La mala noticia es que el exceso de insulina es lo que te engorda y no te deja adelgazar. También es el exceso de insulina lo que incrementa la inflamación silenciosa. Esa es la causa que relaciona el exceso de grasa con una amplia gama de enfermedades crónicas como las cardiopatías, la diabetes de tipo 2 (más del 90 por ciento de los diabéticos tienen este tipo), el cáncer y el Alzheimer.

A medida que envejeces, tus células responden menos a la insulina, y el páncreas ha de producir continuamente insulina en grandes cantidades para enviar el mensaje a través de las células hepáticas y los músculos de que los nutrientes entrantes (principalmente azúcares y aminoácidos) han de ser asimilados por las células. Esto recibe el nombre de resistencia a la insulina. En general, cuanta más grasa corporal tienes, mayor resistencia a la insulina presentas, y más insulina necesita tu cuerpo para superar esta resistencia. Esto significa un aumento de los niveles de inflamación silenciosa y un riesgo mucho mayor de desarrollo de enfermedades crónicas.

La relación entre el exceso de insulina y la inflamación silenciosa surge del hecho de que aumenta la producción de AA. Y por si esto fuera poco, las investigaciones más recientes muestran que la insulina provoca la inflamación por el hecho de aumentar la producción de interleuquina-6 (IL-6), una citoquina proinflamatoria que provoca la formación de PCR, otro marcador de la inflamación silenciosa. En resumen: es esencial controlar la insulina si quieres invertir el proceso de la inflamación silenciosa y avanzar hacia un estado de bienestar.

Una forma rápida y sencilla de saber si estás generando demasiada insulina es ponerte desnudo delante del espejo y hacerte dos preguntas. Primera: ¿tengo sobrepeso? Segunda: ¿está localizado el exceso de grasa principalmente en la zona del abdomen (es decir, tienes forma de manzana)? Si la respuesta a estas dos preguntas es afirmativa, es más que probable que tengas resistencia a la insulina. La resistencia a la insulina es precursora de la diabetes de tipo 2 y de las cardiopatías. En la diabetes de tipo 2, el páncreas acaba fallando puesto que ya no puede continuar produciendo las megadosis de insulina (hiperinsulinemia) que se necesitan para transportar la glucosa a las células. Sin esta producción excesiva de insulina para mantener los niveles de glucosa bajo control, éstos subirían a niveles peligrosos. En las enfermedades del corazón, la producción aumentada de insulina conduce a un incremento de la inflamación silenciosa, que es la causa subyacente de las mismas. Hemos hablado de dos manifestaciones muy distintas de resistencia a la insulina a largo plazo. La Dieta de la Zona se diseñó específicamente para reducir la producción excesiva de insulina, y como consecuencia también se reduce la inflamación silenciosa. Obtendrás todos los beneficios añadidos, incluido la pérdida del exceso de grasa corporal, la reducción del riesgo de cardiopatías, diabetes y otras enfermedades relacionadas con la insulina, así como mayor longevidad. No está mal.

Los sistemas hormonales de los eicosanoides y de la insulina están íntimamente relacionados. Ambos reducen la inflamación silenciosa cuando están estabilizados. Ninguno de los dos actúa sin el otro, puesto que están interrelacionados. Lo malo es que la mayoría tenemos ambos sistemas desestabilizados, y esto empeora con la edad. Lo bueno es que la Dieta de la Zona puede normalizar ambos sistemas, que es la razón por la que se considera el primer antídoto de la inflamación silenciosa.

Cortisol

Cuando tu cuerpo padece un estado de inflamación silenciosa constante, reacciona haciendo que las glándulas suprarrenales generen altas dosis de cortisol, la principal hormona antiinflamatoria para acabar con el exceso de inflamación. Con frecuencia identificamos el cortisol como una hormona de estrés, cuando en realidad es todo lo contrario. En el plano celular, todo estrés crea inflamación provocada por una superproducción de eicosanoides proinflamatorios. El cortisol se genera para bajar los niveles de estos eicosanoides, lo cual está bien a corto plazo cuando el estrés es transitorio. Pero cuando se tiene un nivel elevado de inflamación silenciosa constante, significa que vas a tener niveles altos de cortisol permanentemente, lo que causará una serie de consecuencias desagradables, como una mayor resistencia a la insulina (lo que te engorda todavía más), la destrucción de células nerviosas (que te hace más insensible), y la depresión de todo tu sistema inmunitario (que hace que estés más enfermo). Estos son los daños colaterales del aumento de la inflamación silenciosa. La dieta y las prescripciones del estilo de vida que se dan en este libro te ayudan a reducir la inflamación silenciosa y a evitar la necesidad de tu cuerpo de aumentar los niveles de cortisol. De hecho, cuanto más éxito tienes, más controlas el cortisol. Hasta puedes reducir los niveles que producirías normalmente durante unas relajantes vacaciones en algún paraíso tropical.

¿Está en los genes la inflamación silenciosa?

¿Por qué tenemos esta creciente epidemia de inflamación silenciosa? Échale la culpa a los genes. La evolución tiende a favorecer estas características biológicas en una especie en particular para que ésta se encuentre mejor equipada para transmitir los genes a la siguiente generación. Estos son los genes que otorgarán a la próxima generación una ventaja injusta sobre los otros. En los últimos 150.000 años, la evolución ha trabajado intensamente a favor de algunos de nuestros antepasados que tuvieron mayores posibilidades de supervivencia tras su nacimiento, y que pudieron vivir lo bastante para procrear. En esos tiempos, la escasez de alimentos era un verdadero problema, por no hablar del riesgo constante a las bacterias, parásitos, hongos y virus.

La naturaleza ha hecho frente a estos avatares de varias formas. Una, favoreciendo a los individuos que eran más eficientes en el almacenamiento de grasas, lo que les ayudaba a sobrevivir en los tiempos de escasez. La grasa corporal es esencial para la supervivencia. Es una fuente muy elevada de energía compacta que siempre va contigo. Por ejemplo, se requeriría un hígado de 100 libras (45 kg) para almacenar tanta energía (en forma de hidratos de carbono) como 10 libras

(4,5 kg) de grasa corporal. ¿Quién no preferiría acarrear 4,5 kilos de grasa corporal en lugar de un hígado de 45 kilos? La insulina es la hormona que permite que almacenemos grasa fácilmente para los días de escasez. De ahí que nuestros antepasados necesitaran desarrollar una propensión genética para producir grandes cantidades de insulina siempre que ingerían un exceso de calorías durante los tiempos de bonanza. Nuestros genes evolucionaron para aumentar la producción de insulina de dos formas: comiendo demasiados hidratos de carbono o demasiadas calorías.

Ahora situémonos en el presente. Ya no tenemos hambrunas, pero siempre nos excedemos comiendo dosis ilimitadas de comida barata rica en hidratos de carbono. Pero nuestro ADN todavía vive en la Edad de Piedra, aunque nosotros no. Nuestros genes no han tenido tiempo para adaptarse a la generación del donut Krispy Kreme [crujiente y cremoso]. De modo que si habitualmente comemos demasiado, nuestras células generan cada vez más insulina. El resultado es que acumulamos cada vez más grasa, y *voilà*! Nos encontramos con una epidemia de obesidad en nuestras manos, lo que equivale a la correspondiente epidemia de inflamación silenciosa. Los mismos genes que nos salvaban la vida hace diez mil años, ahora se han convertido en nuestros mayores enemigos.

Lo mismo sucede con nuestra capacidad para generar una fuerte respuesta inflamatoria. Esta ha sido la única forma de sobrevivir a las invasiones bacterianas o microbianas. Hace tan sólo 70 años, teníamos muy pocas armas para luchar contra las enfermedades infecciosas salvo una fuerte respuesta inflamatoria para acabar con dichos organismos. Lo único que podíamos hacer era tener esperanza y rezar para que nuestro sistema inmunitario nos protegiera contra esos estragos. Visualiza el cuadro pintado por Norman Rockwell del médico retorciéndose las manos sobre el paciente, con la esperanza de que le bajara la fiebre. Así es como se practicaba la medicina hace 70 años.

Las personas con un sistema inmunitario hiperreactivo tenían más posibilidades de sobrevivir que las que tenían sus defensas más débiles. Por lo tanto, hemos heredado de nuestros antepasados la predisposición genética para tener una respuesta inflamatoria intensa, ya que era el único modo de sobrevivir a los ataques microbianos. En la actualidad nos enfrentamos a un número mucho menor de amenazas de enfermedades infecciosas. Las vacunas, el agua limpia y la mayor higiene han acabado con los microbios. Y aún más, contamos con todo un arsenal de fármacos para combatir las infecciones microbianas.

Por desgracia, ya no necesitamos nuestra propensión genética para generar una respuesta inflamatoria excesiva. Sin embargo, seguimos estancados en esta propensión puesto que nuestros genes no han tenido tiempo de evolucionar. Esto crea el marco para un incremento de la inflamación silenciosa, que se activa por nuestro estilo de vida y nuestra dieta. Nuestro espectacular aumento de ingestión de aceites vegetales (ricos en los compuestos básicos de los eicosanoides antiinflamatorios) es uno de los hábitos dietéticos que han activado la inflamación. Es como añadir leña al fuego ardiente de la inflamación silenciosa que está alimentado por la epidemia de obesidad.

Aunque sea cierto que no puedes reemplazar tus genes, puedes cambiar su expresión alterando tu dieta y estilo de vida. Si llegas a la Zona antiinflamación, cambiará el funcionamiento de estos genes e invertirás el curso de la inflamación silenciosa durante el resto de tu vida.

Controla tus genes

Si los genes que aumentaban tus posibilidades de supervivencia también aumentan la posibilidad de padecer inflamación silenciosa, entonces, ¿cómo hemos llegado tan lejos? La respuesta reside en la dieta y en el estilo de vida. Durante la mayor parte de nuestra existencia en la Tierra, los seres humanos han seguido dietas antiinflamatorias que han actuado en colaboración con nuestros genes proinflamatorios. Hace 10.000 años, la dieta era rica en frutas y verduras, proteína magra y ácidos grasos omega-3 de cadena larga (procedentes principalmente del pescado), a la vez que era pobre en ácidos grasos omega-6. Esta dieta paleolítica prácticamente carecía de cereales y almidones. Era la dieta de los cazadores-recolectores, y actuaba de modo que pudiéramos controlar nuestra propensión genética a generar inflamación y exceso de insulina. De ahí que la inflamación silenciosa estuviera bajo control.

Con el advenimiento de la agricultura las cosas empezaron a cambiar, pero ha sido sólo en las dos últimas generaciones que nuestra dieta ha perdido la armonía con nuestros genes. Como es natural, no podemos regresar a los días de las cavernas cazando y recolectando. ¿Quién querría abandonar los supermercados? Pero sí podemos alterar nuestros hábitos alimentarios para reflejar mejor los efectos antiinflamatorios de la dieta del Paleolítico. Esta dieta conseguía mantener el sistema inmunitario en plena alerta sin provocar una inflamación silenciosa crónica. Es la dieta que todos deberíamos seguir si realmente quisiéramos mantener la inflamación silenciosa bajo control y llegar a la zona del bienestar.

Mientras nuestra dieta pueda contrarrestar el aumento de insulina y nuestra respuesta inflamatoria provocada por la evolución, la vida será buena. Sólo cuando se produce un desequilibrio, la inflamación silenciosa empieza a aparecer. La versión moderna de esta dieta paleolítica es la Dieta de la Zona, de la que he estado hablando desde hace diez años. Esta es la clave para volver al estado de bienestar y mantenerte en él durante toda la vida. En la Zona antiinflamación, la inflamación silenciosa ya no es alta, puesto que te encuentras en un nuevo estado fisiológico donde tus genes inflamatorios están en equilibrio gracias a una dieta antiinflamatoria que mantiene la inflamación silenciosa bajo control. Esta es la definición molecular del bienestar.

Para llegar a la Zona antiinflamación también se incorporan una serie de estrategias contra la inflamación silenciosa, además de la Dieta de la Zona. Algunos alimentos antiinflamatorios como el aceite de oliva virgen extra, el vino, el aceite de sésamo, la cúrcuma y el jengibre se añaden a las recetas para luchar contra la inflamación silenciosa. Un plan de ejercicios (fácil de seguir) es necesario para mantener bajos los niveles de insulina. La reducción de los niveles de cortisol con técnicas como la meditación, potenciarán todavía más los beneficios hormonales.

Piensa en estos cambios de estilo de vida como si fueran «medicamentos» que te has de tomar a diario para controlar la inflamación silenciosa. El poder de alcanzar la Zona antiinflamación reside en mantener las hormonas que puedes controlar (eicosanoides, insulina y cortisol) en sus zonas apropiadas (ni demasiado altas, ni demasiado bajas) para que puedas vivir más y mejor; en dos palabras, para que puedas mantener el bienestar. También puedes elegir no hacer nada, pero entonces deberás afrontar los estragos del envejecimiento, una consecuencia del incremento de los niveles de inflamación silenciosa. La elección está en tus manos.

SEGUNDA PARTE

Entrar en la Zona antiinflamación: Cómo combatir la inflamación silenciosa durante toda la vida

4

Prueba para comprobar
la existencia de inflamación silenciosa

El bienestar depende en última instancia de los niveles de inflamación, y en especial de la inflamación silenciosa. Si padeces dolor agudo o alguna enfermedad crónica, es evidente que sabes que no estás bien. Padecer diabetes de tipo 2, una cardiopatía, cáncer o Alzheimer significa que tienes inflamación. Tener una enfermedad autoinmune como la esclerosis múltiple o el lupus también indica que hay inflamación. Cualquier condición de dolor crónico —todas las que terminan en «itis»— significa que padeces una inflamación en el área que te está provocando dolor. Pero la inflamación silenciosa es diferente. Es una inflamación constante que está por debajo del umbral del dolor. Hasta hace poco no había ninguna prueba médica para comprobarlo. Ahora sí, puedes descubrir si la tienes y empezar a planificar un programa antiinflamatorio de por vida para mantenerla a raya. También puedes hacerte análisis clínicos periódicos para ver si tus esfuerzos están dando resultado.

El primer paso que has de dar para llegar a la Zona antiinflamación es determinar si padeces inflamación silenciosa y, si es así, en qué medida. La inflamación silenciosa no es fácil de detectar, y es imposible hacerlo a simple vista. Puede que la tengas si eres obeso, pero puede que no. De hecho, puedes tener exceso de peso y gozar de bienestar si tus niveles de insulina están equilibrados (buenas noticias para millones de estadounidenses). Por otra parte, puedes tener un alto nivel de inflamación silenciosa, aunque estés en tu peso ideal.

Entonces, ¿cómo puedes descubrirlo? La única respuesta definitiva para determinar tu grado de inflamación silenciosa se encuentra en un análisis de sangre. Sin embargo, hay formas subjetivas que te pueden ayudar. Hace muchos años desarrollé lo que denomino el Informe de Inflamación Silenciosa. Este informe sirve tanto para los enfermos del corazón como para que los atletas de elite puedan realizar los cambios necesarios en su dieta a fin de combatir este tipo de inflamación. El cuestionario se basa puramente en observaciones, pero es una forma sencilla de tener un indicativo general de si puedes padecer inflamación silenciosa.

INFORME SOBRE LA INFLAMACIÓN SILENCIOSA

Parámetro	Sí	No
¿Tienes sobrepeso?	____	____
¿Siempre tienes ganas de comer hidratos de carbono?	____	____
¿Siempre tienes hambre?	____	____
¿Te cansas, especialmente después de hacer ejercicio?	____	____
¿Tienes las uñas frágiles?	____	____
¿Tienes el pelo fino y con poca textura?	____	____
¿Padeces estreñimiento?	____	____
¿Duermes demasiado?	____	____
¿Te cuesta mucho despejarte cuando te has levantado?	____	____
¿Te falta concentración?	____	____
¿Te falta bienestar?	____	____
¿Padeces dolores de cabeza?	____	____
¿Estás siempre fatigado?	____	____
¿Tienes la piel seca?	____	____

Si respondes «sí» a más de tres preguntas, probablemente tengas un nivel alto de inflamación silenciosa. Hay que admitir que este no es un método muy científico de determinar los niveles de inflamación silenciosa, pero al menos te indica si eres candidato a tenerla. Si lo eres, tu siguiente paso es hacerte un análisis de sangre para determinar el verdadero alcance de tu inflamación, y por lo tanto tu estado de bienestar.

Principales biomarcadores para la Zona antiinflamación

No ha sido hasta los últimos años que se han desarrollado análisis de sangre para detectar la inflamación silenciosa. Estos análisis buscan marcadores específicos de inflamación silenciosa, y los niveles que indican que ya se está produciendo una inflamación importante. Estos marcadores son el mejor indicativo de que has de hacer algo inmediatamente porque se está cociendo el verdadero problema. Piensa en la inflamación silenciosa como si fueran ramitas. Intenta prender fuego a un tronco con una cerilla y no podrás. Pero inténtalo con ramitas, y el tronco pronto estará envuelto en llamas. Ahora imagina que el tronco es tu cuerpo, y las llamas, el dolor agudo o la enfermedad crónica. Eso son los síntomas que ves, pero el primer paso fue cuando prendieron las ramitas.

Perfil de inflamación silenciosa

Esta es la prueba de oro para detectar la inflamación silenciosa. Evalúa el desequilibrio entre los eicosanoides proinflamatorios y los antiinflamatorios midiendo las unidades estructurales de ácidos grasos en la sangre. Entre éstos también se encuentran las hormonas responsables de controlar la inflamación en última instancia. Puesto que los eicosanoides no circulan por el torrente sanguíneo, no existe una prueba directa para localizarlos. Esta es la razón por la que la comunidad médica sigue sin entenderlos demasiado. Los eicosanoides existen sólo momentáneamente para transmitir información de una célula a otra, y luego se desactivan en cuestión de segundos. Sin embargo, se sintetizan a partir de las unidades estructurales de los ácidos grasos que circulan en la sangre. La medición de la proporción (o cociente) entre las unidades estructurales de ácidos grasos favorables a los eicosanoides «malos» (ácido araquidónico o AA) y las unidades estructurales de ácidos grasos favorables a los eicosanoides «buenos» (ácido eicosapentaenoico o EPA) puede decirnos la proporción de eicosanoides «malos» respecto a los «buenos», y supone un indicador bastante fiable de los niveles de esos mismos ácidos grasos en el resto de los 60 billones de células del cuerpo.

La relación de AA/EPA en la sangre es el marcador más fiable de la inflamación silenciosa, y esta es la razón por la que yo lo llamo tu Perfil de Inflamación Silenciosa (*Silent Inflammation Profile* o SIP). Tu SIP puede alertarte con años, o incluso decenios, de antelación, antes de que se produzca el verdadero perjuicio. Cuanto más alto es tu SIP, más probabilidades tienes de padecer un infarto de miocardio, cáncer o Alzheimer. Estas enfermedades no se producen de la noche a la mañana, sino que tardan decenios en desarrollarse. Cuanto antes te enteres, más fácil te resultará realizar los cambios necesarios para controlar la inflamación silenciosa y reducir espectacularmente tus probabilidades de desarrollar una enfermedad crónica en el futuro.

Nunca me cansaré de repetir la importancia del SIP. La ciencia me respalda. Veamos el famoso Estudio de la Dieta para el Corazón de Lyon que demostró la reducción más sorprendente de mortalidad debida a trastornos cardiovasculares que había visto la ciencia médica. En este estudio, dos grupos de pacientes que habían superado infartos de miocardio elegidos al azar fueron sometidos a distintas dietas. Un grupo siguió la de la Asociación Norteamericana para el Corazón, que es rica en cereales, almidones y baja en grasa, pero alta en ácidos grasos proinflamatorios omega-6 (aceites vegetales). El otro grupo siguió una dieta rica en frutas y verduras, pero baja en ácidos grasos proinflamatorios omega-6. Después de cuatro años, el grupo que había reducido considerablemente su ingesta de ácidos grasos omega-6 había reducido en un 70 por ciento el número de infartos de miocardio mortales en comparación con el otro grupo, que había seguido tomando dichos ácidos grasos. También se observó que *no* había habido paros cardíacos debidos a trastornos cardiovasculares. Esto es de suma importancia, puesto que el paro cardíaco normalmente supone un 50 por ciento de la mortalidad a causa de este tipo de enfermedades. Lo más importante es que la divergencia de la mortalidad entre ambos grupos empezó a observarse en una fase muy temprana, en los tres primeros meses del estudio. No existe ningún medicamento que tenga un efecto tan sorprendente para reducir la probabilidad de infartos de miocardio. Entonces, ¿cuál fue la causa de este milagro?

Los investigadores se sorprendieron al no ver diferencias en los niveles de colesterol, triglicéridos, glucosa o presión sanguínea entre ambos grupos. (Hasta aquí en cuanto al colesterol como principal causante de los infartos de miocardio, pero hablaremos de esto más adelante.) La única diferencia era que el grupo que había evitado los omega-6 había sufrido un descenso del 30 por ciento en su SIP, en comparación con el otro grupo de control. Se vio que por cada 1 por ciento de reducción en el SIP, el riesgo de muerte por infarto de miocardio se reducía en un 2 por ciento. Yo me atrevo a decir que es una prueba más que fiable de que el SIP es un test de diagnóstico para tu futuro.

El descenso del SIP también se ha asociado con la reversibilidad de la esclerosis múltiple, una enfermedad autoinmune que provoca inflamación en el cerebro y en el sistema nervioso. En estos momentos, no existe ningún medicamento que pueda invertir la esclerosis múltiple; los fármacos sólo hacen más lento el imparable progreso de esta enfermedad. No obstante, investigaciones preliminares realizadas en Noruega han puesto de manifiesto que algunas personas al reducir su SIP han invertido el daño que dicha enfermedad había causado a sus nervios. Otros estudios que se han publicado han indicado que las personas con un SIP alto parecen tener mayor riesgo de desarrollar demencia, depresión y trastornos por déficit de atención. La publicación de dichas investigaciones junto con los miles de Perfiles de Inflamación Silenciosa que he realizado durante los tres últimos años, son la razón por la que considero que esta prueba es el análisis de sangre más fiable que puedas realizar. Creo firmemente que predice tu posibilidad de desarrollar cáncer, Alzheimer y cardiopatías mucho antes de que se manifiesten estas enfermedades. Cuanto más alto es tu SIP, más inflamación silenciosa padeces y más lejos te encuentras de tu bienestar. Antes de que te deprimas demasiado, la buena noticia es que puedes reducir espectacularmente tu Perfil de Inflamación Silenciosa en treinta días con la dieta que describo en este libro.

¿DÓNDE PUEDES HACERTE UN SIP?

Hasta hace poco el SIP sólo se había realizado en laboratorios universitarios de investigación. Pero ahora hay una serie de laboratorios comerciales que realizan esta prueba. Puedes pedirle a tu médico que solicite un análisis de sangre para medir tu tasa de AA/EPA. El laboratorio que mejor resultado me ha dado es Nutrasource Diagnostics de Canadá (130 Research Lane, University of Guelph Research Park Guelph, Ontario, Canadá N1G 5G3), que está asociado con la Universidad de Guelph. Miden la tasa de AA/EPA en fosfolípidos del plasma, que ofrece unos resultados mucho más fiables (y coherentes) que la medición de el ratio a partir de los glóbulos rojos en la sangre. Es una prueba complicada y no la incluye casi ningún seguro médico, pero los resultados merecen la pena.

Niveles de insulina en ayunas

Aunque el SIP sigue siendo el patrón de oro para cuantificar el grado de inflamación silenciosa, la medición de tu resistencia a la insulina es el siguiente marcador en orden de preferencia. Tal como explicaré más adelante, la resistencia a la insulina es la causa subyacente de la obesidad y de la diabetes de tipo 2, y se caracteriza por niveles muy altos de insulina en la sangre. El mejor análisis de sangre para determinar el grado de resistencia a la insulina es tu nivel de insulina en ayunas. Cuanto más altos sean tus niveles de insulina, más inflamación producirá tu cuerpo, porque la insulina estimula la producción de AA a raíz de los ácidos grasos omega-6. Lo que es peor, aumenta la cantidad de grasa acumulada en el cuerpo, lo cual genera mayor cantidad de inflamación silenciosa, como explicaré en el capítulo 14.

A diferencia del SIP, los análisis de insulina en ayunas suelen ser relativamente comunes y con frecuencia quedan cubiertos por los seguros médicos. No obstante, prácticamente sólo se utilizan para determinar si hay diabetes y para saber si existe alguna cardiopatía. (Los niveles de insulina en ayunas pronostican mucho mejor un futuro riesgo de enfermedad cardíaca que los niveles de colesterol.) Por desgracia, también son caros, así que a algunos médicos habrá que insistirles un poco para que los autoricen, puesto que los seguros médicos pueden poner inconvenientes para pagar sus costes. Pero si explicas bien la razón por la que lo necesitas, probablemente lo autorizarán.

Si realmente quieres encontrarte bien, tu SIP y tu análisis de insulina en ayunas deberían encontrarse dentro de los parámetros que mostramos a continuación y que definen la Zona antiinflamación, y por lo tanto tu bienestar.

PRINCIPALES MARCADORES CLÍNICOS PARA LA ZONA ANTIINFLAMACIÓN

Parámetro	Sí	No
Perfil de inflamación silenciosa	3	1,5
Insulina en ayunas (u.I.U./ml)	10	5

¿De dónde han surgido estas cifras? Las cifras del SIP se basan en estudios hechos con japoneses, que son los más longevos, con el ciclo de vida saludable más largo (longevidad menos los años de discapacidad) e índices más bajos de cardiopatías y de depresión del mundo. También tienen un SIP medio de 1,5. Por el contrario, el SIP de un estadounidense medio es 12. Los estadounidenses no son sólo la población más obesa del mundo, sino la que probablemente padece un mayor índice de inflamación. Esto explica por qué gastamos tanto en el cuidado de la salud y obtenemos tan pocos resultados. Cuando la inflamación silenciosa se adueña del cuerpo, es muy difícil detenerla.

Si un SIP elevado es malo, ¿no deberíamos proponernos conseguir el SIP más bajo posible (digamos, por debajo de 1)? No necesariamente. Si tu SIP es demasiado bajo, no producirás suficientes eicosanoides proinflamatorios y te costará hacer frente a una infección. En los estudios epidemiológicos realizados entre los esquimales de Groenlandia en la década de 1970, se vio que este era el caso. Estos esquimales tenían índices muy bajos de enfermedades cardíacas, depresión, esclerosis múltiple y diabetes, pero eran más propensos a la muerte por infección. Su SIP medio era de aproximadamente 0,7. Los que tenían un SIP de 0,5 tenían un riesgo mucho mayor de padecer accidentes cerebrovasculares por hemorragias. Una vez más, repito que lo que pretendes es mantener tus reservas inflamatorias dentro de una zona de equilibrio. Cuando tu SIP es superior a 15, indudablemente tienes un nivel significativo de inflamación silenciosa. De hecho, hice pruebas a algunos pacientes con niveles de SIP de hasta 50 (y algunos niños con 100), pero estas personas, en general, también padecían graves dolores crónicos o trastornos nerviosos. Cuanto más alto sea tu SIP por encima de 15, mayor será tu riesgo de enfrentarte a un verdadero problema en un breve período de tiempo. El gráfico de la página siguiente indica la relación entre el SIP y el riesgo de padecer alguna enfermedad crónica.

Si tu nivel de insulina en ayunas es superior a 10 u.I.U./ml, tienes cinco veces más probabilidades de padecer una cardiopatía. Ten presente que si tienes el colesterol alto, tu probabilidad de padecer una enfermedad del corazón es solamente del doble. Aunque en Estados Unidos libramos una lucha contra el colesterol, jamás hemos oído hablar de una guerra contra los excesos de insulina. Esta es la razón por la que recomiendo sin reservas que te hagas un análisis de sangre para comprobar tus niveles de insulina, en lugar de un análisis normal para ver tus niveles de colesterol.

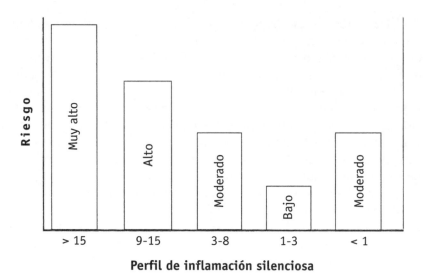

Perfil de inflamación silenciosa

Si tus niveles de insulina en ayunas son superiores a 15, sabrás que estás generando un alto grado de inflamación silenciosa y que te diriges por la vía rápida hacia un infarto de miocardio y probablemente hacia una muerte precoz. Si has llegado a ese nivel de insulina, probablemente ya tengas exceso de peso, resistencia a la insulina, y vayas en camino de convertirte en un diabético de tipo 2.

Marcadores secundarios para la Zona antiinflamación

El SIP no es un test rutinario, aunque se pueda encargar a laboratorios especializados. Asimismo, los médicos son un poco reticentes a recomendar un análisis de insulina en ayunas puesto que es más caro que los análisis de sangre habituales. ¿Qué otra cosa puede darte una pista sobre tu futuro? Afortunadamente, hay algunos análisis de sangre secundarios que son más baratos y que se realizan más habitualmente. Son una indicación general del bienestar, aunque no tan preciso como el SIP o los análisis de insulina en ayunas.

Ratio TG/HDL

Puedes conseguir esta ratio mediante un análisis de lípidos en ayunas estándar, que se suele practicar para conocer tus niveles de colesterol total, desglosados en sus componentes individuales. La cifra importante no es la del colesterol total o ni tan siquiera la del «malo» (LDL). Más bien lo que quieres ver es tu nivel de triglicéridos (TG) y el nivel de colesterol «bueno» (HDL). La ratio de TG/HDL te indicará si padeces el llamado síndrome metabólico, que viene dado por la resistencia a la insulina. El síndrome metabólico es un conjunto de condiciones crónicas (obesidad, diabetes de tipo 2, cardiopatías e hipertensión) que están relacionadas con los niveles altos de insulina (hiperinsulinemia) provocados por una resistencia a la misma. Por lo tanto, la ratio de TG/HDL se convierte en un sustituto del marcador de la insulina. Cuanto mayor sea la ratio de TG/HDL, más altos serán tus niveles de insulina y más inflamación silenciosa estarás generando. (Nota: puedes tener un nivel normal de insulina en ayunas o un ratio correcto de TG/HDL, y a pesar de todo tener un SIP alto, lo que quiere decir que este test no detecta toda la inflamación silenciosa. No obstante, una tasa superior a 2 indica que padeces inflamación silenciosa.)

La ratio TG/HDL también puede darte información sobre tu riesgo de padecer cardiopatías. Cuanto más baja sea tu ratio de TG/HDL, menos riesgo corres. Esta protección procede de tener un alto porcentaje de partículas LDL no-aterogénicas (es decir, buenas) en la sangre.

Recientemente, el marco del colesterol se ha vuelto más complicado; ahora sabemos que tenemos un colesterol «malo» que es *bueno*, y uno *malo* que es «malo». El colesterol «malo» bueno está formado por partículas de LDL blandas como un balón de playa, que son relativamente inocuas para las arterias. Por otra parte, el colesterol «malo» malo está formado por partículas de LDL pequeñas, densas, que pueden ser mortales. Se oxidan mucho más deprisa y se acumulan en las células que cubren los vasos sanguíneos, conduciendo al desarrollo de placas ateroescleróticas que sobresalen de las paredes y acaban obstruyendo las arterias. Estas partículas, parecidas a pelotas de béisbol, pueden perjudicar mucho las arterias y aumentar enormemente el riesgo de padecer enfermedades cardíacas. ¿Cómo puedes saber qué tipo de LDL tienes? Cuanto más elevada es tu ratio TG/HDL, más partículas peligrosas de «béisbol» tienes y menos de las inofensivas «pelotas playeras».

Si tienes alguna duda sobre si esta ratio TG/HDL puede realmente predecir tu futuro desarrollo de cardiopatías, ten esto en cuenta: en 2001 un estudio demostró que las personas que tenían una ratio baja de TG/HDL —aunque fueran fumadoras, sedentarias, tuvieran alto el LDL o fueran hipertensas—, tenían la mitad de riesgo de desarrollar cardiopatías que las que tenían una ratio alta de TG/HDL y no tenían ningún otro factor de riesgo para padecer este tipo de enfermedades. Eso no quiere decir que debas fumar, hacerte perezoso, subir tus niveles de colesterol LDL o volverte hipertenso. Pero si tienes una ratio baja de TG/HDL, estás mucho más protegido contra futuras enfermedades que todas las que hacen lo correcto pero tienen una ratio alta de TG/HDL.

Además los estudios de la Facultad de Medicina de Harvard indican que los pacientes con una ratio TG/HDL elevada pueden tener hasta 16 veces más probabilidades de padecer un infarto de miocardio que los que la tienen baja. Para que te hagas una idea, el estadounidense medio tiene una ratio TG/HDL de 3,3; los que tienen una ratio de 4, o son prediabéticos o ya padecen la diabetes de tipo 2. No estoy diciendo esto para que adoptes conductas perjudiciales para el corazón como fumar. Has de hacer todo lo posible por evitar ese hábito, por hacer ejercicio y por mantener baja tu tensión sanguínea. No obstante, tu principal preocupación debería ser bajar tu ratio de TG/HDL hasta los límites que define la Zona antiinflamación.

La proteína C-reactiva

Actualmente, la prueba más popular para la inflamación es un análisis de sangre que mide un marcador denominado proteína C-reactiva (PCR) y que se sintetiza en el hígado como respuesta a la inflamación aguda. Pero ¿es tan buena como parece? La PCR se descubrió hace unos 50 años cuando los investigadores se dieron cuenta de que era muy elevada en los casos de infecciones bacterianas, víricas o microbianas. Este descubrimiento no tuvo mayor repercusión, puesto que no era muy útil. Cuando se podían medir los niveles de PCR, el paciente ya estaba muy enfermo. Hace unos pocos años, los investigadores desarrollaron una prueba mucho más precisa para la PCR, denominada PCR de alta sensibilidad (PCR-as), que podía detectar niveles mucho más bajos de esta proteína. Descubrieron que cuando las PCR estaban sólo un poco altas, podían indicar inflamación silenciosa en lugar de infección aguda. Los estudios iniciales indicaron que los niveles ligeramente elevados de PCR podían predecir mucho mejor que los niveles de colesterol los riesgos de padecer enfermedades cardíacas. Por desgracia, los estudios más recientes no han confirmado este hecho. En realidad, hay muchas cosas que suben las PCR, como la obesidad, la diabetes de tipo 2 o la hipertensión. Cuando tienes en cuenta todos estos factores no lipídicos, el valor de predicción de la PCR para conocer el riesgo de cardiopatías es prácticamente nulo.

Con la información de la que disponemos en estos momentos, la PCR no parece ser un marcador específico para la inflamación. Se encuentra presente durante la inflamación, pero la reducción de sus niveles puede que no influya en nada para aliviarla. La aspirina, por ejemplo, es un excelente antiinflamatorio, pero no baja significativamente los niveles de PCR. Igualmente, la vitamina E baja los niveles de PCR, pero no baja la inflamación ni previene la mortalidad cardiovascular. Así que, llegados a este punto, la PCR simplemente parece indicar que hay inflamación, pero no es la culpable real de la misma. Una información adicional interesante sobre este punto es la que conseguí en una conferencia que di en la Facultad de Medicina de Harvard sobre el SIP hace algunos años. Tras la conferencia, uno de los profesores vino a saludarme y me dijo que mi exposición le había asustado. Me comentó que su laboratorio había empezado a estudiar el SIP de sus alumnos graduados y habían descubierto que era muy alto, mientras que los niveles de PCR eran perfectamente normales. Me dijo que lo que le había asustado era que Harvard había estado utilizando a dichos estudiantes como grupos de control durante varios años, y que ahora se preguntaba si tenía que volver a revisar todos sus datos, puesto que los que habían participado en los controles «normales» puede que también padecieran altos grados de inflamación.

Aunque los medios de comunicación estén dando a conocer la prueba de la PCR de alta sensibilidad, yo la considero un marcador muy poco fiable para la inflamación silenciosa. No obstante, siempre es mejor que nada. Tu riesgo de padecer una cardiopatía aumenta considerablemente cuando rebasas los 3 mg/L, aunque tus niveles de colesterol LDL sean normales. Idealmente deberías conservar este marcador por debajo de 1 mg/L, o al menos bajo 2 mg/L. Los valores de referencia para los marcadores secundarios de la Zona antiinflamación son los que indico a continuación.

MARCADORES SECUNDARIOS PARA LA ZONA ANTIINFLAMACIÓN

Parámetro	Bueno	Ideal
TG/HDL	2	Menos de 1
PCR de alta sensibilidad (mg/L)	2	Menos de 1

Por último, si no te apetece hacerte un análisis de sangre, siempre puedes medir tu porcentaje de grasa corporal, o simplemente medir tu cintura a la altura de tu ombligo, puesto que ambos son marcadores que pueden sustituir al de los niveles de insulina. (Sin embargo, es bastante posible tener exceso de peso y estar bien si tus marcadores de inflamación están en las zonas apropiadas.)

Aunque considero que estos son unos marcadores relativamente pobres de la inflamación silenciosa, sólo necesitas una cinta métrica y un lápiz para calcular cualquiera de ellos, como indico en el Apéndice E. También puedes entrar en mi página Web www.drsears.com y utilizar mi calculadora *online* una vez que hayas tomado las medidas. Estos son los valores de referencia:

MARCADORES MENOS PRECISOS PARA LA ZONA ANTIINFLAMACIÓN

Parámetro	Bueno	Ideal
Porcentaje de grasa corporal:		
Hombres	15	12
Mujeres	22	20
Medición de la cintura (a la altura del ombligo):		
Hombres	Menos de 1 m	Menos de 88 cm
Mujeres	Menos de 88 cm	Menos de 76 cm

La razón por la que califico a estos marcadores de menos precisos para determinar la presencia de inflamación silenciosa es porque no cubren un radio tan amplio como los marcadores SIP o el análisis de la insulina en ayunas. Si tus niveles de insulina en ayunas son elevados, vas a tener un nivel alto de inflamación silenciosa. Pero también puedes tenerla aunque tus niveles de insulina y de grasa corporal estén dentro de la normalidad. Un número bastante alto de atletas de elite tienen niveles muy altos de inflamación silenciosa debido a su entrenamiento intensivo. Están físicamente en forma, pero con frecuencia no están bien. Esta condición termina produciendo un debilitamiento del sistema inmunitario, que es la razón por la que los atletas se resfrían con más frecuencia, a menudo padecen estados de dolor crónico y fatiga, y constantemente padecen lesiones.

Resumen

El conocimiento es poder en lo que respecta a la inflamación silenciosa. La inflamación silenciosa es insidiosa y es nuestra mayor amenaza para nuestro bienestar. Recuerda que el bienestar no es como un test donde puedes elegir entre varias respuestas: has de mantener los eicosanoides y los niveles de insulina dentro de los valores de referencia que definen la Zona Antiinflamación. Sólo entonces puedes asegurarte el bienestar. No conviertas el bienestar en un juego de azar. Dedica un tiempo a conocer las pruebas médicas que determinarán exactamente dónde te encuentras. Si descubres que no estás donde deberías, realiza ajustes en tu dieta y en tu estilo de vida hasta que tu sangre te diga que te estás acercando a la Zona antiinflamación, que es tu indicador del bienestar.

5

Tu primera defensa contra la inflamación silenciosa: la Dieta de la Zona

Para mantener la inflamación a raya, necesitas un medicamento que puedas tomar durante el resto de tu vida sin correr ningún riesgo. El «medicamento» es una dieta antiinflamatoria: la Dieta de la Zona. La palabra *dieta* deriva de la antigua raíz griega *diaita*, que significa «régimen de vida». Hemos desvirtuado el verdadero sentido de la palabra dieta y ahora pensamos que se trata de un breve período de tiempo en el que pasamos hambre y privaciones para poder embutirnos en nuestro traje de baño. Pero luchar contra la inflamación silenciosa es una contienda de por vida, lo que significa que tienes una dieta para toda la vida para controlarla. La Dieta de la Zona es justamente eso: tu principal «medicamento» para invertir el proceso de la inflamación silenciosa, retrasar el envejecimiento y disminuir el riesgo de enfermedades crónicas. Pero, al igual que cualquier medicamento, has de tomarla en las dosis adecuadas en los momentos adecuados para conseguir resultados óptimos. Si te apartas de la Dieta de la Zona, propiciarás el retorno a la inflamación silenciosa, acelerarás las enfermedades crónicas y reducirás tu tiempo de vida.

La Dieta de la Zona ha sido diseñada para invertir la inflamación reduciendo la producción de eicosanoides proinflamatorios. Esto se consigue reduciendo el exceso de grasa corporal (uno de los principales mediadores de la inflamación) y reduciendo los niveles de insulina (uno de los mediadores principales de la formación del ácido araquidónico [AA]). Explicaré ambas cosas con mucho más detenimiento en capítulos posteriores de este libro. Puesto que los estadounidenses nos hemos convertido en la población más obesa del mundo, también significa que contamos con la desafortunada distinción de tener los índices más altos de inflamación silenciosa.

Esta relación entre el exceso de grasa corporal y la inflamación silenciosa es el vínculo que une a la obesidad con una extensa gama de enfermedades crónicas como las cardiopatías, la diabetes de tipo 2, el cáncer y el Alzheimer. Los niveles altos de inflamación silenciosa aceleran el desarrollo de todas estas enfermedades crónicas.

Perder el exceso de grasa es difícil, pero evitar que vuelva a almacenarse todavía es más complicado. La pregunta es: ¿por qué se ha vuelto tan difícil en los últimos años? ¿Se ha producido en Estados Unidos alguna extraña mutación genética? Probablemente no. Hasta 1980, los índices de obesidad en nuestro país permanecían bastante constantes, aproximadamente un 14 por ciento de la población. Sin embargo, en los últimos 25 años, la obesidad se ha disparado al récord actual del 33 por ciento. Para añadir más leña al fuego, más de dos tercios de los estadounidenses tienen sobrepeso. ¿Por qué se está descontrolando nuestro peso colectivo?

Aunque trataré este tema con mayor detalle más adelante, la respuesta breve es que comemos más calorías porque tenemos más hambre. La mejor forma de perder el exceso de grasa corporal y de reducir la inflamación silenciosa es, simplemente, comer menos calorías. Esto es terriblemente difícil de hacer si siempre tienes hambre.

Esta es una extraña paradoja que tener en cuenta: cuantas más calorías ingieres, más hambre tienes. Esta paradoja no te parecerá tan extraña cuando entiendas lo que realmente te produce hambre: un nivel bajo de azúcar en la sangre. El cerebro necesita cierta cantidad de glucosa (azúcar en la sangre) para alimentarse. Es un devorador de glucosa: utiliza el 70 por ciento de la glucosa de tu sangre para seguir funcionando, aunque supone menos de un 3 por ciento del peso total de tu cuerpo. Cuando bajan tus niveles de glucosa, tu cerebro produce el equivalente a una pataleta: puede que te sientas irritado, con poca claridad mental, o que notes que se te dispara el apetito. Sea cual fuere el síntoma, aprendes a automedicarte para esta bajada de glucosa en la sangre comiendo más hidratos de carbono, especialmente barritas de caramelo, refrescos cargados de azúcar, galletas, aperitivos de maíz fritos, etcétera, que entran con facilidad en el torrente sanguíneo en forma de glucosa. Cuando te los tomas, te sientes mejor. Tu cerebro te recompensa por darle la glucosa que necesita tan desesperadamente. Cuanto más rápido se alimenta el cerebro, más rápido te sientes bien. Quizá ni tan siquiera te das cuenta, pero te estás preparando para otro bajón de glucosa en la sangre (hipoglucemia), porque estos mismos hidratos de carbono que aumentan rápidamente tu glucosa en la sangre, también han provocado un rápido aumento de la secreción de insulina, que reducirá espectacularmente tus niveles de glucosa dentro de una o dos horas. Si sigues esta automedicación regularmente, acumularás un exceso de grasa corporal, porque el exceso de insulina es lo que te engorda y no te deja adelgazar.

Quizá supongas que si tu cerebro necesita un suministro constante de azúcar en la sangre para funcionar, has de alimentarlo principalmente con hidratos de carbono. Pero eso no haría más que trastornar el delicado equilibrio entre la insulina y el glucagón. Estas dos hormonas trabajan juntas para controlar el apetito y hacer que tu cerebro esté feliz. La insulina conduce la glucosa de la sangre hacia el hígado para ser utilizada cuando se necesite, y el glucagón libera esta glucosa almacenada cuando el cerebro se lo pide. Los hidratos de carbono estimulan la secreción de insulina, y las proteínas estimulan la secreción de glucagón. Cuando estas dos hormonas están equilibradas gracias a una dieta equilibrada, como la Dieta de la Zona, controlas el apetito y pierdes el exceso de grasa corporal porque no tienes hambre entre las comidas. Por desgracia, la colaboración hormonal que se ha construido a lo largo de millones de años de evolución se puede destruir fácilmente con una dieta alta en hidratos de carbono.

Durante un decenio, los nutricionistas afirmaron que una caloría era una caloría. Puesto que por cada gramo los hidratos de carbono contienen menos calorías que la grasa, afirmaban que podríamos adelgazar comiendo más hidratos de carbono y menos grasas. Muchos estadounidenses siguieron este consejo, y ¿qué ha pasado? Que hemos engordado, y que Estados Unidos se ha convertido en una nación gorda con una crisis de obesidad, aunque comamos menos grasas que en los últimos veinte años. Por otra parte, comemos muchos más hidratos de carbono sin grasa para automedicar nuestra constante hipoglucemia.

Nunca nadie se preguntó cuáles serían los efectos de recomendar la sustitución de las grasas por hidratos de carbono sin grasas. Esta ignorancia respecto a los efectos de los hidratos de carbono sobre la insulina, de las proteínas sobre el glucagón y de las grasas sobre los eicosanoides ha aumentado los gastos de nuestro sistema de salud pública, puesto que nos enfrentamos a más diabetes y cardiopatías, y a otros problemas relacionados con la obesidad.

Las dietas ricas en hidratos de carbono conducen a una superproducción de insulina. Cuanta más insulina tienes, más azúcar conduce la sangre y más hambre tienes mientras intentas mantener los niveles adecuados de glucosa en la sangre para alimentar al cerebro. Seguir las recomendaciones dietéticas de reducir la ingestión de grasas y aumentar la de hidratos de carbono nos ha conducido a comer un exceso de calorías, pero no ha controlado nuestro apetito. No es de extrañar que mi nación haya engordado.

La insulina, cuando se produce a niveles saludables, realiza un trabajo extraordinariamente importante: conduce todos los nutrientes —hidratos de carbono, proteínas y grasas— a las células para su utilización inmediata o almacenamiento a largo plazo. La insulina es necesaria para nuestra supervivencia. Pero el exceso de insulina puede perjudicar a nuestro cuerpo, aumentando los niveles de inflamación silenciosa. La bioquímica por la que esto sucede es compleja y la explicaré más adelante, pero el resultado final es la aceleración de la enfermedad crónica y la correspondiente pérdida del bienestar.

Sólo existen dos combustibles que el cuerpo puede utilizar para conseguir energía: la glucosa y la grasa. Cuando el cuerpo está en reposo, más del 70 por ciento de la energía se ha de convertir en grasa circulante. Tu cerebro, sin embargo, sólo puede utilizar glucosa. Esto funciona bien si existen dosis adecuadas de glucosa y de grasa en la sangre. El cerebro consigue lo que quiere (glucosa), y el resto de las células del cuerpo consiguen lo que quieren: un combustible de primera calidad (grasas). Sin embargo, el exceso de insulina puede trastornar este equilibrio bloqueando la liberación de la grasa almacenada en la sangre. Esto fuerza al cuerpo y al cerebro a competir por una cantidad de glucosa relativamente limitada. Lo cual te provoca más hambre y buscas más calorías para consumir, probablemente en forma de hidratos de carbono, para equilibrar los niveles de glucosa en la sangre. Esto provoca otro aumento de la insulina, y alimenta un círculo vicioso que acaba conduciendo a ganar peso y al aumento de la inflamación silenciosa.

Comprender los hidratos de carbono

He aquí un enigma: ¿por qué 5 gramos de hidratos de carbono de una patata provocan un pico de insulina mayor que 5 gramos de un terrón de azúcar? Para entender la ciencia has de pensar como un bioquímico.

En la antigüedad la nutrición era muy sencilla. Sólo había dos tipos de hidratos de carbono: los simples (como el azúcar de mesa) y los complejos (como el pan, la pasta, las patatas y el arroz). Los hidratos de carbono simples eran perjudiciales para los niveles de azúcar en la sangre, y los complejos eran buenos. Entonces, una teoría que había sido perfectamente buena se vino abajo a raíz de los estudios actuales. Las investigaciones pusieron de manifiesto que algunos hidratos de carbono simples entraban en el torrente sanguíneo en forma de glucosa a un ritmo mucho más lento que muchos hidratos de carbono complejos. Después de algo más de 20 años, la mayoría de las autoridades en la nutrición todavía sigue negando este hecho.

Este giro sobre los hidratos de carbono se debe a la bioquímica. Todos los hidratos de carbono se han de dividir hasta convertirse en azúcares simples, como la glucosa o la fructosa, para que puedan ser absorbidos. (La leche y los productos lácteos contienen otro azúcar simple, denominado lactosa, que muchas personas no pueden digerir.)

Los cereales y los almidones (pan, pasta, arroz, maíz, patatas, etc.) se componen de largas cadenas de glucosa unidas por lazos químicos muy débiles que se rompen rápidamente durante la digestión. Al liberarse la glucosa con rapidez, entra en la sangre, provocando un aumento en la secreción de la insulina. Cuanto más rápido entra la glucosa en la sangre, mayor secreción de insulina provoca. Por otra parte, la fructosa se absorbe rápidamente, pero se convierte en glucosa muy lentamente en el hígado. El resultado es que el azúcar simple fructosa entrará en la sangre como glucosa a un índice mucho más lento que la glucosa procedente de los hidratos de carbono complejos. Menos glucosa en la sangre significa menos secreción de insulina.

Las verduras tienen aproximadamente un 30 por ciento de fructosa, las frutas un 70 por ciento, y los cereales y almidones son cien por cien glucosa. Esto debería ayudarte a entender la razón por la que comer hidratos de carbono complejos, como cereales y almidones, tiene un mayor efecto en el aumento de los niveles de insulina. Añadámosle la fibra soluble (que se encuentra principalmente en las frutas y verduras) a la mezcla, y reduces todavía más el índice de entrada de glucosa al torrente sanguíneo, disminuyendo el aumento de la insulina. (Nota: la fibra insoluble que se encuentra en los cereales y almidones no tiene mucho efecto en retrasar la entrada de glucosa en la sangre, lo cual supone otro duro golpe a los cereales y almidones.) Ahora que te está dando vueltas la cabeza a raíz de este breve curso de bioquímica, basta con que recuerdes esto: ingerir hidratos de carbono principalmente de las verduras y las frutas es la gran forma de controlar los niveles de insulina, mientras que comer cereales y almidones no lo es.

Cada alimento que contenga hidratos de carbono entra en tu sangre a una velocidad concreta. La velocidad con la que entra un alimento en particular en tu sangre se denomina índice glucémico del hidrato de carbono. Cuanto más elevado sea el índice glucémico de un alimento, con mayor rapidez aumentará los niveles de glucosa en la sangre y más rápido aumentará la secreción de insulina. Por ejemplo, un terrón de azúcar se compone de una mitad de glucosa y una mitad de fructosa, mientras que una patata es cien por cien glucosa. Esta es la razón por la que una cantidad equivalente de hidratos de carbono en forma de terrones de azúcar entra en la sangre como glucosa más lentamente que esa misma cantidad en forma de patata. No es de extrañar que las autoridades en nutrición odien el concepto de índice glucémico.

Aunque se ha hecho mucha propaganda a bombo y platillo sobre el índice glucémico, este tiene limitaciones importantes en la vida real. Se basa en comer 50 gramos de hidratos de carbono de un alimento en particular de una sola vez. Puesto que normalmente no comes esa cantidad de un solo alimento, tampoco te indica cuánto aumenta tu nivel de azúcar en la sangre una dosis real del mismo, ni tampoco tiene en cuenta tu ingesta total de hidratos de carbono durante una comida o aperitivo. Esto significa que no te ofrece una visión general, es decir, cuánto van a aumentar tus niveles en la sangre a raíz de una comida o aperitivo en particular. Por el contrario, has de confiar en un término relativamente nuevo denominado *carga glucémica* para conseguir esa información.

Carga glucémica

La carga glucémica no sólo tiene en cuenta el índice de entrada de un hidrato de carbono en la sangre (el índice glucémico), sino también la cantidad total de hidratos de carbono que ingieres de una sola vez. La carga glucémica predice cuánta insulina generará tu cuerpo como respuesta a los hidratos de carbono que consumes realmente. De hecho, los estudios de la Facultad de Medicina de Harvard demuestran que cuanto mayor es la carga glucémica de tu dieta, más probabilidades tienes de ser obeso, tener diabetes y padecer un infarto de miocardio. ¿Por qué? Los investigadores de Harvard también han descubierto que cuanto mayor es la carga glucémica de tu dieta, mayores son tus niveles de inflamación silenciosa.

Cómo explica la carga glucémica las diferencias entre varias dietas populares

Cada año se publican unos 1.000 libros sobre dietas. De hecho, existen más de 15.000 publicaciones sobre dietas diferentes. Sin embargo, a pesar de la abundancia de estos consejos dietéticos, sólo existen cuatro tipos de dietas conocidas por la ciencia médica, y se pueden describir según su carga glucémica. Esta es la razón por la que la carga glucémica empieza a desvelar todo el misterio de las distintas dietas que existen actualmente en el mercado. En esencia, el concepto de la carga glucémica es un referente universal para catalogar cualquier dieta. A continuación tenemos las dietas típicas que se pueden desglosar por su carga glucémica.

Carga glucémica de la dieta	Nombre popular de la dieta
Muy baja	Doctor Atkins
Baja	Zona
Alta	Pirámide alimentaria del USDA,* Weight Watchers, Asociación Norteamericana para el Corazón, Asociación Norteamericana para la Diabetes, etc.
Muy alta	Típica norteamericana

Nota: Algunos planes dietéticos populares bautizan con sus nombres a dietas ya existentes. Un buen ejemplo es la dieta de South Beach. Durante las tres primeras semanas, es la dieta del doctor Atkins, que se encuentra en una categoría de carga glucémica muy baja. Luego se convierte en la Dieta de la Zona, que se encuentra en la categoría de baja carga glucémica.

* Departamento/Ministerio de Agricultura de Estados Unidos.

Una vez que has captado el concepto de carga glucémica, términos como *rico en proteínas, rico en hidratos de carbono, bajo en grasa* o *bajo en hidratos de carbono* dejan de tener sentido para describir las dietas. La clave para encontrar una dieta antiinflamatoria para toda la vida se basa en encontrar una dieta con la carga glucémica apropiada para tu bioquímica. Si la carga glucémica de tu dieta es superior a la que puedes soportar genéticamente, aumentarán tus niveles de inflamación silenciosa en tu cuerpo debido al aumento de producción de insulina. Por otra parte, si la carga glucémica de la dieta es demasiado baja, empiezan a tener lugar una compleja serie de acontecimientos hormonales que conducen a un aumento de la secreción de cortisol (la hormona que te engorda, atonta y enferma). Ninguna de las dos opciones es óptima si tu meta a largo plazo es el bienestar.

Cálculo de la carga glucémica

Una vez que encuentras la carga glucémica óptima, lo único que has de hacer es ceñirte a ella el resto de tu vida para controlar la inflamación. La carga glucémica poco tiene que ver con la dosis real de hidratos de carbono que ingieres. Esto significa que las etiquetas de los alimentos no nos van a servir de mucho. Eso se debe a que la carga glucémica tiene en cuenta la dinámica de los efectos del aumento de glucosa en la sangre que produce cualquier hidrato de carbono y su impacto en la secreción de la insulina.

El poder de la carga glucémica se calcula tomando el índice glucémico (IG) de un hidrato de carbono en particular multiplicado por la cantidad total de ese hidrato de carbono (g) en una comida y luego dividiéndola por 100 tal como muestro aquí abajo.

$$\text{Carga glucémica (g)} = \frac{\text{IG del hidrato de carbono} \times \text{gramos de hidratos de carbono por ración}}{100}$$

La carga glucémica de una comida o tu dieta diaria están directamente correlacionadas con la cantidad de insulina secretada. Al sumar la carga glucémica de cada comida obtienes la carga glucémica total de tu dieta en el transcurso del día. Puesto que los cereales y los almidones se componen casi por completo de glucosa, tendrán una carga glucémica superior a las frutas y verduras, que son más ricas en fructosa. Aunque ciertos alimentos puedan tener los mismos gramos de hidratos de carbono, su carga glucémica puede ser muy diferente según su contenido de fructosa y lactosa. De modo que una dieta rica en hidratos de carbono basada en cereales y almidones tiene una alta carga glucémica que aumentará la insulina y la inflamación silenciosa, mientras que una dieta rica en hidratos de carbono basada en frutas y verduras —incluso una con la misma cantidad de gramos de hidratos de carbono— es una dieta con una baja carga glucémica que será tu mejor camino para reducir la inflamación silenciosa. La siguiente tabla muestra importantes diferencias en las cargas glucémicas de raciones típicas:

Tipo de hidrato de carbono	Carga glucémica (g) de una ración típica
Verduras sin almidón	1-5
Frutas	5-10
Cereales y almidones (pasta, arroz, patatas)	20-30
Típica comida basura (caramelos, patatas fritas de bolsa, soda)	20-30

En esta tabla puedes ver que, en lo que a carga glucémica se refiere, no existe mucha diferencia entre los cereales y los almidones y la comida basura típica. Si quieres mantener la carga glucémica de la dieta bajo control, es de sentido común que comas más frutas y verduras y menos cereales y almidones (y, por supuesto, menos comida basura). Esto explica la razón por la que, cuando se cambia a una dieta en la que predominan las frutas y verduras, bajan los índices de cardiopatías, cáncer y otras enfermedades crónicas. Estás bajando tu carga glucémica, lo que a su vez baja la inflamación silenciosa. Entonces, ¿por qué una dieta con una alta carga glucémica aumenta la inflamación silenciosa? El aumento de la secreción de insulina estimula la producción de AA, el compuesto básico de todos los eicosanoides proinflamatorios.

Ahora volvamos a definir los cuatro tipos de dietas basándonos en sus cargas glucémicas.

Carga glucémica de la dieta	Carga glucémica diaria (g/día)	Nombre popular de la dieta
Muy baja	menos de 20	Doctor Atkins
Baja	50-100	Zona
Alta	Más de 200	Pirámide alimentaria del USDA, Weight Watchers, Asociación Norteamericana para el Corazón, Asociación Norteamericana para la Diabetes, etc.
Muy alta	Más de 300	Típica norteamericana

Cuanto más alta es la carga glucémica diaria, mayor es la cantidad de insulina que produce tu cuerpo. Si sigues las recomendaciones dietéticas de la Pirámide alimentaria del USDA, o la dieta de la Asociación Norteamericana para el Corazón (American Heart Association, AHA), tu cuerpo producirá de dos a cuatro veces más insulina que con la Dieta de la Zona. Con la dieta estadounidense típica, tus niveles de insulina subirán hasta seis veces más con respecto a la Dieta de la Zona. Aunque con la dieta del doctor Atkins se produce entre dos y cinco veces menos insulina que con la Dieta de la Zona, el resultado a largo plazo será que la dieta de Atkins producirá un aumento del cortisol y se volverá a recuperar todo el peso perdido. Esta es la razón por la que has de mantener la insulina en una zona que no sea demasiado alta ni demasiado baja.

Los verdaderos peligros de las dietas muy bajas en cargas glucémicas

Ya sabes que las dietas con una elevada carga glucémica conducen a una superproducción de insulina y a la inflamación. Pero si una dieta con baja carga glucémica como la Zona es buena, ¿no debería ser mejor una dieta con una carga glucémica muy baja, como la del doctor Atkins?

En realidad, no. Estas dietas con una carga glucémica tan baja también pueden aumentar la inflamación silenciosa y las enfermedades crónicas, aunque no a través de los mecanismos de los que nos suelen advertir los organismos sanitarios. Lo primero que sucede con una dieta muy baja en carga glucémica, como la del doctor Atkins, es que tu cuerpo entra en un estado anormal denominado cetosis. Sin la dosis adecuada de hidratos de carbono en la dieta, tu hígado no tiene almacenados suficientes hidratos de carbono (denominado glucógeno) para metabolizar las grasas completamente en agua y dióxido de carbono. Esta falta de glucógeno en el hígado altera el metabolismo normal de las grasas y hace que el hígado produzca cuerpos cetónicos anormales, que circulan por la sangre. Al cuerpo no le gusta mucho esto, y tiende a aumentar la cantidad de orina para eliminarlos del sistema. (Hace lo mismo con otros componentes de la dieta como la cafeína y el fósforo de los refrescos.) Una gran parte de la pérdida de peso inicial que se experimenta con este tipo de dietas procede de la eliminación de agua, no de grasas. Pero esto no es peligroso.

El verdadero peligro de estas dietas de baja carga glucémica procede de los problemas hormonales a los que pueden conducir. El primer problema es que tu cerebro necesita cierta dosis de glucosa en la sangre para funcionar adecuadamente. El cerebro es un devorador de glucosa. Tal como he dicho antes, aunque éste suponga menos de un 3 por ciento de la masa corporal, absorbe más del 70 por ciento de la glucosa de la sangre. Cuando los niveles de glucosa descienden demasiado, el cerebro no funciona adecuadamente y enciende la luz de alerta. Envía señales (a través de la hormona cortisol) para empezar a romper masa muscular y convertirla en glucosa. El proceso se denomina neoglucogénesis, no es muy eficaz, pero funciona a corto plazo.

Cuando las personas hacen dietas muy bajas en hidratos de carbono, como la del doctor Atkins, pierden más peso durante los primeros seis meses que una persona que siga una dieta rica en hidratos de carbono y baja en grasas, y no se ha detectado ningún aumento de la mortalidad a corto plazo debido a infartos de miocardio o cualquier otra enfermedad, contrariamente a lo que alegan los que critican estas dietas. Sin embargo, a largo plazo (más de seis meses) en el cuerpo se producen cambios metabólicos de adaptación adversos. Las personas que siguen esas dietas suelen dejar de perder peso, aunque sigan restringiendo su ingesta de hidratos de carbono, y luego vuelven a engordar. No es que hagan trampas, sino que empiezan a notar los efectos del exceso de producción de cortisol para producir suficiente glucosa para el cerebro. Como ya he dicho antes, el exceso de cortisol aumenta la resistencia a la insulina, lo que a su vez convierte tus células grasas en imanes de grasa. El resultado es que recuperas el peso que habías perdido. Esto es lo que suele sucederles a las personas que siguen la dieta del doctor Atkins: pierden peso durante los seis primeros meses, pero luego vuelven a recuperarlo en los seis siguientes. Al final del año terminan habiendo perdido muy poco peso, o nada en absoluto.

Esto explica porqué millones de personas que han perdido peso con dietas muy bajas en hidratos de carbono en los últimos treinta años lo han vuelto a recuperar, o incluso lo han aumentado. La gran mayoría de las veces no han sido las personas las que lo han hecho mal, sino que simplemente han sido víctimas de las adaptaciones bioquímicas y hormonales que hizo su cuerpo para adaptarse a una dieta muy baja en carga glucémica.

Por si recuperar peso no fuera suficientemente malo, hay un segundo peligro hormonal con estas dietas ricas en proteínas: la proteína rica en grasa. En la dieta del doctor Atkins se te anima a que comas grandes cantidades de proteína grasa (bistec, beicon, yemas de huevo, etc.). Todas ellas son grandes fuentes de AA. Cuanto más AA comas, más inflamación silenciosa generarás aunque pierdas peso (recuerda que la mayor parte se debe a la pérdida de agua). El aumento de la producción de cortisol y el aumento de la inflamación silenciosa son los verdaderos peligros de la dieta del doctor Atkins.

Las aplicaciones de la carga glucémica en la vida real

Probablemente estarás pensando que aunque el concepto de carga glucémica parece científicamente sólido, ha de ser imposible utilizarlo en la vida real. Estás totalmente equivocado. Lo único que necesitas para calcular la carga glucémica de cada comida es tu mano y tu ojo.

No existen los hidratos de carbono buenos o malos, sólo sus diferencias de carga glucémica. Siguiendo la Dieta de la Zona podrás comer todos los hidratos de carbono; lo único que has de hacer es saber cuándo has de dejar de ponerte más en el plato. Pero, dado que cada hidrato de carbono tiene su propia carga, ¿cómo lo puedes saber?

Empieza por pensar en los hidratos de carbono como favorables y desfavorables. Los favorables (frutas y verduras) tienen una baja carga glucémica, mientras que los desfavorables (cereales y almidones) tienen elevadas cargas glucémicas. Esto no es muy complicado.

El método de la mano y el ojo

Sólo necesitas tu mano y tu ojo para determinar la carga glucémica de tu comida. Simplemente divide tu plato en tres partes iguales. Si quieres comer hidratos de carbono desfavorables, llena un tercio del mismo con ellos y deténte. Si quieres comer hidratos de carbono favorables, llena dos tercios del plato y deténte. (Pronto te diré qué es lo que has de poner en el tercio restante.)

Vas a tener mucho espacio vacío en tu plato si comes hidratos de carbono desfavorables, pero al menos no te excederás de tu carga glucémica en esa comida. Tienes libertad absoluta para elegir los hidratos de carbono que te apetezcan, pero ten presente que comiendo hidratos de carbono favorables obtendrás más vitaminas, minerales, fibra y sustancias fitoquímicas con la misma carga glucémica.

El método de los bloques

Si realmente quieres tratar los alimentos como si fueran medicamentos, has de utilizar un sistema de cálculo de hidratos de carbono algo más estructurado, aunque sencillo. En mi primer libro *Dieta para estar en la Zona*, intenté exponer el primer sistema funcional (según mi opinión) para determinar la carga glucémica de una comida utilizando los bloques de alimentos. La clave de este sistema es contar los bloques de hidratos de carbono de la Zona para conocer los límites superiores e inferiores para una carga glucémica óptima en cada comida. Cada bloque de hidrato de carbono de la Zona contiene una cantidad definida de hidratos de carbono y está dividida en favorables y desfavorables según la carga glucémica de cada hidrato en particular. Los bloques de hidratos de carbono favorables para la Zona se encuentran en la categoría de baja carga glucémica, mientras que los bloques de hidratos de carbono desfavorables para la Zona se encuentran en la categoría de alta carga glucémica o inflamatorios. A continuación cito algunos ejemplos de bloques de hidratos de carbono para la Zona.

Fuente de hidratos de carbono	Cantidad para 1 bloque de hidratos de carbono para la Zona
Manzana (mediana)	$1/2$
Brécoles (cocinados)	4 tazas
Pasta (cocinada)	$1/4$ de taza
Terrón de azúcar	3

La manzana y los brécoles serían hidratos de carbono favorables, mientras que la pasta y el terrón de azúcar serían desfavorables. La clave para la Dieta de la Zona es asegurarte de que cada comida contiene la carga glucémica adecuada, ni demasiado alta ni demasiado baja, a fin de estabilizar la glucosa en la sangre (y el apetito) durante las siguientes cuatro a seis horas. Una mujer sólo necesita, en general, 3 bloques de hidratos de carbono de la Zona por comida, lo que podría traducirse en $^1/_4$ de taza de pasta, 4 tazas de brécoles y $^1/_2$ manzana. Otra opción mejor (carga glucémica más baja) serían 4 tazas de brécoles y una manzana entera, mientras que la peor elección (carga glucémica más alta) sería $^3/_4$ de taza de pasta cocida. Si sólo tienes hidratos de carbono en tu plato estás al borde del desastre hormonal aunque estés controlando tu ingesta de hidratos de carbono. Sería como tomar 9 terrones de azúcar en esa comida. ¡En realidad, los 9 terrones de azúcar generarían una menor respuesta de insulina que $^3/_4$ de taza de pasta! Ese es el poder de entender la carga glucémica.

Un hombre normal necesitaría 4 bloques de hidratos de carbono de la Zona por comida. Esto significa que puede comer más que una mujer, pero no mucho más. Como es natural, la clave es saber cuándo has de dejar de añadir hidratos de carbono a tu plato.

Puntos de la Zona

Con los años siempre he intentado simplificar el sistema de bloques de alimentos de la Zona, lo que me ha conducido al desarrollo de los Puntos de la Zona. Los puntos de la Zona no son más que otro sistema de conteo para tener tu carga glucémica bajo control en cada comida. Puesto que sólo estás hormonalmente bien según haya sido tu última comida, y sólo lo estarás según sea la siguiente, te interesa que cada una tenga la misma carga glucémica. Esto se debe a que la carga glucémica de cada comida determina la cantidad de insulina que se va a segregar.

Los puntos de la Zona se basan en la carga glucémica de varios hidratos de carbono en raciones que te mantendrán saciado sin que te sientas lleno. Una buena regla es asegurarte de que la totalidad de tus puntos de la Zona por cada comida no excedan de 15 si eres mujer, ni de 20 si eres hombre. Un tentempié típico de la Zona equivale a unos 5 puntos. Al igual que con los bloques de hidratos de carbono, sigues añadiendo hidratos de carbono a tu plato hasta que alcanzas el máximo permitido en cada comida.

Voy a usar el sistema de puntos de la Zona para ilustrar por qué no soy un gran defensor de los hidratos de carbono integrales, aunque sean políticamente correctos. En primer lugar, la mayoría de los alimentos etiquetados como «integrales» en realidad no lo son. Los cereales integrales son muy perecederos. Los productos verdaderamente integrales contienen grasas que se vuelven rancias a temperatura ambiente, y esa es la razón por la que se encuentran en las secciones de congelados de los supermercados. ¿Cuándo compraste pan congelado por última vez? Los cereales integrales secos como los copos de avena se han de cocinar durante al menos 30 minutos antes de poder comértelos. Aunque me encantan los *verdaderos* cereales integrales (especialmente la harina de avena y de cebada), sigo consumiéndolos en muy pocas ocasiones. Los cereales integrales también se han de consumir con bastante moderación debido a su densidad de hidratos de carbono, que aumenta rápidamente la carga glucémica de una comida. Voy a demostrarte lo fácil que es sobrecargar tu carga glucémica comiendo productos integrales.

Hidratos de carbono	Ración	Puntos
Pasta cocida	1 taza	28
Patata	1 mediana	28
Bollo	1 pequeño	28
Arroz	1 taza	35

Puesto que el límite superior para una comida en la Zona es de 15 puntos para una mujer y de 20 para un hombre, es bastante fácil excederse incluso tomando los productos integrales más saludables. Espero que entiendas la idea de que los hidratos de carbono que contienen almidón y los cereales (incluso los productos integrales) probablemente no son la mejor opción para tu ingesta principal de hidratos de carbono, si lo que pretendes es controlar tu insulina.

La belleza del sistema de puntos de la Zona es que comes exactamente el tipo de comida que quieres comer (hasta terrones de azúcar) siempre y cuando no rebases tu límite de puntos de la Zona en esa comida. (De acuerdo, los terrones de azúcar no proporcionan muchas vitaminas ni minerales, pero si eso es lo que quieres, entonces te basta con conocer tus límites.) Ahora, veamos cómo se convierten los bloques de alimentos en puntos de la Zona.

Hidratos de carbonos	Cantidad	Bloques de alimentos	Puntos
Brécoles (cocinados)	4 tazas	1	3
Manzana	$1/_2$ mediana	1	5
Pasta (cocida)	$1/_4$ taza	1	7
Terrón de azúcar	3	1	2

Una mujer normal necesita unos 15 puntos por comida. Como puedes ver, $1/_2$ manzana (5 puntos), 4 tazas de brécoles cocidos (3 puntos) y $1/_4$ de taza de pasta (7 puntos) suman 15. Si se come la manzana entera (10 puntos) y las 4 tazas de brécol (3 puntos), habrá hecho una comida con una carga glucémica más baja (13 puntos). Por otra parte, si consume $3/_4$ de taza de pasta habrá supuesto una carga glucémica superior (21 puntos), que está por encima del límite de la comida. Básicamente, los puntos y los bloques de hidratos de carbono vienen a ser lo mismo.

Como puedes ver por la lista de alimentos (encontrarás una lista mucho más completa en los Apéndices C y D), tendrás que almacenar frutas y verduras y reducir la cantidad de cereales y almidones para mantener una carga glucémica óptima en cada comida.

Sin embargo, la Dieta de la Zona es un poco más compleja que controlar la carga glucémica en cada comida. Para mantener realmente la insulina en la Zona, has de equilibrar la carga glucémica de una comida con la cantidad apropiada de proteína baja en grasa junto con la grasa apropiada. Veamos primero la proteína.

Las proteínas

Este nutriente suministra la cantidad necesaria de aminoácidos que necesita el cuerpo para reponerse, sintetizar enzimas y mantener su función inmunitaria adecuadamente. Todo esto está muy bien, pero para la Dieta de la Zona la importancia de la proteína consiste en que también estimula la producción de glucagón, la hormona principal que mantiene los niveles de azúcar en la sangre en el cerebro provocando la liberación del glucógeno almacenado en el hígado. Por una parte, si tu cerebro está contento (porque obtiene suficiente glucosa), no tienes hambre. Por la otra, si no consigue los niveles de glucosa adecuados, le dará un berrinche hasta que comas suficientes hidratos de carbono para restaurar su único suministro de combustible. Al comer los niveles adecuados de proteína no has de ingerir muchos hidratos de carbono para mantener un nivel óptimo de glucosa en la sangre, porque el hígado la irá liberando constantemente.

En realidad, no necesitas demasiadas proteínas para asegurarte una secreción correcta de glucagón. Lo único que necesitas es la cantidad que corresponda con el tamaño y el grosor de la palma de tu mano. Esto corresponde a unos 90 gramos de proteína baja en grasa para una mujer normal y 120 gramos para un hombre. ¿Qué es la proteína baja en grasa? Alimentos como el pescado, el pollo, el pavo, las claras de huevo, lonchas muy finas de carne roja (menos de un 7 por ciento de grasa), y para los vegetarianos productos derivados de la soja (tofu o carne vegetal de soja). Todas las proteínas animales contienen algo de ácido araquidónico (AA). Cuanto menor sea el contenido graso de la fuente de proteína, menos ácido araquidónico consumes y menos tendrás que esforzarte en controlar la inflamación silenciosa. Como puedes observar, esta cantidad de proteína baja en grasa está muy lejos de las dosis que suelen recomendar las dietas bajas en hidratos de carbono (es decir, las que son muy ricas en proteínas), como la del doctor Atkins.

¿Qué sucede cuando comes mucha proteína? Que puedes engordar, puesto que el cuerpo humano tiene una capacidad muy limitada para almacenar el exceso de proteína en forma de músculo; de lo contrario, todos pareceríamos Arnold Schwarzenegger. Todo exceso de proteína consumida que tu cuerpo no necesita de inmediato se convierte o bien en hidratos de carbono, o en grasa para almacenar.

Las grasas

Las grasas son el nutriente final que completa una comida o aperitivo en la Zona. Es esencial escoger la grasa correcta si quieres controlar la inflamación. Comer la grasa incorrecta aumentará tus niveles de AA, que generarán inflamación silenciosa. Como ya he mencionado antes, la yema del huevo y la grasa de la carne contienen un alto nivel de AA. Por lo tanto, comer alimentos ricos en AA es como añadir leña al fuego. Sin embargo, los culpables más insidiosos de la inflamación en la dieta estadounidense son las cantidades masivas de ácidos grasos omega-6 que consumimos. Estas grasas se encuentran en todos los aceites vegetales como el aceite de soja, de girasol, de maíz y de cártamo. Cuantos más ácidos grasos omega-6 consumes, más probabilidades tienes de que se conviertan en AA en tu cuerpo, especialmente si estás secretando altos niveles de insulina. Esto se debe a que la insulina estimula la enzima clave que produce el AA. Hablaré de ella en el capítulo 12.

De modo que no es realmente la cantidad de grasa, sino el tipo de grasa la culpable del desarrollo y la aceleración de la inflamación silenciosa. Pero ¿cómo puedes detener el proceso de golpe? Dejar de tomar aceites vegetales ricos en ácidos grasos omega-6 y tomar aceite de oliva virgen es un gran comienzo. Poner unas pocas nueces y unas rebanadas de aguacate en las ensaladas en lugar de yemas de huevo, también te ayudará. El aceite de oliva, los frutos secos y los aguacates son todos ricos en grasas monoinsaturadas. Desde un punto de vista alimentario, estas grasas monoinsaturadas son neutras puesto que no se pueden sintetizar en forma de eicosanoides proinflamatorios. El poderoso efecto de llevar a cabo esta sencilla reducción de los ácidos grasos omega-6 quedó demostrado en el Estudio de la Dieta para el Corazón de Lyon, de la que ya hemos hablado en el capítulo anterior.

La grasa es un nutriente esencial. Necesitas cierta cantidad de grasa en tu dieta, no sólo para dar sabor a tu comida, sino para liberar una hormona (colecistoquinina) del intestino que se dirige directamente al cerebro para decirle que deje de comer. Las dietas sin grasas no sólo son insípidas sino que alimentan tu apetito, porque nunca recibes la señal «completa» desde tu cerebro. Pero lo más importante es que las grasas pueden aumentar o disminuir los niveles de inflamación, y esa es la clave para el bienestar.

Por otra parte, ¿puedes comer demasiada grasa? Por supuesto que sí. Aunque la grasa no tiene ningún efecto sobre la insulina, comer demasiadas grasas no te va a adelgazar. Aunque mantengas bajo control tus niveles de insulina siguiendo una dieta baja en carga glucémica, comer demasiadas grasas evitará que liberes la grasa acumulada en tus células. Al fin y al cabo, si tu cuerpo tiene un nivel adecuado de ácidos grasos flotando en la sangre a raíz de tu última comida, ¿por qué ha de liberar más grasas almacenadas en tus células adiposas?

Resumiendo: la solución antiinflamatoria

La clave para controlar la inflamación silenciosa reside en mantener tu carga glucémica lo suficientemente alta para evitar la cetosis, pero lo suficientemente baja para evitar el exceso de secreción de insulina. También has de comer la cantidad correcta de proteínas y grasas. Es decir, has de mantenerlas a todas en una zona. Tal como hago hincapié en todos mis libros sobre la Zona, la clave es conseguir el equilibrio correcto. ¿Cuál es la carga glucémica adecuada para ti? Puesto que todos somos genéticamente diferentes, todos tenemos cargas glucémicas ligeramente distintas que son óptimas para tu salud. Pero los años de experiencia con la Dieta de la Zona me han enseñado los sencillos métodos que he descrito en este capítulo y que te acercarán a tu ideal. La mayoría de las personas descubren que ni una dieta baja en hidratos de carbono ni una dieta rica en hidratos de carbono les proporcionará la carga glucémica necesaria para mantener controlada la inflamación silenciosa. De hecho, la mejor dieta para controlar la inflamación silenciosa probablemente sea la que se encuentra en una categoría intermedia. Esto significa una dosis moderada de hidratos de carbono, de proteínas y de grasas. Esta es una descripción bastante buena de la Dieta de la Zona. Francamente, cualquier dieta que utilice las palabras *rica* o *baja* para describir sus conceptos acabará fracasando en controlar la inflamación silenciosa, debido a los trastornos hormonales que provoca.

Resumen

Seguir la Dieta de la Zona para controlar de por vida la inflamación silenciosa es mucho más sencillo de lo que piensas. Para calcular tu carga glucémica óptima y equilibrarla con la cantidad adecuada de proteínas y grasas, no se necesita nada más que la mano y el ojo. Las reglas dietéticas que rigen la Dieta de la Zona son sencillas y son tu principal defensa contra la inflamación silenciosa. En el siguiente capítulo verás lo fácil que es aplicar estas reglas en la vida real.

6

Convierte tu cocina
en una farmacia antiinflamatoria

Si has estado siguiendo la Dieta de la Zona, probablemente tu cocina tenga una buena despensa, y este capítulo no será más que una revisión. Si te preocupan las implicaciones futuras de la inflamación silenciosa, probablemente tengas que hacer reformas. No, no me estoy refiriendo a que tengas que llamar a un albañil. Lo único que has de hacer es sacar algunos alimentos y añadir otros.

Lo que has de sacar de la cocina

Fuera de la vista, fuera de la boca y de la mente. Ya sabes lo que opino respecto a la mayoría de los cereales y almidones. Coge todos los almidones procesados que encuentres (cereales secos para el desayuno, harina, galletas saladas, pasta, pan, bollos, magdalenas, galletas, pasteles, bastoncitos de pan, barritas de chocolate, etc.) y ponlos en una bolsa de basura. Llena otra bolsa de basura con almidones tradicionales como arroz, patatas y granos. Puedes guardar la cebada y los copos de avena si los tienes. Ahora mira en tu despensa y busca productos que tengan mucho azúcar como fruta confitada, chocolates o caramelos. Ponlos en una bolsa de basura. Ahora rastrea tu cocina en busca de grasas peligrosas: mantequilla, margarina, aceite en *spray* Crisco, manteca, y la mayoría de los principales aceites vegetales como el aceite de soja, de maíz, de girasol y de cártamo. No intentes guardarlos, tíralos directamente. Ahora coge todas estas bolsas con productos de alta carga glucémica sin abrir y llévalos al banco de alimentos de tu zona. Por duro que te pueda resultar deshacerte de estos productos, tu cuerpo te lo agradecerá. Estos artículos son los peores agresores que podamos imaginar para aumentar los niveles de insulina y de inflamación silenciosa. Se encuentran en la categoría de hidratos de carbono con alta carga glucémica o en la de grasas proinflamatorias. Literalmente, son veneno para tu futuro bienestar.

Qué has de introducir en tu cocina

Puede que ahora tu cocina te parezca un poco desnuda. No te preocupes. Estás a punto de llenarla de nuevo, pero ahora con hidratos de carbono con baja carga glucémica, como las frutas y las verduras. También añadirás las proteínas y las grasas adecuadas.

Hidratos de carbono

Muchas personas compran productos frescos con las mejores intenciones, pero el tiempo suele conspirar contra ellas. Las lechugas se marchitan, los frutos del bosque se enmohecen, los melocotones se pudren, y con frecuencia tiramos nuestro dinero a la basura. La forma más sencilla de evitar esto es simplemente comprar productos frescos sólo para dos o tres días. Buena idea, pero es muy poco probable en nuestro mundo de hoy dado a las restricciones de tiempo. Por el contrario, puedes almacenar frutas y verduras congeladas. No sólo son más baratas que las frescas, sino que sorprendentemente son más nutritivas.

AÑADE ATRACTIVO A LAS VERDURAS CONGELADAS

Cualquier verdura congelada puede parecer fresca si la preparas bien. Precalienta el horno a 175 grados. Coloca papel de aluminio sobre el mármol de tu cocina y úntalo con aceite de oliva. Pon las verduras en medio del papel y añade un poco de aceite de oliva y una pizca de zumo de lima. Cierra los extremos del papel formando como una tienda de campaña. Asa las verduras durante 30 minutos, o hasta que estén tiernas.

Esto se debe a que sólo se congelan las frutas y las verduras más maduras. Pero lo más importante es que se congelan al poco de haberlas recolectado, lo cual hace que conserven sus vitaminas y sustancias fitoquímicas. Los productos frescos pueden perder muchos de estos nutrientes durante su transporte y almacenamiento.

Las frutas y verduras enlatadas son más problemáticas. Has de evitar todas las que floten en siropes de azúcar, que se añaden durante el proceso de envasado. (El alto contenido de azúcar reduce el crecimiento bacteriano.) Los productos enlatados con frecuencia tienen un contenido de vitaminas mucho más bajo que los congelados. Sin embargo, siguen siendo una opción mejor de hidratos de carbono para la Dieta de la Zona que los hidratos de carbono con alta carga glucémica que has donado a tu banco de comida local.

Proteínas

Busca fuentes de proteína baja en grasas y cómpralas en raciones individuales. Es muy fácil comprar demasiada proteína, lo que significa que es probable que comas más de la que necesitas. Convierte al carnicero de tu supermercado en tu aliado. Si la única carne, pollo o pescado que puedes comprar es envasada en paquetes de 1 kilo, pídele al carnicero que te la vuelva a empaquetar en raciones de cuartos. También puedes comprarla a granel y volver a empaquetarla cuando llegues a casa utilizando las bolsas para congelar; cada vez que utilices uno de los paquetes de la nevera, lo sustituyes por otro del congelador. Esta forma de controlar las porciones reduce la probabilidad de tomar demasiadas proteínas (y de comer demasiado), o lo que es peor, de no tener proteína (porque no quieras descongelar un paquete grande). Puedes aplicar el mismo truco con los productos de charcutería bajos en grasa. Pídele al charcutero que ponga un papel separador cada 100 gramos.

Los huevos son una gran fuente de proteínas que vienen presentados en cajas de distintos tamaños. Quiero recordar que estoy hablando de las claras de huevo, no de las yemas, que son ricas en ácido araquidónico (AA) proinflamatorio. Para las tortillas y los huevos revueltos, puede que prefieras comprar un útil separador de yemas, o comprar sucedáneos de huevo. Si comes huevos duros, asegúrate de sacar la yema para comer sólo la clara.

La proteína envasada, como el requesón fresco bajo en grasa, el atún, el salmón y las sardinas, también son grandes fuentes de proteína baja en grasa. Suponen fuentes fácilmente accesibles de proteína baja en grasa con raciones fáciles de controlar. Para las carnes vegetarianas, compra productos derivados de la soja como el tofu, el tempeh, o productos de soja que imitan la carne. También puedes comprar proteína en polvo (la proteína de suero de leche sabe mejor), que se puede utilizar para hacer deliciosos batidos en la Zona con frutos del bosque, o añadir a hidratos de carbono como los copos de avena para equilibrar la balanza entre proteínas e hidratos de carbono a fin de mantener a largo plazo el control de la glucosa en la sangre.

Tener proteínas al alcance de la mano es la clave para estar en la Zona, porque estimula la liberación del glucagón, que ayuda a estabilizar los niveles de glucosa en la sangre. A fin de estabilizar los niveles de insulina, has de comer antes de tener hambre, o al cabo de un minuto o dos de empezar a sentir los primeros avisos del hambre. Con una lata de atún, un tomate y un poco de aceite de oliva puedes confeccionarte una comida en menos de dos minutos. Mantener alejada el hambre controlando tus niveles de glucosa en la sangre es la clave para evitar los deseos de tomar hidratos de carbono con alta carga glucémica, como bollos, galletas y pasteles.

Grasas

Por último, aunque no por ello menos importante, en tu cocina has de tener las grasas correctas. Ya te has librado de los ácidos grasos proinflamatorios omega-6, que aumentan los niveles de inflamación silenciosa, cuando has tirado los aceites vegetales. Eliminar la grasa saturada de tu dieta es de sentido común. Ahora has de aumentar tu suministro de grasas monoinsaturadas. Compra una botella de aceite de oliva virgen extra (para los aliños y condimentos) y aceite de oliva refinado (para cocinar). También has de tener frutos secos: las almendras laminadas, los piñones y los anacardos picados son excelentes para hacer pestos o condimentar ensaladas. Ten al menos 1 aguacate en la nevera para ponerlo en rodajas en la ensalada. Todos estos alimentos son grandes fuentes de grasas monoinsaturadas.

Comidas en la Zona: las cuatro reglas básicas

Como has visto, no es difícil convertir tu cocina en una farmacia de bienestar. Una vez que has almacenado los alimentos correctos en tu congelador, nevera y despensa, lo único que has de hacer es mezclar los ingredientes correctos para entrar en la Zona antiinflamación y empezar a reducir la inflamación silenciosa.

Para seguir la Dieta de la Zona sólo es necesario saber las cuatro reglas básicas de la Zona:

1. Planifícate para comer cinco veces al día (tres comidas en la Zona y dos tentempiés de la Zona).
2. Para desayunar, no tardes más de una hora después de haberte levantado.
3. No dejes pasar más de cinco horas sin tomar una comida o un tentempié de la Zona. El mejor momento para comer es cuando no se tiene hambre, puesto que significa que los niveles de azúcar en la sangre están estabilizados.
4. Toma un tentempié de la Zona antes de irte a dormir para evitar la hipoglucemia nocturna.

Si sigues estas reglas, lo único que has de hacer es utilizar tu mano y tu ojo para confeccionar tus comidas y tentempiés.

1. Divide tu plato en tres partes iguales. Si vas a tomar un tentempié, utiliza un plato de postre.
2. Llena un tercio del plato con proteína baja en grasa que no sea mayor o más gruesa que la palma de tu mano. Esto equivale aproximadamente a 90 gramos de proteína baja en grasa para una mujer normal, y 120 gramos para un hombre normal. La proteína puede ser pollo, pavo, pescado, carne de buey en lonchas muy finas, claras de huevo o productos bajos en grasa. También puedes usar tofu y productos de soja que imiten la carne.
3. Llena otros dos tercios del plato con coloridos hidratos de carbono bajos en carga glucémica, como verduras sin almidón y frutas. *Nota: si quieres usar hidratos de carbono con alta carga glucémica, utiliza este sistema, llenando un tercio del plato de carbohidratos de alta carga glucémica, otro tercio del plato con un volumen igual de proteína baja en grasa. El otro tercio del plato restante quedaría vacío. Pero si realmente quieres comer hidratos de carbono con una alta carga glucémica, es mejor que utilices el sistema de bloques o de puntos de la siguiente sección.*
4. Por último, añade una pizca (es decir, una cantidad muy pequeña) de grasa no inflamatoria monoinsaturada. Puede ser una cucharadita de aceite de oliva, unas cucharaditas de almendras laminadas o unas rodajas de aguacate.

Ya lo tienes: cuatro reglas básicas y sencillas de seguir para confeccionar tus comidas en la Zona. El único truco es seguir estas reglas de la mejor manera posible durante el resto de tu vida. Recuerda que estás hormonalmente bien según haya sido tu última comida. No obstante, eso significa que no hay culpabilidad en esta dieta, puesto que por desequilibrada que haya sido tu última comida, la siguiente puede estar justo en la Zona.

Una comida de la Zona tiene la proporción correcta de proteínas, hidratos de carbono y grasas para mantener estabilizados los niveles de insulina durante las siguientes cuatro a seis horas. Así es como puedes saber si tu última comida ha estado en la Zona. Simplemente observa tu reloj a las cinco horas de haber comido. Si no tienes hambre y tienes buena concentración mental, significa que has comido en la Zona. Siempre puedes volver a esa misma comida para conseguir el mismo efecto hormonal.

Estar en esta Zona significa que estás usando las calorías entrantes para obtener energía en lugar de almacenarlas como grasa. Si estás muy lejos de estas reglas, tus niveles de insulina ya no estarán en la Zona. Lo único que necesitas es una comida para salir de ella. Por otra parte, también te basta con una comida para regresar a la misma. Utilizar la dieta para controlar tu insulina es como tomar una medicación que se ha de ingerir en el momento adecuado y en la dosis correcta. Todos cometemos errores dietéticos, así que no te culpabilices cuando lo hagas. Vuelve a la Zona lo antes posible. Ten presente que, por mala que haya sido hormonalmente tu última comida, te basta con usar tu mano y el ojo para regresar a la Zona.

Utiliza los bloques de alimentos y los puntos de la Zona

Los bloques de alimentos o los puntos de la Zona son una forma más exacta de medición que el método de la mano y el ojo para determinar la carga glucémica exacta de tu comida. Hace diez años desarrollé el método de los bloques de hidratos de carbono de la Zona para determinar la carga glucémica de una comida. A diferencia de las proteínas o de las grasas, que generan una respuesta metabólica constante en el cuerpo basada en la cantidad que comes, los hidratos de carbono generan diferentes respuestas de la insulina que no sólo se basan en la cantidad que ingieres, sino también en el índice glucémico del hidrato de carbono. Los hidratos de carbono con una alta carga glucémica (cereales y almidones) provocan un aumento mucho mayor de la insulina que los hidratos de carbono con una carga glucémica baja (verduras sin almidón). Las frutas son intermedias, y los frutos del bosque los más recomendables.

Puedes utilizar el método de los bloques o de los puntos para llenar la porción de hidratos de carbono de tu comida. Cualquiera de los dos te dará mayor precisión que el de la mano y el ojo. Tendrás que seguir llenando tu plato con la misma cantidad de proteína baja en grasa y añadir una pizca de grasa monoinsaturada. La única diferencia es que ahora añades una dosis precisa de hidratos de carbono hasta llegar a la carga glucémica apropiada para esa comida. Esto significa que el plato estará a rebosar (si eliges hidratos de carbono con una carga glucémica baja) o muy vacío (si eliges hidratos de carbono con alta carga glucémica). En cualquiera de los dos casos, has de saber cuándo has de dejar de añadir hidratos de carbono. Estas son tus reglas básicas para usar los bloques o los puntos de la Zona.

- Una mujer normal ha de llenar su plato con 3 bloques de hidratos de carbono o 15 puntos para equilibrar su dosis de proteína baja en grasa (unos 90 gramos).
- El hombre necesita 4 bloques de hidratos de carbono o 20 puntos de la Zona para compensar su dosis de proteína baja en grasa (120 gramos).

La ventaja de utilizar los bloques de alimentos o los puntos es que puedes incorporar prácticamente cualquier hidrato de carbono en tu comida, siempre y cuando ajustes sus raciones correspondientemente. Cuanto más alta sea la carga glucémica de hidratos de carbono, más espacio vacío quedará en tu plato. Y a la inversa, cuanto más baja sea la carga glucémica del hidrato de carbono, más lleno se verá.

Por ejemplo, una mujer normal con 90 gramos de proteína baja en grasa en el plato podría tomar 7 terrones de azúcar (14 puntos de la Zona) para equilibrarlo. No es una comida muy nutritiva, pero hormonalmente correcta. Lo que importa es que nos quedemos con la idea de que no hay hidratos de carbono prohibidos en la Dieta de la Zona. Si decides utilizar los bloques de alimentos o el sistema de los puntos, estas son las reglas para confeccionar tus comidas:

1. Ponte una ración del tamaño de la palma de tu mano de proteína baja en grasa. Deberá ocupar un tercio del plato.
2. Añade la carga glucémica apropiada con hidratos de carbono utilizando el método de los bloques de hidratos de carbono o

el de los puntos. Consulta el Apéndice C para la lista de bloques de hidratos de carbono de la Zona, y el Apéndice D para la lista de puntos.

3. Añade siempre una pizca de grasa monoinsaturada.

Como podrás observar por los alimentos que llenan tu plato, la Dieta de la Zona se puede resumir en una palabra: moderación. Cada comida ha de ser moderada en proteínas, hidratos de carbono (aunque con una baja carga glucémica) y grasas. El hincapié en la moderación es lo que hace que los niveles de insulina se mantengan en la Zona.

Resumen

Si tienes un ojo y una mano, la Dieta de la Zona es tremendamente sencilla de seguir durante toda la vida. No obstante, por sencilla que sea, las personas siempre encuentran alguna razón para desviarse de su concepto de moderación. ¿Significa eso que no hay esperanza de controlar la inflamación silenciosa? Desde luego que no, porque todavía tienes un último recurso contra la inflamación silenciosa. Se llama aceite de pescado concentrado y destilado.

7

Tu mejor defensa
contra la inflamación silenciosa:
aceite de pescado concentrado

Lo más importante que puedes hacer para mantener a raya a la inflamación silenciosa es esto: tomar un suplemento diario de aceite de pescado concentrado. La Dieta de la Zona ayuda a controlar la inflamación silenciosa al reducir los niveles excesivos de insulina. No obstante, el aceite de pescado concentrado es el último recurso para reducir la inflamación silenciosa. También será tu mejor defensa contra cualquier lapso dietético, como sobrepasar tu carga glucémica.

Cuando digo aceite de pescado concentrado, quiero decir justamente eso. No puedes obtener suficiente omega-3 comiendo pescados grasos como el salmón, el atún o la caballa, aunque sea a diario. Comerte una ensalada de atún para el almuerzo o una rodaja de salmón para cenar te proporcionará algunos beneficios, pero no los suficientes para controlar realmente la inflamación silenciosa.

Los japoneses mantienen un estado de bienestar y casi no padecen inflamación silenciosa debido a su gran consumo de pescado. Por desgracia, las grandes cantidades de pescado, de algas y de otras criaturas marinas que comen los japoneses nunca podrán equipararse a las míseras cantidades que ingieren los estadounidenses. De hecho, la Facultad de Medicina de Tufts intentó llevar a cabo un estudio dietético proporcionando a los voluntarios la misma cantidad de ácidos grasos omega-3 de cadena larga (del pescado y de las algas) que suelen consumir los japoneses. Aunque los voluntarios cobraban y les preparaban todas las comidas, el experimento duró sólo tres días. Los voluntarios abandonaron el estudio porque no podían soportar esas tremendas cantidades de pescado en su dieta.

El aceite de pescado es la grasa más saludable que existe porque tiene grandes propiedades antiinflamatorias. Puede que incluso sea la mejor medicina, puesto que tiene un montón de beneficios sin ninguno de los efectos secundarios (como la muerte) de los fármacos antiinflamatorios. De hecho, el único efecto secundario podría ser que te hace más inteligente. Pero, al igual que cualquier medicamento, has de consumir la dosis suficiente para gozar de sus beneficios terapéuticos. La razón por la que el aceite de pescado concentrado es tan eficaz para reducir la inflamación silenciosa es porque reduce el ácido araquidónico (AA), el componente básico de los eicosanoides proinflamatorios, en menos de 30 días. Tiene el beneficio añadido de aumentar simultáneamente los niveles de ácido eicosapentaenoico (EPA), el elemento básico de los eicosanoides antiinflamatorios. Te garantizo que observarás una mejora notable en tu SIP y que volverás al camino del bienestar.

La regla de los quince segundos

Todos queremos alcanzar el bienestar, siempre y cuando no tengamos que gastar mucho tiempo en conseguirlo. Con los años he llegado a la conclusión de que la mayoría estamos dispuestos a perseguir ese bienestar sólo si no nos ocupa más de 15 segundos de nuestra atareada vida. Eso es lo que ha elevado las ventas de la industria de las vitaminas, minerales y remedios de plantas medicinales a 20.000 millones de dólares durante la pasada década. La promesa de que te puedes tomar una píldora mágica en 15 segundos y que ya no has de mirar atrás. Una propuesta atractiva, pero desgraciadamente nadie puede decir con sinceridad que los estadounidenses han mejorado su salud en estos últimos veinte años. Por desgracia, la mayoría de estas píldoras mágicas que se compran en las tiendas de productos dietéticos apenas tienen efecto, si es que tienen alguno, sobre la inflamación silenciosa. Además, cualquier beneficio potencial se ve mermado por el creciente índice de obesidad, que ha provocado un aumento de la inflamación silenciosa.

El aceite de pescado, sin embargo, tiene su propia categoría. Aunque supone menos de un 1 por ciento de las ventas de todos los suplementos, es el único que tiene el apoyo de estudios científicos serios sobre diversas condiciones crónicas como las cardiopatías, el cáncer, las enfermedades del sistema inmunitario y las inflamatorias, y los trastornos nerviosos como el trastorno de déficit de atención, la depresión, la esclerosis múltiple y el Alzheimer, si se toman las dosis adecuadas.

Comprador: cuidado con la contaminación del aceite de pescado

Como suele suceder, siempre hay un problema. Por bueno que sea el aceite de pescado concentrado para controlar la inflamación silenciosa, tiene una contraindicación: la contaminación. No te equivoques, no hay pescado sobre la faz de la Tierra que no esté contaminado. Durante las dos últimas generaciones, hemos vertido grandes dosis de contaminantes al mar, incluyendo mercurio, bifenilos policlorados (PCB), dioxinas y materiales ignífugos. Actualmente, las centrales eléctricas emiten en su combustión del carbón más de 45.000 toneladas de mercurio al año. Esta es la razón por la que los últimos informes realizados indican que prácticamente todos los peces de agua dulce de Estados Unidos tienen niveles significativamente altos de mercurio. Y el producto de pescado básico de la dieta estadounidense, el atún en lata, hace tiempo que libra una encarnizada batalla en California para evitar que lo retiren de los supermercados debido a su alto contenido en mercurio. Sin embargo, mucho peor que la insidiosa contaminación por el mercurio es la de los crecientes niveles de PCB y de dioxinas en el pescado. Aunque la producción de PCB se interrumpió en 1977, estas sustancias químicas permanecen intactas en el mar puesto que tardan muchos decenios en degradarse. Las dioxinas (el componente activo del Agente Naranja, que fue utilizado para desfoliar junglas enteras durante la guerra del Vietnam) también permanecerán en el ambiente durante muchos decenios. Estos contaminantes son o bien cancerígenos o bien neurotóxicos. Esta es la razón por la que muchos estadounidenses tienen tantas reservas respecto al pescado. Por una parte, el Gobierno dice que comamos pescado porque es más saludable y, por la otra, que no lo comamos porque está contaminado.

Los peces están al final de la cadena alimentaria en el mar. Cuanto más grande, más toxinas (recordemos que el atún es un pez de tamaño considerable, a pesar de que las latas de atún sean muy pequeñas). Puesto que estos contaminantes son solubles en grasa, todos terminan en el aceite de pescado. Esto convierte al aceite crudo de pescado en la «cloaca del mar». La gran mayoría de los suplementos de aceite de pescado que encontramos en las tiendas de productos naturales proceden de fábricas que están muy cerca de los desagües de otras plantas de procesados químicos importantes.

Curiosamente, las piscifactorías no han terminado con estos problemas. En realidad, no han hecho más que empeorar la situación. El problema es que los peces de piscifactorías (especialmente el salmón) tienen que ser alimentados con aceite de pescado crudo para que alcancen su tamaño normal. Por supuesto, el aceite de pescado crudo está contaminado. Esta es la razón por la que los niveles de PCB y de dioxinas de los peces de piscifactorías son significativamente más altos que los de los peces que se pescan en el mar.

Los japoneses consumen suficiente pescado y algas para mantener bajo control sus niveles de inflamación silenciosa, pero también pagan por ello. Sus niveles de toxinas en la sangre, por ejemplo de PCB y de dioxinas, se aproximan a los límites superiores establecidos por la Organización Mundial de la Salud debido al pescado contaminado que consumen. Por desgracia, si tomas suplementos de aceite de pescado en dosis lo bastante altas para notar sus efectos benéficos sobre la inflamación silenciosa, también estás ingiriendo una dosis bastante elevada de toxinas. Por lo que te encuentras en una encrucijada: ¿reducir la inflamación silenciosa y aumentar el riesgo de toxicidad, o no hacer nada?

La solución

Afortunadamente, no tienes por qué elegir. La solución a este dilema se descubrió hace unos cinco años con las nuevas tecnologías de fabricación que han conducido al desarrollo de los concentrados destilados de EPA/DHA. El ácido eicosapentaenoico (EPA) y el ácido docosahexaenoico (DHA) son los ácidos grasos esenciales omega-3 que encontramos en el aceite de pescado. El EPA posee efectos antiinflamatorios, y el DHA tiene beneficios sobre las neuronas. Sin entrar en detalles, se necesitan aproximadamente 100 litros de aceite de pescado dietético para hacer 1 litro de aceite de pescado concentrado y destilado. Considera este tipo de aceite de pescado como un «arma de primera clase»: altamente concentrado y purificado y listo para actuar; actualmente existen varios productos de este tipo en el mercado.

¿Cómo puedes saber si un suplemento de aceite de pescado está compuesto por estos concentrados de EPA/DHA? Lo primero es no confiar nunca en la etiqueta del producto o en su muestra. La etiqueta o la página web del producto pueden prometer que el producto que estás comprando está «libre de mercurio», que es de «calidad farmacéutica» o que está «libre de toxinas», pero a menos que tengas un sofisticado y costoso equipo en tu cocina para realizar las pruebas, no tienes forma de saber si la publicidad es engañosa. Lo mejor que puedes hacer es acudir a una fuente independiente sin interés económico en el producto y que tenga una alta tecnología para analizar la existencia de contaminantes. La única organización que puedo recomendar es el programa de la International Fish Oil Standards (IFOS) realizado por la Universidad de Guelph en Canadá. El IFOS siempre está testando y comprobando los niveles de toxinas de las muestras de aceite de pescado remitidas por los fabricantes de los productos. Si el número de lote de tu aceite de pescado no está incluido en la página del IFOS, piénsatelo dos veces antes de comprarlo. Recomiendo que revises la página web del IFOS, www.ifosprogram.com, antes de comprar cualquier producto de aceite de pescado, independientemente de lo que diga su publicidad.

Los estándares establecidos por el programa IFOS para los concentrados de EPA/DHA destilados son muy rigurosos.

Parámetro	Límite superior
Mercurio	Menos de 10 partes por mil millones (ppmm)
Total de PCB	Menos de 45 (ppmm)
Total de dioxinas	Menos de 1 parte por billón (ppb)
Oxidación total (TOTOX)	Menos de 13 meq/L*

Estos baremos son extraordinariamente rígidos, pero según mi parecer son los niveles mínimos de pureza que se deben exigir si vas a tomar aceite de pescado concentrado durante toda tu vida. Como anécdota mencionaré que una vez di un seminario en la Facultad de Medi-

* Miliequivalentes por litro.

cina de la Universidad de Harvard, entre cuyos asistentes se encontraban investigadores líderes en las aplicaciones terapéuticas del aceite de pescado. Al final del seminario les pregunté si como verdaderos creyentes en los efectos benéficos del aceite de pescado alguno de ellos lo había tomado. La respuesta fue que ninguno lo había probado, porque todos temían los contaminantes. Si ellos tienen miedo de los PCB y de las dioxinas, tú también deberías tenerlo. Ten presente que estos contaminantes son como el anuncio del matacucarachas Roach Motel: una vez que entran en la caja/tu cuerpo, no pueden salir.

Si no tienes acceso a Internet, otro método menos fino de determinar si tu aceite de pescado está destilado es colocarlo en el congelador. Pon unas cuantas cucharaditas de aceite en una taza o corta algunas cápsulas y coloca el líquido en el congelador durante cinco horas. Si se congela como una piedra, no es un concentrado destilado de EPA/DHA. Un verdadero concentrado de EPA/DHA seguiría siendo líquido, o como máximo estaría un poco espeso. Eso tampoco significa que tenga niveles muy bajos de contaminantes, pero al menos es un buen principio.

Una vez que hayas encontrado un suplemento de aceite de pescado compuesto por concentrados destilados de EPA/DHA, probablemente descubrirás que cuesta más que otros suplementos de aceite de pescado. No te dejes engañar por el precio del frasco. Lo que pagas es la cantidad total de EPA y de DHA que contiene. Si haces un cálculo rápido, te darás cuenta de que el precio real del gramo de EPA y DHA en el producto menos refinado suele ser más elevado que el del concentrado de EPA/DHA destilado (especialmente en su presentación líquida). En parte la razón es que las cápsulas de gelatina blanda son mucho más costosas que el barato aceite no destilado que contienen.

Entonces, ¿por qué no se venden sólo concentrados de EPA/DHA? La respuesta es que no hay tanta cantidad en el mercado, aunque siempre se esté incrementando la producción. Entretanto, revisa la página web del IFOS para saber dónde encontrarlos. Es gratis.

¿Cuánto aceite de pescado necesitas?

Has de tomar la cantidad adecuada de aceite de pescado para mantener tu SIP bajo control. Mis investigaciones me han demostrado que la cantidad de EPA y DHA que necesita una persona oscila entre 3 y 8 gramos al día. Esto equivale a de 1 a 3 cucharaditas (o de 8 a 24 cápsulas) de concentrado de EPA/DHA destilado al día. Puede parecer que es mucho aceite de pescado, pero es la cantidad que necesitas para reducir tu SIP a una cifra situada entre 1,5 y 3, que es el marcador del bienestar. Puesto que la dosis óptima de aceite de pescado puede englobarse en una gama bastante amplia, has de averiguar la dosis correcta para ti. Esta es la razón por la que el SIP es tan importante.

Cuando hayas descubierto la cantidad de EPA y DHA que necesitas para mantener tu SIP en la Zona antiinflamación, probablemente sea la cantidad óptima que necesites durante mucho tiempo. Ten presente que la cantidad que necesitas no depende de tu edad, peso o sexo. Depende de tu bioquímica única, de tu estado de bienestar y de tu dieta. Cuanto mejor manejes tus niveles de insulina siguiendo la Dieta de la Zona, menos EPA y DHA necesitarás para controlar la inflamación silenciosa. Por el contrario, cuanto más elevados sean tus niveles de insulina, más EPA y DHA necesitarás tomar a diario para invertir la inflamación silenciosa. Puedes elegir seguir el Programa de estilo de vida de la Zona (que incluye la Dieta de la Zona, aceite de pescado, ejercicio y meditación), o simplemente tomar sólo aceite de pescado para reducir la inflamación. De ti depende. Sin embargo, si eliges tomar sólo aceite de pescado, probablemente necesitarás una dosis mucho más alta que si sigues el programa completo.

Basándome en los miles de SIP que he hecho en los últimos años, puedo determinar las cantidades de EPA y DHA que probablemente necesites según tu actual estado de bienestar. Estas dosis te proporcionan un cálculo aproximado de lo que has de tomar para conseguir el bienestar. Digo cálculo aproximado, porque sigo creyendo que has de controlar periódicamente tu sangre para asegurarte de que tu SIP se encuentra entre 1,5 y 3.

Estado de bienestar actual	Cantidad de EPA y DHA requerida
Sin ninguna enfermedad crónica	2,5 g al día
Con obesidad, cardiopatía o diabetes del tipo 2	5 g al día
Con dolor agudo (dolor crónico)	7,5 g al día
Con algún problema nervioso	más de 10 g al día

La razón por la que las cantidades difieren según la enfermedad es porque el índice de la degradación metabólica del EPA y del DHA parece depender mucho de que se padezca alguna enfermedad. Esto significa que has de tomar más EPA y DHA oralmente para mantener estable tu nivel en la sangre. Si no te puedes hacer una medición de tu SIP, con estos datos puedes calcular la cantidad de EPA y DHA que necesitas diariamente para reducir la inflamación silenciosa. Es mejor que te hagas un SIP, pero es preferible que calcules a ojo la dosis a que te olvides del aceite de pescado.

Si estás «sano» y tienes un peso normal —lo que implica que seguramente tus niveles de insulina están bajo control—, es probable que sólo tengas que tomar 2,5 gramos al día de concentrado destilado de EPA/DHA. Esto debería ayudarte a conseguir y mantener un SIP entre 1,5 y 3.

A medida que aumentan tus niveles de insulina, generas más inflamación silenciosa, y por lo tanto necesitarás dosis más altas de EPA y DHA para conseguir y mantener el bienestar. Esta es la razón por la que si eres obeso, tienes alguna enfermedad del corazón o diabetes de tipo 2, es muy probable que tengas un nivel elevado de insulina y que necesites más EPA y DHA para combatir la inflamación silenciosa producida por el exceso de grasa corporal.

¿Qué pasa si tu dolor ya no es silencioso, sino directamente agudo? Las personas con artritis, dolor crónico en la espalda y otros trastornos inflamatorios que provocan dolor crónico han de tomar dosis más altas de EPA y DHA para llegar a la Zona antiinflamación. Estas personas también suelen tener un SIP más alto. Por último, si padeces un problema nervioso como trastorno de déficit de atención, depresión o Alzheimer, tendrás que tomar más EPA y DHA para reducir la inflamación silenciosa en el cerebro. Por eso tu abuela te decía que el aceite de pescado era el «alimento del cerebro».

Trucos para tomar aceite de pescado concentrado

Muy bien, puede que me creas cuando te hablo de la importancia de tomar aceite de pescado concentrado, pero cuando se trata de tomar esas dosis, la cosa cambia. En primer lugar, a algunas personas les desagrada el regusto que deja el pescado, o el malestar en el estómago. Francamente, ¿a quién no? Estos efectos se deben básicamente a los ácidos grasos extras que se encuentran en los aceites de pescado dietéticos.

Cuando empieces a utilizar concentrados destilados de EPA/DHA, notarás una notable reducción de estos efectos secundarios, puesto que la mayor parte de los ácidos grasos que provocan estos problemas se han eliminado en el proceso de destilación. A continuación tienes algunos trucos para tomarte el aceite de pescado.

1. Toma siempre las cápsulas de aceite de pescado con comida, no lo hagas con el estómago vacío. Cuando comes, el páncreas secreta enzimas digestivas que rompen el aceite de pescado para facilitar su absorción.
2. Toma las cápsulas por la noche antes de acostarte, acompañadas de un tentempié de la Zona.
3. Reparte la ingesta de cápsulas durante el día. Si te cuesta tragar varias cápsulas a la vez, esta es una buena solución. A diferencia de las vitaminas y minerales, que duran unas pocas horas en la sangre, los ácidos grasos del aceite de pescado se mantienen varios días. De modo que puedes tomarte tu dosis de una vez si te resulta más fácil, o puedes dividirla. De ambas formas mantendrás estables tus niveles en la sangre.
4. Si te has de tomar más de 8 cápsulas al día, te aconsejo que te compres el aceite líquido. (Me he dado cuenta de que la gente toma hasta ocho cápsulas al día de cualquier cosa, y luego lo deja. Yo le llamo a esto la «regla del cuatro».) También ahorrarás dinero, ya que no has de pagar el alto coste de las cápsulas de gelatina. Puesto que los concentrados de EPA/DHA no se congelan, debes guardarlos en el congelador o nevera. Esto no sólo evitará que se oxiden, sino que hará que mejore su sabor.

    Ya sé que probablemente pienses que cualquier tipo de aceite de pescado líquido tiene el mismo sabor que el aceite de hígado de bacalao, el alimento más desagradable del mundo. Este no es el caso de los concentrados destilados de EPA/DHA, puesto que las sustancias químicas más desagradables para el gusto se eliminan junto con las toxinas. Pero voy a ser sincero: sigue siendo aceite de pescado. Sigue leyendo la lista de trucos adicionales para hacer que el aceite de pescado líquido te resulte más llevadero.
5. Mezcla el aceite de pescado en 60 mililitros de zumo de naranja. El ácido cítrico del zumo de naranja atenúa los receptores de sabor de la boca, así que apenas notarás el aceite de pescado. Puesto que incluso esta pequeña cantidad de zumo de na-

ranja no es muy recomendable para la Zona, lo mejor es que chupes un gajo de naranja, limón o lima antes de tomarte el aceite de pescado, para conseguir una mayor concentración de ácido cítrico en la boca.

6. Tómate un Batido Gran Cerebro. Inventé esta receta para las personas que padecen enfermedades nerviosas, como el trastorno de déficit de atención y el Alzheimer, para las que se necesitan dosis muy altas de EPA y DHA a fin de reducir el SIP. Sinceramente, yo también me lo tomo porque de este modo consigo una comida completa en la Zona y todo el aceite de pescado que necesito en menos de lo que tardo en tomarme una taza de café. Lo único que te hace falta es una buena batidora y los siguientes ingredientes:

> 250 mililitros de leche semidesnatada
> 15 a 20 gramos de proteína en polvo
> 1 a 1 ½ taza de frutos del bosque (frescos o descongelados)

Pon todos los ingredientes en una batidora y añade una cucharada de aceite de pescado destilado (que contiene 7,5 gramos de EPA y DHA) y lo bates. Puedes ponerle hielo para que se parezca más a un batido. El truco del Batido Gran Cerebro son los glóbulos de leche que se encuentran en la leche semidesnatada. Son emulsiones preformadas a las cuales el EPA y el DHA se incorporarán inmediatamente. Estas emulsiones de grasa son un sistema de entrega ideal para potenciar la absorción del aceite de pescado sin notar apenas sabor alguno. La proteína en polvo (en suero de leche sin lactosa siempre sabe mejor), y los frutos del bosque (los congelados siempre son una buena opción) tienen un efecto emulsificador adicional para cualquier aceite de pescado; además ayudan a confeccionar rápidamente una comida en la Zona.

¿Se puede tomar demasiado aceite de pescado?

Por supuesto que sí, pero sólo si no estás controlando tu SIP periódicamente. Si tu SIP está por debajo de 1, reduce la dosis. Generalmente, si llegas a ese nivel es porque has estado tomando más de 7,5 gramos de EPA y DHA. Con un SIP de 0,5 o inferior, corres el riesgo de padecer un accidente cerebrovascular por hemorragia. Repito, para llegar a ese nivel potencialmente peligroso, has de tomar dosis muy altas de aceite de pescado. Recuerda que has de tomar la cantidad de aceite de pescado mínima que te conduzca a la Zona antiinflamación, y por lo tanto a tu estado de bienestar.

Para asegurarte de que tu SIP está entre los índices adecuados, recomiendo que te hagas análisis de sangre al menos una vez al año. Recuerda también que a las dos semanas de dejar de tomar aceite de pescado, tu SIP volverá a su nivel original. El SIP es tu mejor arma clínica para comprender el alcance de la inflamación silenciosa en tu cuerpo y determinar tu estado de bienestar. No tengas miedo de utilizarlo.

Resumen

Si sólo tienes 15 segundos al día para combatir la inflamación silenciosa, tomar aceite de pescado concentrado y destilado es tu mejor opción. Cuanto más sigas la Dieta de la Zona, menos aceite de pescado necesitarás. La opción es tuya.

8

Otros suplementos para reducir la inflamación silenciosa

Seguir la Dieta de la Zona y tomar aceite de pescado concentrado y destilado son los dos grandes pasos para llegar a la Zona antiinflamación, donde empiezas a invertir su evolución. Si ya has empezado a poner en práctica este programa, te felicito. Estás en el buen camino para regresar al bienestar. No obstante, hay otros pasos adicionales que has de dar para asegurarte el control de la inflamación silenciosa. Algunos alimentos, especias y suplementos alimentarios —me refiero a todos estos últimos como «suplementos» por la finalidad de este capítulo— pueden ayudar a reforzar los beneficios antiinflamatorios del Programa de estilo de vida de la Zona. Basta con que sepas lo que has de tomar.

Soy muy consciente del gran «boom» de la industria de los suplementos. Las vitaminas, minerales, plantas medicinales y otras pócimas mágicas vuelan de los estantes a un ritmo de 20.000 millones de dólares al año. (Recuerda que la suma de las ventas anuales de medicamentos con receta asciende a aproximadamente 160.000 millones de dólares al año.) Aunque creo firmemente que hay algunos suplementos que pueden ser útiles, no van a ser tu principal fuente para reducir la inflamación silenciosa. Considera los suplementos (aparte del aceite de pescado concentrado y destilado) como los rayos de una rueda: cuando más rayos, más fuerte es la rueda. Sin embargo, el aro de la rueda es el aceite de pescado concentrado de la Dieta de la Zona. Si no hay aro, por más rayos que tengas no tendrás una buena rueda.

Todos los suplementos antiinflamatorios (alimentos, especias y suplementos) de los que hablo en este capítulo tienen un efecto antiinflamatorio directo en una de estas dos cosas:

- Inhibir la formación de ácido araquidónico (AA), o
- Inhibir las enzimas que transforman el AA en eicosanoides proinflamatorios.

Inhibición del ácido araquidónico

Al inhibir la formación de AA, estás interrumpiendo la producción de eicosanoides proinflamatorios. Esta es la estrategia dietética más sofisticada posible para reducir la inflamación silenciosa.

Aceite de pescado

En una escala de suplementos del 1 al 10, al aceite de pescado concentrado le doy un 12. Es el principal suplemento que puedes tomar, siempre y cuando tomes un producto destilado del que hayan extraído la mayoría de las toxinas que contenga, tal como ya he dicho en el capítulo anterior. Si has de tomar un suplemento en tu vida, procura que sea aceite de pescado concentrado. El EPA que se encuentra en el aceite de pescado inhibe parcialmente la actividad de la enzima delta-5-desaturasa, que fabrica el AA. Este es el principal efecto antiinflamatorio del aceite de pescado. Pero para lograr cualquier efecto significativo en la producción de AA has de tomar mucho EPA. Esta es la razón por la que necesitas el aceite de pescado concentrado, que es especialmente rico en EPA. Tu éxito en reducir la inflamación silenciosa se verá reflejado en la disminución de la tasa de AA/EPA, cuando te hagas un SIP.

Mi recomendación para el aceite de pescado: Esto ya lo he señalado en la página 95 del capítulo 7. Procura tomar mucho aceite de pescado para reducir la inflamación silenciosa, pero asegúrate de que sea destilado, y utiliza tu SIP como guía para tomar tu dosis exacta.

Aceite de sésamo

Aunque el aceite de sésamo sea rico en ácidos grasos omega-6, también contiene pequeñas dosis (menos de un 1 por ciento) de fitoquímicos denominados lignanos. Estos lignanos incluyen sesamina, que es un inhibidor directo de la enzima que forma el AA. A este respecto, el aceite de sésamo actúa a través del mismo mecanismo que el EPA.

Al inhibir la enzima específica que se utiliza para producir AA, el compuesto básico de todos los eicosanoides proinflamatorios, reduces la inflamación silenciosa. Sin embargo, a diferencia del aceite de pescado, el aceite de sésamo también aporta una cantidad importante de ácidos grasos proinflamatorios omega-6. Es como dar un paso y medio adelante (aporta sesamina que inhibe la producción de AA) y un paso atrás (aporta ácidos grasos omega-6 que crean AA). Sin embargo, los beneficios del aceite de sésamo superan sus desventajas si se toma con moderación.

Mi recomendación para el aceite de sésamo: consumir entre 1 y 2 cucharaditas al día. Puedes sustituir el aceite de sésamo por el de oliva en una de las comidas.

Cúrcuma

La cúrcuma es una especia amarilla que se ha utilizado tradicionalmente en India para fabricar el curry. Contiene un fitoquímico denominado curcumina. Al igual que la sesamina, la curcumina también inhibe la enzima que genera el AA. Sin embargo, la curcumina no tiene la especificidad de la sesamina o del EPA, puesto que también inhibe la actividad de la enzima que se necesita para formar los precursores de los eicosanoides «buenos» y «malos». No obstante, al igual que el aceite de sésamo, sus beneficios como especia superan cualquier consecuencia potencialmente negativa.

Mis recomendaciones para la cúrcuma: si te gusta el curry, te gustará el sabor de la cúrcuma, y puede convertirse en un fiel aliado para tu cuerpo. No tengas miedo de usarla. Se puede emplear en un extenso número de platos y recetas.

Ácido alfalinolénico (ALA)

El ácido alfalinolénico (ALA) es un ácido omega-3 de cadena corta que se encuentra en altas concentraciones en el aceite de lino. El ALA inhibe la enzima que reduce la producción de precursores de eicosanoides «buenos» y «malos». Sin embargo, a diferencia del EPA, la sesamina o la curcumina, el ALA no tiene la capacidad de inhibir la síntesis de AA. Esta puede ser la razón por la que se ha relacionado una alta ingesta de ALA con el cáncer de próstata. Aunque teóricamente el

ALA se puede sintetizar convirtiéndose en EPA, este proceso se realiza de modo muy poco eficiente en los seres humanos.

Mi recomendación para el ALA: olvídate de tomar ALA si tomas aceite de pescado concentrado. Conseguirás mayores efectos antiinflamatorios del aceite de pescado puesto que la conversión del ALA en EPA es muy escasa.

Ácido linolénico conjugado (CLA)

Este ácido es potencialmente una grasa trans. Se produce de forma natural en los productos lácteos, y se puede fabricar sintéticamente. La versión sintética del CLA contiene dos isómeros. Uno de ellos actúa como ALA, disminuyendo la producción de eicosanoides «buenos» y «malos». Sin embargo, uno de los otros isómeros de la versión sintética también provoca una resistencia a la insulina en los seres humanos y almacena grasa en el hígado de los ratones.

Mis recomendaciones para el CLA: todavía no están claros los criterios respecto a este suplemento, por lo que de momento lo evitaría.

Alcohol

Nunca pensamos en el alcohol como un suplemento dietético, pero en realidad hace un buen trabajo reduciendo la inflamación silenciosa si se toma con moderación. Concretamente, los niveles de proteína C-reactiva disminuyen en personas que beben con moderación. Uno de los mecanismos del consumo moderado de alcohol parece ser su estimulación de la conversión de los ácidos grasos omega-6 en el compuesto básico (ácido dihomogammalinolénico o DGLA) necesario para la producción de los poderosos eicosanoides antiinflamatorios. Esto ayuda a comprender por qué si se toma entre 1 y 2 vasos de vino al día, o la cantidad equivalente de alcohol en otras formas, es un cardioprotector. No obstante, si se consume mayor cantidad de alcohol, parece haber una rápida conversión del DGLA en AA y todos los beneficios del consumo moderado desaparecen enseguida.

Mi recomendación para el alcohol: toma una dosis equivalente a 2 vasos al día (1 vaso de vino, 1 botella de cerveza o 1 combinado) si eres hombre, y 1 vaso si eres mujer. Cuando bebas alcohol, toma siempre proteína para evitar una superproducción de insulina. Pueden ser 30 gramos de queso por cada vaso de vino, o 4 gambas rojas (o alas de pollo) con cada botella de cerveza.

Inhibidores enzimáticos de la síntesis de los eicosanoides

Cuanto más AA produzcas, más te costará controlar la inflamación silenciosa. Es decir, un poco de prevención (reducción de la formación de AA) tiene un gran potencial de cura (inhibición de las enzimas que convierten el AA en eicosanoides proinflamatorios). Sin embargo, hay una serie de alimentos muy útiles (y sabrosos) que se pueden añadir a la Dieta de la Zona.

Aceite de oliva virgen extra

Sin duda habrás oído hablar de los beneficios del aceite de oliva virgen extra. Estos beneficios se conocen desde hace siglos. El aceite de oliva es rico en grasas monoinsaturadas y bajo en ácidos grasos omega-6 proinflamatorios. Lo mismo pasa con la manteca de cerdo, pero nadie habla de los beneficios para la salud de la manteca. Los verdaderos beneficios del aceite de oliva proceden de un fitoquímico único denominado hidroxitirosol que sólo se encuentra en este tipo de aceite. El hidroxitirosol parece ser un inhibidor de las enzimas que generan los eicosanoides proinflamatorios, lo mismo que hace la aspirina. Esto empieza a explicar la llamada paradoja de Creta. Esta población consume más del 40 por ciento de sus calorías en forma de grasa (principalmente del aceite de oliva virgen extra), pero cuenta con el índice más bajo de enfermedades cardíacas de la región mediterránea. Básicamente están tomando aspirina líquida.

Es una buena noticia que algo tan sabroso como el aceite de oliva virgen extra tenga semejantes ventajas antiinflamatorias. Por desgracia, la mayoría de los aceites de oliva vírgenes extra que se venden en Estados Unidos contienen sólo cantidades insignificantes de hidroxitirosol. Las aceitunas son una fruta, como las uvas. Cada tipo de aceituna contiene una cantidad distinta de hidroxitirosol. Cuanta más cantidad contenga, mejor (y más caro) será el aceite de oliva. Francamente, la mayor parte del aceite de calidad se queda en los países productores.

No hagas caso de lo que te digo, haz tú mismo esta sencilla prueba de sabor. Toma una cucharadita de aceite de oliva y póntela en la boca. Debería saber como a mantequilla, contrariamente al sabor desabrido de otros aceites. Ahora pasa el aceite por tu paladar con la lengua hasta que llegue a la parte posterior de tu garganta. Deberías notar un sabor como a pimienta. Si no lo notas es porque el aceite apenas contiene hidroxitirosol, que significa que apenas tiene beneficios para la salud. No te desesperes si descubres que tu aceite de oliva no es tan extra. Puedes encontrar aceite bueno (de Italia) a través de www.Olio2go.com. No obstante, cuenta con que pagarás entre 20 y 30 dólares por botella, que soy consciente de que es mucho más de lo que estamos acostumbrados a pagar. Pero ¿no lo merece la reducción de la inflamación silenciosa?

Mi recomendación para el aceite de oliva virgen extra: un total de 2 a 3 cucharaditas al día de un aceite rico en hidroxitirosol. Deberías tomar una cucharadita en cada comida mezclada con proteína baja en grasa o con verdura cocida. Esta es la razón por la que el aceite de oliva virgen extra (el auténtico, por supuesto) es la grasa principal recomendada por la Dieta de la Zona. Si no puedes conseguir aceite bueno, puedes comer aceitunas importadas de Italia o de Grecia. Si son ricas en hidroxitirosol, enseguida distinguirás su distintivo sabor picante.

Jengibre

Los efectos antiinflamatorios del jengibre proceden de un grupo de fitoquímicos denominados xantinas. Estas xantinas son inhibidoras tanto de las enzimas ciclooxigenasa (COX), que generan prostaglandinas proinflamatorias, como de las enzimas lipooxigenasa (LOX), responsables de la formación de los leucotrienos proinflamatorios. A este respecto se pueden considerar un equivalente biológico mucho más débil que los corticoesteroides.

Mi recomendación para el jengibre: usa el jengibre fresco como condimento siempre que puedas. Córtalo para freír o ráyalo como condimento para la ensalada, el pescado y el pollo. Se pueden encontrar cápsulas de xantinas en las tiendas de productos naturales.

Áloe vera

El áloe vera es famoso por sus propiedades para curar las quemaduras en la piel. La hoja gelatinosa del áloe vera es antiinflamatoria y calma el enrojecimiento y la tumefacción que se producen con las quemaduras. Esta particular sustancia antiinflamatoria del áloe parece inhibir la enzima que genera el tromboxano A_2, un eicosanoide proinflamatorio especialmente malo. Además el áloe vera es rico en glucomanano, que contiene unas propiedades únicas para curar heridas. ¿Cómo se traduce esto en el alivio de la inflamación silenciosa? Si lo tomas oralmente, te ayudará a reducir la inflamación en el tracto digestivo, lo que a su vez te ayudará a absorber mejor los nutrientes.

Mi recomendación para el áloe vera: toma una cucharadita de áloe vera orgánico cada día. Utilízalo cuando lo necesites para aliviar la inflamación a causa de quemaduras en la piel.

Suplementos antiinflamatorios frente a los antioxidantes

Aunque la industria de los productos naturales se haya enfocado en los antioxidantes, hay una gran diferencia entre los suplementos antiinflamatorios y los antioxidantes. Unos suponen una poderosa ayudar para luchar contra la inflamación silenciosa, los otros tienen muy poca repercusión médica.

Los suplementos de vitaminas han perdido su puesto preferente en los últimos años. A medida que las investigaciones van demostrando la falta de beneficios clínicos importantes de tomar vitaminas, su futuro es cada vez menos optimista en cuanto a que supongan «la píldora mágica». Los antioxidantes como la vitamina E, la vitamina C y el betacaroteno se han alabado por ser considerados como los guardianes de la salud eterna. Sin embargo, bajo condiciones clínicamente controladas no parece que aporten beneficios significativos, especialmente en lo que respecta a la mortalidad (la única estadística que realmente cuenta). De hecho, algunos estudios sobre el betacaroteno parecen indicar que aumenta la probabilidad de padecer cáncer. En tres estudios sobre patologías cardiovasculares (CHAOS, HOPE y GISSI), no se encontró que la vitamina E aportara ninguna mejoría en la mortalidad. Por otra parte, un suplemento verdaderamente antiinflamatorio como los concentrados destilados de EPA/DHA tiene un efecto espectacular en la disminución de la mortalidad por enfermedades del corazón.

¿Significa esto que los antioxidantes son una pérdida de tiempo y de dinero? Probablemente no, si los tomas con la dieta correcta. Creo que la razón por la que, en parte, los estudios sobre los suplementos de antioxidantes no han tenido ningún éxito en encontrar algún beneficio es porque las personas que participaban en los mismos hacían una dieta rica en ácidos grasos omega-6. Pongamos el siguiente caso: resulta que un nivel alto de vitamina C puede propiciar la formación de los poderosos eicosanoides proinflamatorios, que se forman con los ácidos grasos omega-6. Esto significa que la combinación de niveles altos de vitamina C con ácidos grasos omega-6 puede ser muy peligrosa. Por otra parte, la vitamina C no tiene este efecto con los ácidos grasos omega-3. En el Estudio de la Dieta para el Corazón de Lyon vimos que cuando se eliminaban radicalmente de la dieta los ácidos grasos omega-6, los resultados eran extraordinarios, con un 70 por ciento de disminución de la mortalidad por cardiopatías, y la erradicación total del paro cardíaco por infarto de miocardio. Con esto podemos llegar a la conclusión de que controlar la inflamación es mucho más importante que controlar la oxidación.

Lo cierto es que el cuadro de los antioxidantes es bastante complejo. Sí, los antioxidantes ayudan a neutralizar los radicales libres. El objetivo más probable para un ataque de los radicales libres no es el ADN, sino los ácidos grasos poliinsaturados de tus membranas. Esto es importante para la reducción de la inflamación silenciosa, puesto que los radicales libres son las chispas que se necesitan para formar los eicosanoides. Si tienes un exceso de AA en las membranas celulares, esos radicales libres pueden generar cantidades masivas de inflamación.

Por ende, la relación entre los antioxidantes y la disminución de la inflamación silenciosa es bastante indirecta en el mejor de los casos. Necesitas suficientes antioxidantes para reducir las chispas que pueden prender el AA y crear una gran inflamación, pero también necesitas suficientes radicales libres para convertir los alimentos que ingieres en energía y acabar con los microbios invasores (hablaré más de esto en el capítulo 13). Para complicar más las cosas, los antioxidantes trabajan juntos como un equipo de relevos. Si falta uno de los componentes, tu cuerpo no va a ganar, por muy bien que actúen los antioxidantes.

Los puntos más probables para el ataque de los radicales libres son los ácidos grasos esenciales de las membranas. El reto es neutralizar esos lípidos oxidados y eliminar la fuente de oxidación del cuerpo. Para esto se necesitan tres tipos distintos de antioxidantes: solubles en grasa, activos en superficie y solubles en agua. Los miembros de tu equipo de relevos de los solubles en grasa son la vitamina E, la coenzima Q10 y el betacaroteno. A medida que estos antioxidantes neutralizan los radicales libres en la membrana, en el proceso se convierten en radicales libres parcialmente estabilizados. Al igual que el juego de la patata caliente, la finalidad es hacer que los radicales libres se muevan por el torrente sanguíneo hasta llegar a la orina.

Los puntales de este equipo de relevos, los que terminan la carrera, son los antioxidantes solubles en agua, como la vitamina C, que lleva a los radicales libres estabilizados al hígado para que éste los rompa y los convierta en compuestos inertes para ser excretados del cuerpo.

Los malentendidos miembros intermedios de este equipo son los antioxidantes activos en superficie. Estos no son vitaminas clásicas, sino fitoquímicos conocidos por el nombre de polifenoles. Sin ellos, el cuerpo no tendría forma de sacar a los radicales libres de los antioxidantes solubles en grasa para conducirlos a los antioxidantes solubles en agua. Los polifenoles son cruciales para que funcione este proceso, lo cual puede explicar por qué los estudios no han podido desvelar los beneficios de tomar vitaminas. Sin los niveles adecuados de polifenoles, simplemente no puedes reducir el exceso de radicales libres por muchos antioxidantes que tomes.

Se conocen más de 4.000 polifenoles, y las fuentes más ricas (no es de extrañar) son las frutas y las verduras. Estos polifenoles se encuentran en altas concentraciones en el vino tinto, los frutos del bosque y las verduras de hoja verde (de hecho, son los polifenoles los que dan ese color llamativo a las frutas y verduras). En general, cuanto más color tenga una fruta o verdura, más alto es su contenido en polifenoles. Los cereales y almidones (especialmente los de la dieta estadounidense) tienen niveles relativamente bajos de polifenoles.

¿Qué potencia tiene un alimento que contiene antioxidantes respecto a otro? Es difícil de decir, puesto que cada fabricante de productos dietéticos proclama que los suyos son superiores a los de la competencia. Bueno, ahora hay un alcalde nuevo en la ciudad y se llama ORAC (capacidad de absorción del radical oxígeno). El ORAC es un test estandarizado nuevo que se ha desarrollado para comparar la cantidad de actividad de absorción de radicales libres que tiene un alimento o un suplemento en particular. Las frutas y las verduras de colores fuertes suelen ser los alimentos con el ORAC más elevado, especialmente en comparación con las vitaminas E y C. Pero también hay algunos alimentos con un ORAC sorprendentemente elevado. Por ejemplo, los polifenoles aislados del té verde tienen un valor muy alto de ORAC. Lo mismo sucede con algunas hierbas que se han utilizado durante siglos para conservar los alimentos, como el romero, que también tienen un ORAC muy alto. Quizá lo más curioso es que el ORAC más alto es el del hidroxitirosol, el polifenol que se encuentra en el aceite de oliva virgen extra. Esto explica por qué el aceite de oliva virgen extra es tan saludable, no sólo por ser un agente antiinflamatorio, sino porque contiene el antioxidante más potente que se conoce.

Aunque el aceite de pescado es el antiinflamatorio por excelencia entre todos los suplementos debido a su alto grado de poliinsaturación, tiene el potencial de ser oxidado en el cuerpo debido a un ataque de los radicales libres. Con ese proceso los ácidos grasos oxidados del aceite de pescado no sólo perderían todas sus propiedades antiinflamatorias, sino que podrían convertirse en generadores de inflamación. De hecho, las investigaciones han demostrado que las personas que toman aceite de pescado sin tomar las dosis adecuadas de antioxidantes, con el tiempo pueden reducir sus niveles de vitamina E en la sangre.

Si sigues la Dieta de la Zona con sus grandes cantidades de frutas y verduras, obtendrás de la dieta todos los antioxidantes solubles en agua y activos en superficie que necesitas. En cambio, es más difícil conseguir los niveles adecuados de vitaminas solubles en grasa; por lo tanto, recomiendo tomar suplementos antioxidantes solubles en grasas para mantener las reservas del cuerpo cuando tomas aceite de pescado concentrado.

Mi recomendación para los antioxidantes: recomiendo tomar un suplemento que contenga 200UI de vitamina E y 30 miligramos de la coenzima Q10 cada día junto con el aceite de pescado. Tu otra opción es aumentar tu dosis de aceite de oliva virgen extra. Según los científicos de la Clínica de Deportes Olímpicos de Noruega, es el mejor suplemento antioxidante que han probado en sus intentos de reducir la oxidación excesiva del aceite de pescado.

Si no sigues la Dieta de la Zona, pero tomas aceite de pescado, has de tomar un buen complejo multivitamínico que contenga antioxidantes solubles en agua. También recomiendo un buen antioxidante soluble en grasas como la vitamina E, la coenzima Q10 y el betacaroteno. Sólo para estar a salvo, utiliza siempre aceite de oliva virgen en tus comidas. Sin embargo, has de asegurarte de que es de buena calidad, rico en hidroxitirosol.

Resumen

Nunca consideres los suplementos (aparte del aceite de pescado concentrado y destilado) como si fueran el primer elemento para luchar contra la inflamación silenciosa. Los suplementos pueden ayudar, pero son sólo los rayos de la rueda. La solidez del aro de esa rueda viene determinada por tu fidelidad a la Dieta de la Zona y la cantidad de aceite de pescado concentrado que tomes al día.

9

Los mejores ejercicios
para reducir la inflamación silenciosa

Como ya he dicho en el primer capítulo, el bienestar es algo más que «no estar enfermo». La lucha contra la inflamación silenciosa es de por vida, y necesitas todas las armas que tengas a tu disposición. Aunque la Dieta de la Zona y el aceite de pescado concentrado te proporcionarán el 80 por ciento de tu bienestar, todavía has de mantener un nivel moderado de actividad física para potenciar los efectos hormonales de mi Programa de estilo de vida de la Zona para reducir la inflamación silenciosa.

Al decir ejercicio moderado, quiero decir moderado. No quiero que te pases haciendo ejercicio. De hecho, demasiado ejercicio puede ser tan perjudicial para tu cuerpo como demasiado poco. Eso es porque el ejercicio excesivo se cobra su precio en tu cuerpo provocando inflamación silenciosa crónica. Sí, ya sé que probablemente te sorprenda oír esto, e incluso que te sientas aliviado. Pero has de recordar que disfrutar de un estado de bienestar supone equilibrio. Equilibrio en la comida y en los niveles de actividad. Si sobrepasas los límites de tu cuerpo, este se defenderá aumentando la inflamación y haciendo que sea más propenso a la enfermedad. Esta es la razón por la que las personas que entrenan para su primer maratón suelen resfriarse, tener la gripe o padecer otras dolencias.

Como un dato extra, un amigo mío que dirige una clínica muy famosa en San Diego contra el envejecimiento, me dijo que casi la mitad de sus clientes eran antiguos atletas de triatlón que pensaban que podían hacer ejercicio hasta la inmortalidad. Por el contrario, su exceso de ejercicio los ha conducido a un envejecimiento prematuro. Muchos tienen problemas y dolores crónicos en las articulaciones debido a la osteoartritis, y se sienten (y aparentan) mucho mayores de la edad que tienen. Simplemente sobrepasaron los límites de su cuerpo durante muchos años. Ahora pagan el precio de pensar que cuanto más, mejor.

Aunque cualquier tipo de ejercicio provoca algún tipo de inflamación, una cantidad adecuada —realizada conjuntamente con la Dieta de la Zona y tomando aceite de pescado concentrado— puede inducir a una respuesta antiinflamatoria excepcionalmente poderosa que no sólo repara el daño ocasionado a tus tejidos musculares, sino que fortalece los músculos durante el proceso. Por lo tanto, te ayudará a rejuvenecer tu cuerpo, no a lastimarlo (véase capítulo 13 para más información).

El ejercicio puede ayudar a retrasar el envejecimiento reduciendo la inflamación silenciosa. Esto lo consigue aliviando la resistencia a la insulina, lo que a su vez ayuda a reducir la grasa visceral, esa grasa peligrosa que se adueña de los órganos vitales del abdomen. La grasa visceral es la que desencadena la producción de citoquinas proinflamatorias como la interleuquina-6 (IL-6), que se desplaza hasta el hígado para generar un aumento de los niveles de la proteína C-reactiva (PCR). Si reduces la grasa visceral, reducirás la principal fuente de inflamación silenciosa de tu cuerpo.

Estar en forma o perder peso

Estar en forma no necesariamente implica adelgazar. Todo se reduce a tu capacidad para controlar la resistencia a la insulina, y por lo tanto la inflamación silenciosa. Si tu cuerpo se mantiene en una zona adecuada de insulina, puedes tener exceso de peso y estar sano. Por otra parte, si tu cuerpo ha de producir dosis cada vez más altas de insulina debido a la resistencia a la misma de tus células, tu exceso de grasa corporal estará generando inflamación silenciosa continuamente, situándote en una pista rápida para la diabetes de tipo 2 o para padecer una cardiopatía.

Por ejemplo, en un estudio reciente donde personas con sobrepeso adelgazaron gracias a una dieta baja en calorías, los que tenían resistencia a la insulina sólo adelgazaron cuando disminuyó su nivel de PCR en la sangre. Esto explica por qué algunas personas obesas tienen niveles de colesterol totalmente normales y apenas corren riesgo de padecer cardiopatías. De algún modo, se las arreglan para mantener sus niveles de insulina en una zona saludable. Su exceso de peso es un problema estético debido a ingerir demasiadas calorías, pero no un problema médico. Las investigaciones de Stephen Blair, de la Clínica Cooper de Dallas, Texas, confirman esta situación aparentemente paradójica. Individuos físicamente en forma, pero con sobrepeso, tenían muchas menos probabilidades de desarrollar una enfermedad cardíaca que otros que tenían el peso correcto, pero no estaban en forma. Por supuesto, los de peso normal y físicamente en forma tenían todavía menor riesgo de padecer una enfermedad cardiovascular.

¿Cómo es posible que algunas personas puedan estar sanas con exceso de peso, mientras que otras no? Todo se reduce a los niveles de grasa en los órganos. Si disminuyes este tipo de grasa, también bajarán los niveles de PCR. Durante el ejercicio se moviliza la grasa visceral. Por desgracia el ejercicio tiene mucho menos efecto sobre la grasa subcutánea, la antiestética grasa que se acumula en las caderas, muslos y glúteos. De hecho, casi me atrevería a decir que esta es la razón por la que a las mujeres les cuesta más que a los hombres perder peso a través del ejercicio. Es mucho más fácil desprenderse de la grasa del estómago porque suele ser visceral, que deshacerse de la grasa subcutánea, más común en mujeres que en hombres.

Es evidente que la mejor solución es estar en forma y con un peso normal. Simplemente no quiero que utilices la excusa de perder peso para hacer ejercicio. En primer lugar, puede que ganes algo de peso de masa muscular a la vez que reduces grasa (lo cual es estupendo, aunque tu báscula no te diga eso). Esta es la razón por la que tu porcentaje de grasa corporal es un indicador mucho más fiable de la pérdida de grasa, y por lo que considero que es un biomarcador (aunque no muy fiable) del bienestar. En el Apéndice E hay unas tablas muy sencillas para ayudarte a analizar tu cuerpo utilizando una cinta métrica. En segundo lugar, desde el punto de vista de la salud, estar activo ayuda a reducir la inflamación silenciosa independientemente de que pierdas volumen en tus caderas y muslos.

¿Qué ejercicio es aconsejable para tu cuerpo?

Cada vez que realizas alguna actividad física, provocas cierto estrés en el cuerpo. En las actividades aeróbicas, esto supone trabajar hasta que empiezas a sudar. Esto suele suceder cuando tu ritmo cardíaco trabaja a un 70 por ciento de su capacidad en su límite máximo durante un período de tiempo razonable. Cuando sucede esto, empiezan a suceder cosas en el nivel molecular; concretamente, haces que tus células respondan mejor para asimilar la glucosa de la sangre, disminuyendo la cantidad de insulina que ha de secretar el páncreas. Si tienes sobrepeso o no estás en forma, no te costará mucho aumentar tu temperatura corporal y empezar a sudar. Ese es un buen momento para dejar de hacer ejercicio ese día. Con el tiempo y con la práctica, tendrás que trabajar más rato o con más intensidad para llegar a ese mismo punto de agotamiento.

Los ejercicios fortalecedores (o de musculación) actúan de un modo muy distinto a los aeróbicos en cuanto a reducir los niveles de insulina. Al crear más masa muscular, a tu cuerpo le será más fácil extraer la glucosa de la sangre, y tu necesidad de insulina disminuirá. Sea cual sea el tipo de ejercicio que realices (aeróbico o de fuerza), el resultado a largo plazo es el mismo: la reducción del exceso de insulina.

Sin embargo, con el entrenamiento de fuerza se producen otros cambios hormonales que no tienen lugar con el aeróbico. Cuando ejercitas los músculos hasta el agotamiento, se produce cierto grado de traumatismo. Esto desencadena una respuesta proinflamatoria para tratar las microfisuras en los músculos. Si la respuesta proinflamatoria no es muy grave, habrá una respuesta antiinflamatoria correspondiente para reparar las lesiones musculares y aumentar la fuerza muscular durante la siguiente tanda de ejercicios. Parte de esa respuesta antiinflamatoria es la liberación de la hormona del crecimiento secretada por la glándula pituitaria para reconstruir el tejido dañado y fortalecerlo. Esta es la razón por la que los atletas de fuerza tienen mucha más masa muscular que los atletas de resistencia, aunque ambos tienen niveles bajos de insulina en ayunas.

El entrenamiento de fuerza moderado debería ocasionarte sólo una mínima parte de microtraumas, de tal forma que te permita recuperarte de tus ejercicios y reparar los músculos antes de realizar la siguiente serie de ejercicios. A medida que envejeces, el tiempo que necesitas para este proceso de reparación aumenta. Por eso los atletas jóvenes pueden hacer ejercicio intenso dos veces al día, mientras que los de más edad han de moderar su entrenamiento de fuerza y realizarlo en días alternos. La cantidad de tiempo de recuperación depende en última instancia de la respuesta antiinflamatoria, que puede mejorar cuando se está en la Zona antiinflamación. Sin embargo, por bueno que sea tu programa dietético, hacer demasiado ejercicio aumenta la inflamación hasta tal punto que desborda la capacidad del cuerpo para producir el nivel suficiente de eicosanoides antiinflamatorios necesarios para la recuperación. El resultado es que, cuando has de volver a hacer ejercicio al día siguiente, todavía estás dolorido y cansado.

Lo más importante es escuchar a tu cuerpo. Si todavía te duele a raíz de la última serie de ejercicios, probablemente te excediste y todavía estás secretando los mediadores antiinflamatorios. Descansa un poco más y recorta tu próxima serie.

Cómo quemar grasas más rápido

Para quemar grasas, has de bajar los niveles de insulina, puesto que la insulina inhibe la liberación de grasa almacenada en el tejido adiposo. Esto es así, tanto si estás haciendo ejercicio como si estás viendo la televisión. El ejercicio no hace más que acelerar el proceso de quemar grasas. Todos los ejercicios queman la misma cantidad de calorías, pero no necesariamente la misma cantidad de grasas. Veamos lo que pasa cuando corremos. Si aumentas tu ritmo cuando corres, por ejemplo de 9 kilómetros por hora a 10,5, quemarás más grasas y más calorías para la misma distancia recorrida. Sin embargo, si aumentas tu ritmo de 10,5 kilómetros por hora a 12, estarás quemando proporcionalmente menos grasas que calorías. Eso se debe a que tus músculos necesitan cantidades adecuadas de oxígeno para metabolizar las grasas y convertirlas en la energía química (trifosfato de adenosina o ATP) que necesitan para las contracciones musculares. Cuando sobrepasas cierta intensidad al hacer ejercicio, esta creciente falta de transferencia de oxígeno a las células musculares las vuelve más dependientes de la combustión de la glucosa almacenada para producir ATP. Seguirás quemando calorías, pero la mayoría procederán de un combustible de baja calidad (glucosa), y habrá menos que procedan de un combustible de alta calidad (grasas). La combinación de la Dieta de la Zona y el aceite de pescado concentrado incrementa tu capacidad para transferir oxígeno, a fin de que puedas seguir empleando grasas de alta calidad como combustible para generar ATP a medida que aumentas la intensidad de tus ejercicios.

QUEMAR CALORÍAS FRENTE A LA PRODUCCIÓN DE ATP

Uno de los conceptos más difíciles de hacer entender a los atletas, entrenadores, dietistas y médicos es la diferencia entre quemar calorías y producir trifosfato de adenosina (ATP) de las calorías. El ATP es la sustancia química que se necesita no sólo para la contracción muscular, sino para prácticamente todo nuestro metabolismo. El ATP se genera según la necesidad ya sea de la glucosa o de las grasas. La producción de ATP es mucho mayor cuando procede de una caloría de una grasa que cuando procede de una caloría de la glucosa. En la Zona antiinflamación, para generar ATP quemas principalmente grasas en lugar de glucosa. Esto significa que también estás produciendo todo el ATP que necesitas, aunque se gasten menos calorías. Por eso los diabéticos, los atletas de elite o simplemente la gente normal y corriente necesitan menos calorías cuando hacen la Dieta de la Zona que las que suelen calcularse según las ecuaciones metabólicas habituales. Esto se debe a que están produciendo más ATP quemando menos calorías.

Además, cuando haces ejercicio aeróbico intenso para quemar grasas más rápido, puedes predisponer a tus músculos a sufrir lesiones debido al excesivo impacto que se produce en las articulaciones. Cada vez que levantas ambos pies del suelo (como haces al correr), cada pie transmite tres veces tu peso a través de tus tobillos, piernas, rodillas y caderas cuando golpeas el suelo. Esta es la razón por la que yo recomiendo andar a paso ligero en lugar de correr, a fin de reducir el daño potencial que se puede ocasionar a las articulaciones y minimizar el aumento de la inflamación.

Por otra parte, en el entrenamiento fortalecedor se utiliza principalmente glucosa para producir ATP. Por lo tanto, siempre quemarás menos grasa durante un ejercicio de musculación que durante uno aeróbico. No obstante, está mucho más compensado porque, al aumentar la masa muscular, ésta puede extraer el exceso de glucosa de la sangre durante todo el día. De este modo se reduce de una manera eficaz la necesidad de secretar insulina extra, lo que permite una combustión mucho más eficaz de las grasas a lo largo del día.

No olvides que el 80 por ciento del trabajo de bajar tus niveles de insulina lo realizas a través de tu dieta, y sólo el 20 por ciento restante procede del ejercicio. La cantidad de grasa que se quema durante el ejercicio disminuye todavía más si sigues una dieta con una alta carga glucémica. Esto se debe a que el exceso de insulina producido por una dieta con alta carga glucémica bloquea la liberación de la grasa almacenada para su posible utilización en la generación de energía. Esto explica por qué muchas personas (especialmente mujeres) que pasan un gran número de horas en el gimnasio, no ven suficientemente recompensados sus esfuerzos. Sin embargo, con la Dieta de la Zona se potencia la combustión de grasas que tiene lugar durante el ejercicio.

Los beneficios invisibles del ejercicio

Como es natural, el 99 por ciento de las personas hacen ejercicio para perder peso más rápido. De hecho, su meta es perder el exceso de grasa con mayor rapidez. Bueno, siento tener que dar una mala noticia. Perder la grasa corporal es un proceso lento y largo. Francamente, perder más de $1/2$ kilo de grasa a la semana es una misión bastante difícil. Afortunadamente, existen muchas otras razones por las que se ha de incorporar el ejercicio en la vida cotidiana, independientemente del posible beneficio de perder grasa.

Empecemos con el entrenamiento fortalecedor o de musculación. El principal efecto benéfico es que conserva la masa muscular a medida que envejecemos, y también mantiene en buen estado el sistema inmunitario. Entre los 20 y los 40 años perdemos aproximadamente un 40 por ciento de masa muscular, y luego alrededor de un 1 por ciento cada año. Afortunadamente, nuestro cuerpo mantiene la capacidad de sintetizar nueva masa muscular a medida que envejecemos. Tenemos la misma capacidad de generar nueva masa muscular a los 70 y los 80 que cuando estábamos en los 20 o los 30. Aunque mantengamos la capacidad de sintetizar nueva masa muscular cuando nos hacemos mayores, hemos de combatir el aumento del índice de degradación muscular que tiene lugar en este proceso. La razón más probable tras esta pérdida de masa muscular es que hay un incremento en los niveles de cortisol, que rápidamente destruye la masa muscular existente y la convierte en glucosa. Esto también sucede si sigues una dieta con muy poca carga glucémica, como la dieta del doctor Atkins.

Por ende, perderás masa muscular de forma natural si no haces nada para mantenerla. Has de hacer siempre entrenamiento fortalecedor para mantener un estímulo constante que induzca a la cascada de acontecimientos que conducen a la síntesis de nueva masa muscular. Si toda una vida de entrenamiento de fuerza no te seduce demasiado, piensa que sin suficiente masa muscular, enfermas más a menudo. ¿Cuál es la razón? Tu cuerpo almacena todas sus reservas de aminoácidos en las células musculares incluyendo la glutamina: un componente esencial para ciertas células del sistema inmunitario denominadas macrófagos y neutrófilos (que describiré con mayor detalle en el capítulo 13). Durante los momentos de gran estrés, como una infección, el cuerpo secreta más cortisol para romper las células musculares y poder suministrar los niveles adecuados de glutamina durante una crisis, y el sistema inmunitario sufre las consecuencias. Esta es una de las razones por las que tantas personas mayores mueren de una infección al poco tiempo de haber padecido una fractura de hueso. Cuando padecen una fractura grave de algún hueso, el cuerpo rompe la poca masa muscular existente para liberar suficiente glutamina a fin de reparar el hueso. Esto agota prácticamente las reservas de glutamina para poder afrontar una infección. Por eso estos pacientes son mucho más propensos a padecer una neumonía, una septicemia o cualquier otra infección que se desencadena en el hospital o geriátrico donde suelen estar internados para recuperarse de la fractura. El entrenamiento de fuerza a cualquier edad se convierte en una gran defensa para asegurar las reservas de glutamina que necesitas para gozar de la máxima protección inmunitaria y reducir la inflamación silenciosa. El resultado es el mantenimiento del bienestar durante el mayor tiempo posible.

Al igual que el beneficio inesperado del entrenamiento de fuerza es mantener un buen funcionamiento del sistema inmunitario, el beneficio inesperado del ejercicio aeróbico es que fortalece el cerebro. El ejercicio aeróbico puede mejorar el funcionamiento general del cerebro al activar una hormona denominada factor neurotrófico derivado del cerebro (BDNF), que repara y potencialmente desencadena el desarrollo de nuevas células nerviosas en el cerebro. Al igual que las células musculares necesitan los aminoácidos de los alimentos ricos en proteínas para autorrestaurarse y crecer, las células nerviosas necesitan un tipo muy especializado de ácido graso omega-3 de cadena larga como fuente de combustible. Este ácido graso, el ácido docosahexaenoico (DHA), se encuentra en grandes dosis en el aceite de pescado. El

DHA del aceite de pescado actúa mano a mano con la BDNF para conservar tus neuronas y capacidad cerebral en forma con el paso del tiempo.

Durante años se había pensado que el cerebro no podía regenerar sus células nerviosas. Ahora sabemos que, bajo las condiciones correctas, sí es posible. El estímulo para el crecimiento de los nervios es la BDNF. El ejercicio aeróbico estimula la liberación de BDNF. La BDNF es como un maestro albañil, pero para poder construir una estructura, necesita ladrillos. Los ladrillos para construir los nervios proceden de la ingesta adecuada de DHA a través de la dieta. Así que si quieres conservar la mente clara y aguda, haz algo de ejercicio aeróbico y toma aceite de pescado todos los días.

Plan de ejercicios para la Zona antiinflamación

Ahora ya deberías haberte convencido de que el ejercicio tiene más beneficios que la simple pérdida de grasa y que tienes que hacerlo durante el resto de tu vida. Has de considerar el ejercicio como si fuera una medicina que se ha de tomar en la dosis correcta en el momento correcto. Esta es tu prescripción de ejercicio para tu Zona antiinflamación:

- Haz ejercicio aeróbico seis veces a la semana.
- Haz ejercicio de fuerza (musculación) tres días a la semana.
- Los tres días que no haces entrenamiento de fuerza, haz estiramientos.

Aunque los estiramientos no te ayudarán a perder grasa, formar músculo o reducir la inflamación silenciosa, evitará las molestas lesiones que pueden mantenerte alejado de hacer ejercicio. A medida que nos hacemos mayores, nuestros tendones y ligamentos se encogen, limitándonos el movimiento, sobre todo cuando hacemos el entrenamiento de fuerza. Considera los estiramientos como una póliza de seguros barata contra la inflamación inducida por el ejercicio.

Ahora probablemente querrás saber cómo hacerlo en el menor tiempo posible y con el menor esfuerzo. Si crees que no tienes tiempo para hacer ejercicio, déjame decirte una cosa: va a ser más fácil de lo que piensas. Tu compañero de ejercicios en este plan va a ser tu programa de televisión favorito.

Paso uno: prepara tu equipo

La parte más importante de tu equipo para tu programa de ejercicios para la Zona antiinflamación es un televisor, que utilizarás para que te indique los tiempos. Otros elementos esenciales son la toalla (para utilizar durante los estiramientos) y algunas latas de sopa sin abrir o botellas de plástico vacías (para el entrenamiento de fuerza). Hasta aquí tus gastos son bastante limitados.

Aunque al final termines comprándote un juego de mancuernas, mejor que empieces utilizando latas de $1/2$ kilo de frutas o verduras y botellas de plástico que se puedan llenar parcialmente con agua. Recomiendo empezar con un peso muy ligero si estás empezando en el programa de entrenamiento de fuerza que voy a explicar. Siempre puedes aumentar el peso si el ejercicio te resulta demasiado fácil. Es preferible empezar con muy poco peso que con demasiado, puesto que el agotamiento aumentará la inflamación.

Si inviertes en un juego de mancuernas, te recomiendo que compres tres pares de distintos pesos. Si eres mujer y estás empezando con las mancuernas, puede que prefieras empezar con pares de $1/2$ kilo, de 1 kilo y de 2 kilos. Si eres hombre, puede que prefieras empezar con mancuernas de 2 kilos, de 3 kilos y de 5 kilos. Antes de comprar las mancuernas, debes ir a una tienda de deportes y comprobar qué peso puedes levantar con facilidad. Coge una mancuerna y haz una flexión de codo lentamente. (Véase la página 126 para más detalles sobre este ejercicio.) Las repeticiones se han de realizar despacio. En cada repetición has de contar lentamente hasta seis mientras flexionas el codo, retener dos segundos y contar seis más al bajar los brazos. Si puedes hacer menos de ocho repeticiones, ese será un buen peso intermedio. Te sorprenderá comprobar el poco peso que puedes levantar con estas repeticiones lentas. Cuando hayas encontrado tu peso intermedio, coge otro par de mancuernas que pesen $1/2$-1 kilo menos, y un tercer par que pesen 1-2 kilos más que el peso intermedio. Como vas a hacer la mayor parte de los ejercicios delante del televisor, te aconsejo que las compres de las que tienen una protección de caucho para no romper el suelo de tu sala de estar si se te caen al suelo. También son más fáciles de dejar aparcadas en un rincón o de guardar debajo de un sofá.

Paso dos: enciende la televisión

Eso es. Estos ejercicios están pensados para que los hagas cuando estás mirando tu programa favorito. En lugar de buscar tiempo para hacer los ejercicios, ¿por qué no introducir un ejercicio cuando estás haciendo algo que te gusta? Te diré más: los anuncios que pasan durante los programas son medidores perfectos para que pases del ejercicio aeróbico al de fuerza y viceversa. Una sesión típica de televisión de 30 minutos se divide [en Estados Unidos] en dos segmentos de 11 minutos de programa y tres segmentos de 3 minutos de anuncios. Puedes utilizar estos segmentos como avisadores para que te indiquen cuándo has de pasar de un tipo de ejercicio a otro. Al final del programa, habrás hecho unos 20 minutos de entrenamiento aeróbico y unos 10 de entrenamiento de fuerza o de estiramientos.

Cuando tengas delante las mancuernas (o toalla), estarás preparado para empezar tus ejercicios al comienzo de tu programa. Durante los dos segmentos de 11 minutos de entrenamiento aeróbico, caminarás sin moverte del sitio. Te propongo que hagas una actividad mecánica que puedas realizar sin distraerte demasiado de tu programa televisivo. Puedes aumentar la intensidad de tu marcha, bien aumentando la velocidad, bien levantando las rodillas todo lo que puedas mientras haces el ejercicio. También puedes usar una plataforma de *step* para subir y bajar durante la marcha.

EL *STEP*

Estoy seguro de que si has ido alguna vez a un gimnasio, habrás visto una clase de *step*. Puede parecer complicado y peligroso si nunca has tomado una clase. La gente salta por encima del *step*, lo cruza, salta arriba y abajo, adelante y atrás. Suficiente como para torcerte el tobillo sólo con mirarlo. Pero lo cierto es que no es necesario que realices una complicada coreografía sobre el *step* para hacer un buen trabajo. Simplemente sube y baja con tu pie derecho, colocando el pie plano sobre el *step*, y luego sube el pie izquierdo, colocándolo plano cerca del derecho. Para bajar, baja primero el pie derecho apoyándolo bien en el suelo, y luego el pie izquierdo. Cuando te hayas familiarizado con este movimiento, cambia de pie, subiendo primero el izquierdo y luego el derecho.

Empieza con el *step* en posición básica antes de aumentarle la altura.

Puedes comprar un *step* elevable en cualquier tienda de deportes, o a través de Internet.

Durante las pausas publicitarias realizarás los ejercicios de musculación (o los estiramientos sobre la toalla los días que descanses del entrenamiento de fuerza). La meta del entrenamiento de fuerza es ejercitar un grupo de músculos hasta el cansancio, pero no hasta el agotamiento, lo cual dejaría los músculos doloridos al día siguiente. La técnica que recomiendo es una elevación lenta (fase concéntrica) con las mancuernas para contraer el músculo, y un descenso lento (fase excéntrica) con las mancuernas para relajar y elongar el músculo. Te aconsejo que tardes 6 segundos en levantar el peso durante la fase de concentración, que lo mantengas 2 segundos en alto, y que tardes 6 segundos más en bajar el peso en la fase de relajación. Una elevación y descenso completos de las mancuernas constituyen una repetición. Puesto que cada repetición debe durar unos 15 segundos, tardarás unos 2 minutos en realizar una serie de ocho repeticiones de un mismo ejercicio. Has de hacer dos ejercicios durante cada pausa para los anuncios y terminar el segundo ejercicio aunque haya empezado el programa. Luego puedes retomar el ejercicio aeróbico de caminar en el sitio, o de subir y bajar de un *step* o plataforma. Debes hacer dos o tres ejercicios para la parte superior y dos o tres para la parte inferior del cuerpo en cada sesión de entrenamiento de fuerza.

Las repeticiones lentas que se utilizan en los ejercicios de entrenamiento de fuerza no sólo hacen que te centres en el grupo de músculos que te interesa y que lo hagas de la forma correcta, sino que también te fuerza a levantar mucho menos peso del que levantarías con las repeticiones rápidas. Todo ello ayuda a evitar lesiones. Me gusta imaginármelo como un Tai chi con mancuernas ligeras.

Así es como se hace una repetición correcta. En primer lugar, te has de centrar en la respiración. La respiración correcta es esencial cuando has de levantar peso, puesto que te garantiza que tus músculos están recibiendo la cantidad adecuada de oxígeno cuando se están fatigando. Antes de empezar cada repetición, inspira profundamente. Ahora espira mientras levantas lentamente el peso contando hasta seis. Mantén en alto las mancuernas durante 2 segundos, respirando con normalidad.

(¡No retengas la respiración!) Espira justo antes de empezar a bajar el peso. Baja lentamente las mancuernas contando hasta seis e inspirando profundamente. Mantén el peso en la posición inicial, respira con normalidad durante 2 segundos. Vuelve a inhalar profundamente y repite el ejercicio hasta que hayas hecho ocho repeticiones. Te voy a dar una pista útil: sabrás que estás llegando a la fatiga cuando notes que estás haciendo respiraciones cortas y superficiales para completar la fase de levantamiento de tu última repetición. Si puedes hacer la serie de ocho sin que se modifique tu respiración, has de aumentar el peso.

Leah García, una defensora de la Zona desde hace mucho tiempo, titulada como entrenadora personal, comentarista deportiva de televisión y antigua campeona de bicicleta de montaña, ha ideado un sencillo pero eficaz programa de entrenamiento de fuerza combinado con estiramientos, aptos para realizar en cualquier habitación de hotel, cuando se viaja por negocios o por ocio. Yo he adaptado los conceptos de su programa para el programa de ejercicios para la Zona antiinflamación.

Los días que hagas el entrenamiento de fuerza, elige tres ejercicios para la parte superior del cuerpo y tres para la inferior. Elige ejercicios diferentes cada vez. La variedad evitará el aburrimiento y permitirá que ejercites una gama más amplia de grupos musculares. Todos los ejercicios que menciono se han de realizar adecuadamente, no sólo para evitar lesiones, sino para obtener los mejores resultados.

Ejercicios para la parte superior	Ejercicios para la parte inferior
Presión de hombros	Sentadillas con las piernas juntas
Extensión de los tríceps tras la nuca con ambos brazos	Sentadillas con las piernas separadas
Flexión de codos con mancuernas	Tijeras hacia atrás
Fondos de tríceps	Fortalecimiento de los isquiotibiales
Elevación lateral y frontal de hombros	Crunch – Contracción abdominal

A continuación viene la descripción de cada ejercicio, acompañada de un esquema explicativo.

EJERCICIOS PARA LA PARTE SUPERIOR DEL CUERPO

Presión de hombros

La presión de hombros desarrolla y aumenta la fuerza en las caras frontal y lateral del deltoides, así como en el tríceps. Es un gran ejercicio para personas que levantan objetos por encima de sus cabezas y desean aumentar la extensión de su movimiento.

De pie con la espalda recta, hombros alineados, piernas y pies juntos. Sostén un peso (una lata de sopa o una botella de plástico medio llena) en cada mano, con las palmas mirando hacia el techo. Las manos estarán sólo un poco por encima de la altura de los hombros. Los codos flexionados (adoptando una postura de canasta con los brazos). Espira cuando eleves las latas de sopa (o mancuernas) hacia el techo, extiende los brazos, tus codos quedarán estirados, pero no del todo. Concéntrate en mantener las clavículas hacia atrás. Mantén el peso en alto durante 2 segundos; luego inspira cuando bajes los brazos hasta la posición inicial.

Extensión de los tríceps tras la nuca con ambos brazos

La extensión de los tríceps tras la nuca con ambos brazos refuerza los músculos que trabajan en oposición a los bíceps y refuerzan el tejido conectivo. El tríceps básicamente te permite estirar el brazo y girar la muñeca hacia arriba. El desarrollo de todo el tríceps reducirá el tan lamentado tríceps colgante y te ayudará a sostener los objetos con fuerza.

De pie con la espalda recta y los pies juntos. Sostén la lata de sopa (o mancuerna) con las dos manos por encima de tu cabeza. Mantén los hombros relajados hacia abajo, y el cuello y la cabeza estirados. Espira cuando flexionas los brazos desde los codos, bajando el peso por detrás de tu cabeza y acercándolo a tu cuerpo. Mantén esta postura durante 2 segundos; luego inspira levantando el peso hasta regresar a la posición inicial; concéntrate en trabajar la cara posterior de tus brazos.

Flexión de codos con mancuernas

El ejercicio de flexión aumenta la fuerza del bíceps braquial (del brazo), el músculo que permite levantar y flexionar el brazo y girar la muñeca hacia abajo. Trabajar los bíceps equilibrará la parte superior de tu brazo y te dará fuerza para el agarre.

De pie con la espalda recta, hombros alineados, piernas y pies juntos. Sostén un peso en cada mano con las palmas mirando hacia arriba, flexiona ambos brazos hacia arriba, espirando al levantar el peso hacia los hombros. Flexiona los bíceps al final del movimiento sin mover los hombros ni el cuerpo. Inspira cuando bajas lentamente los brazos para regresar a la posición inicial. (Evita bajar el peso demasiado deprisa.)

Fondos de tríceps

Este ejercicio trabaja los tríceps y el pecho. Este movimiento desarro-
llará el volumen de tus tríceps, especialmente alrededor del codo.
Cuando se ejecuta adecuadamente y a un ritmo lento, este ejercicio de-
finirá, tonificará y aumentará la fuerza de la parte superior de tus brazos y de tu pecho.

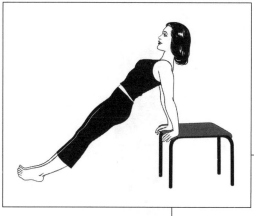

Colócate con la espalda
contra el asiento de una
silla firme. Coloca las
manos en el borde del
asiento con las palmas
mirando hacia abajo. Es-
tira los pies hacia delante mientras te agarras al
asiento, de modo que tus piernas queden estiradas en diagonal delante
de ti. Mantén los hombros alineados directamente por encima de tus
codos y muñecas. Extiende los brazos, pero sin bloquear los codos, y
levanta el pecho hacia el techo sin encoger los hombros. Inspira al bajar lentamente las caderas flexionando los codos, manteniendo las caderas lo más cerca posible de la silla. Continúa hasta que la parte superior de tus brazos esté paralela al suelo, pero sin sentarte en el suelo.
Mantén esta posición durante 2 segundos; luego espira lentamente
mientras haces presión con los brazos para enderezarlos de nuevo y regresar a la posición inicial.

Elevación lateral y frontal de hombros

La finalidad de este ejercicio es desarrollar los músculos deltoides, reducir la probabilidad de padecer dolores en los hombros y ayudarte a mantener una amplia movilidad.

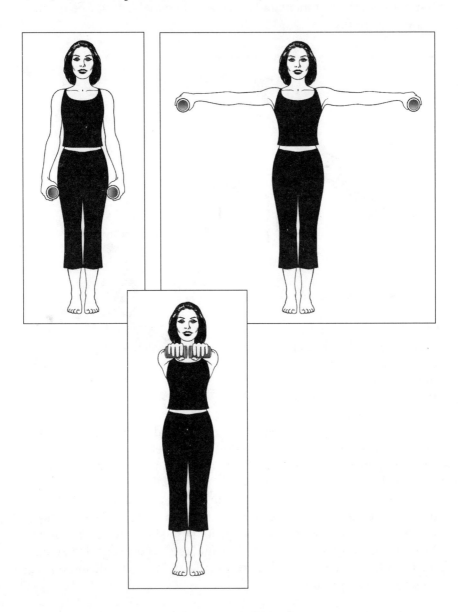

De pie con la espalda recta, hombros alineados y piernas y pies juntos. Sostén las latas de sopa (o mancuernas) en tus manos mientras permanecen relajadas a ambos lados de tu cuerpo con las palmas en dirección al tronco. Levanta el peso lateralmente con los brazos rectos separándolos de tus costados hasta llegar a la altura de los hombros. Las palmas han de estar mirando hacia el suelo durante todo el movimiento. Mantén durante 2 segundos y cambia la posición de los brazos llevándolos hacia el frente delante de tu pecho, manteniendo los brazos extendidos y rectos; luego inspira lentamente al bajar el peso para regresar a la posición inicial. Si quieres una versión más avanzada de este ejercicio, vuelve a la posición inicial con los brazos extendidos lateralmente, y manténla un poco antes de bajarlos.

EJERCICIOS PARA LA PARTE INFERIOR DEL CUERPO

Sentadillas con las piernas juntas

Este ejercicio fortalece las piernas, especialmente los muslos, la cara posterior de muslos y piernas, los glúteos y la parte inferior de la espalda. En la vida hay pocos movimientos que no impliquen algún esfuerzo para las piernas: desde los deportes, hasta subir y bajar escaleras cómodamente. La parte inferior del cuerpo es la base para el equilibrio y la actividad general. Utilizar todos los músculos implicados en una sentadilla te hará más fuerte y más rápido.

En posición erguida, con los pies ligeramente separados pero sin llegar a estar en la misma línea que los hombros. Estira y extiende los brazos delante de tu cuerpo mientras mantienes los hombros hacia atrás. Inspira al flexionar las rodillas y bajar las caderas hasta que tus muslos estén paralelos al suelo. No bloquees tus rodillas.

Puedes hacer una variante de sentadilla bajando sólo hasta la mitad si eres principiante. Espira mientras haces fuerza desde los talones para volver a levantarte y regresar a tu posición inicial. Una variante más sencilla de este ejercicio es hacerlo sujetándote al respaldo de una silla.

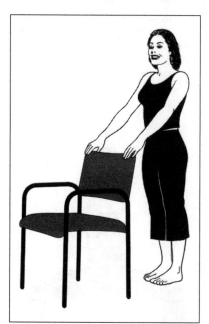
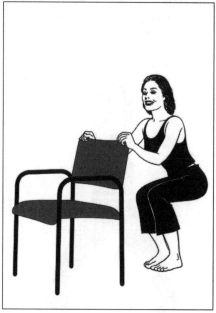

Sentadillas con las piernas separadas

Las sentadillas con las piernas separadas fortalecen y desarrollan los cuádriceps, y con los pies girados hacia fuera desarrollarás y tonificarás la cara interna de los muslos. Es un ejercicio apropiado para todos los que quieran añadir variedad al trabajo tradicional con las piernas juntas, imitando una postura habitual en nuestra vida que utilizamos para recoger objetos del suelo.

En posición erguida, con los pies más separados que la anchura de los hombros y ligeramente girados hacia fuera. Coloca las manos debajo de la barbilla o encima de las caderas. Inspira al flexionar tus rodillas y bajar las caderas hasta que queden lo más paralelas posible a los muslos. Mantén la espalda recta, la barbilla levantada y los hombros y la pelvis alineados durante el movimiento. Espira lentamente mientras te yergues para regresar a la postura inicial.

Para aumentar la dificultad de este ejercicio, sostén una botella de plástico medio llena o una mancuerna con ambas manos a la altura de tu ombligo durante el movimiento. Otra variante, más sencilla, es realizarlo con una mano sobre el respaldo de una silla.

Tijeras hacia atrás

Este ejercicio desarrolla la cara anterior de los muslos y los glúteos, y proporciona equilibrio y agilidad. Es clave para arrodillarse y levantarse de esta posición, así como para mantener sanas las rodillas.

De pie, con la espalda recta y los pies juntos. Sostén una botella de plástico medio llena o una mancuerna en cada mano. Hombros alineados y espalda recta. Inspira mientras das un paso largo hacia atrás con la pierna izquierda, flexionando la rodilla pero sin que llegue a tocar el suelo. La rodilla derecha ha de estar flexionada y situada justo encima de la almohadilla del pie. Espira y empuja con la pierna izquierda para levantarte y regresar a la posición inicial. Haz una serie de cuatro repeticiones con cada pierna.

Una variante más sencilla de este ejercicio es colocar las manos sobre las caderas en lugar de sostener un peso, o sujetarse al respaldo de una silla.

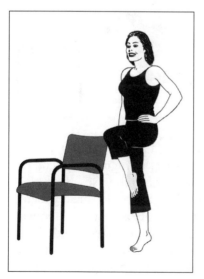

Fortalecimiento de los isquiotibiales

Unos isquiotibiales [los músculos de la cara posterior del muslo y de la pierna] fuertes nos protegen de padecer lesiones en las piernas, garantizándonos que no existe ninguna descompensación muscular entre la cara anterior y posterior de las mismas. Cuanto más desarrollados estén estos músculos, más centradas se encontrarán tus piernas y se tocarán entre ellas, lo que supondrá una base fuerte para la parte superior del torso. También son unos músculos clave para la aceleración, para el paso ligero y las actividades de saltar.

Estírate en el suelo cerca de un puf o una banqueta, con las manos estiradas a ambos lados del tronco. Coloca los dos pies sobre el puf con los pies flexionados de modo que los dedos queden mirando al techo. Sin mover la pierna derecha, levanta la izquierda contando hasta seis hasta alcanzar el ángulo recto con tu cuerpo (pero no estires hasta el punto en que tu rodilla se quede bloqueada). Flexiona tu pie izquierdo, levanta los glúteos del suelo y mantén esta posición durante 2 segundos. Baja los glúteos hasta que toquen de nuevo el suelo; luego baja lentamente el pie izquierdo contando hasta seis hasta llegar al puf. Repite tres veces más el ejercicio con la misma pierna, concentrándote en el movimiento de subir y bajar la pierna recta. Ahora cambia de pierna y haz cuatro repeticiones.

Crunch – Contracción abdominal

El *crunch* básico es uno de los múltiples ejercicios que existen para fortalecer los músculos abdominales. La función de los abdominales es flexionar y rotar la columna vertebral, llevar el esternón hacia la pelvis, y abrir y cerrar la caja torácica. Con la fuerza, flexibilidad y tono adecuados, facilitan el máximo rendimiento en la mayoría de los deportes y actividades de la vida cotidiana, incluida la corrección postural, la alineación general del cuerpo y el buen funcionamiento peristáltico.

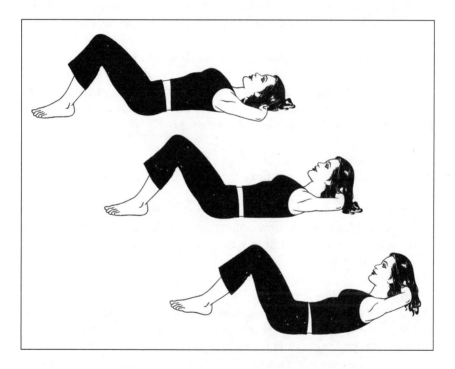

Estírate boca arriba en el suelo, coloca las manos a ambos lados de la cabeza con los codos hacia fuera. Las rodillas estarán flexionadas, y los pies planos apoyados en el suelo, separados y alineados con las caderas. Espira y empuja la parte inferior de tu columna hacia el suelo, levanta lentamente los hombros contando hasta seis, no muevas ni las rodillas ni las caderas. Mantén esta posición 2 segundos, apretando los abdominales. Relaja el cuello y la cabeza. Inspira mientras llevas de nuevo los hombros al suelo para regresar a la posición inicial. Para intensificar más el ejercicio, levanta también lentamente los pies del suelo.

ESTIRAMIENTOS

Aunque utilices muy poco peso, la lentitud de los ejercicios del entrenamiento de fuerza que hemos citado agotará tus músculos. Tendrás que darles tiempo para que se repongan y fabriquen nuevo tejido. Por eso, en los días alternos tendrás que hacer estiramientos. Estirarás y alargarás los tendones y ligamentos que se necesitan para potenciar cualquier aumento de la fuerza. Al igual que con los ejercicios de fuerza, los incorporarás en tu actividad aeróbica cotidiana durante los anuncios. Puedes ponerte la misma ropa cómoda y zapatillas deportivas. Lo único que necesitarás extra será una toalla grande que te servirá para ampliar tus movimientos en cada estiramiento.

A diferencia del entrenamiento de fuerza, donde los movimientos han de ser muy lentos para agotar un grupo concreto de músculos, los estiramientos requieren que alcances la postura final y que luego mantengas esa posición sin moverte durante unos 30 segundos. Estas son algunas reglas básicas para los estiramientos:

- Estirar el cuerpo en cada movimiento.
- Imagina que alguien tira de ti en dirección opuesta (así es como actúa la toalla).
- Aunque no has de hacer rebotes, puedes estirar un poquito más y profundizar en el estiramiento en tu fase de mantenimiento durante 30 segundos, siempre y cuando no pierdas la postura correcta.
- No fuerces nunca el estiramiento, ni rebotes, ni tires.

A continuación vienen una serie de estiramientos muy eficaces; pruébalos durante los anuncios. Emplea 1 minuto en cada uno de ellos (30 segundos para llegar a la postura y 30 segundos de mantenimiento); deberías poder hacer la mayoría de estos ejercicios —si no todos— durante las pausas publicitarias de 3 minutos.

Estiramientos

- Estiramiento lateral (de pie)
- Estiramiento con torsión (de pie)
- Estiramiento de los hombros y el pecho (de pie)
- Estiramiento del tríceps (de pie)
- Estiramiento de los isquiotibiales (en el suelo)

- Estiramiento de la columna (de pie)
- Estiramiento del cuádriceps femoral (de pie)
- Estiramiento de glúteos (en el suelo)
- Estiramiento lateral (en el suelo)

Estiramiento lateral (de pie)

De pie con los pies juntos. Levanta los brazos en dirección al techo, la toalla sujeta con ambas manos. No subas los omóplatos mientras haces el estiramiento hacia arriba y hacia el lado con la toalla. Aprieta los abdominales y estírate hacia el costado derecho como si te estuvieras apoyando sobre un gran balón. Mantén la postura durante 30 segundos, procurando estirar lo más que puedas el torso durante el proceso. Repite el ejercicio hacia el otro lado.

Estiramiento con torsión (de pie)

De pie, con los pies sobrepasando ligeramente el ancho de los hombros. Estira los brazos por delante; sujeta la toalla tensa con ambas manos. Mantén la pelvis en el centro. Gira ligeramente los brazos hacia la derecha y céntrate en el movimiento de tu columna. La pelvis no se ha de mover del sitio durante el movimiento, lo que potenciará una mayor torsión de la columna. Mantén la postura durante 30 segundos y repítela en el otro lado.

Estiramiento de los hombros y el pecho (de pie)

De pie, con los pies separados pero a la misma altura que los hombros. Levanta los brazos por encima de la cabeza, sujeta fuerte la toalla con ambas manos. Inspira mientras levantas los brazos ligeramente por detrás de la cabeza; no levantes los hombros y ten el cuello estirado. Utiliza toda la longitud de la toalla de baño para ampliar el estiramiento. Espira cuando hayas llegado al límite de la postura. Poco a poco, cuando aumentes tu flexibilidad, podrás girar los brazos hacia arriba, por encima y por detrás de tu cuerpo hasta tocar con la espalda. Mantén cada fase del movimiento durante 15 segundos antes de pasar al siguiente nivel. Mantén durante al menos 30 segundos del tiempo total de estiramiento.

Estiramiento del tríceps (de pie)

De pie, con los pies juntos y la toalla en una mano. Sujeta la toalla con una mano por detrás de tu cuello, con el codo levantado en dirección al techo. Sujeta la toalla con la otra mano que habrás pasado por detrás de tu cadera, creando de este modo dos fuerzas opuestas. Mantén el hombro en su sitio mientras tiras suavemente de la toalla hacia abajo con una mano y la estiras con el codo (hacia el techo) con la otra.

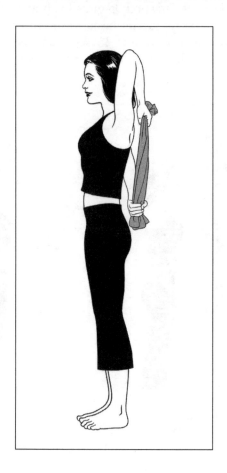

Estiramiento de los isquiotibiales (en el suelo)

Siéntate en el suelo con la espalda recta. Sujeta los dos extremos de la toalla, junta los pies y pásate la toalla por las plantas. Evita que se bloqueen las rodillas, así que dóblalas ligeramente. Mantén la columna lo más recta posible para que el ejercicio no se convierta en un estiramiento de columna. Concéntrate en la cara posterior de tus piernas. Utiliza la toalla para tirar de tus pies en dirección hacia el cuerpo, estirando de este modo los isquiotibiales y los glúteos. Respira durante el estiramiento y mantén esta postura durante 30 segundos.

Estiramiento de la columna (de pie)

De pie, relajado/a, sujeta un extremo de la toalla con cada mano. Dobla la columna suavemente hacia delante, redondeándola; suelta los hombros y flexiona ligeramente las rodillas. Coloca la toalla por debajo de tus pies. Sigue sujetando ambos extremos en esa posición de flexión hacia delante, levanta la cabeza y mira hacia delante. Arquea la columna hacia atrás en dirección al techo. Respira durante el ejercicio. Mantén la postura durante 30 segundos.

Estiramiento del cuádriceps femoral (de pie)

De pie, con los pies bien apoyados en el suelo. Flexiona una pierna llevando el pie en dirección al glúteo; mantén las caderas alineadas (evita levantar una cadera). Coloca la toalla por debajo del pie y sujétala con ambas manos detrás de la espalda. Inspira y levanta ligeramente la toalla. Espira y empuja simultáneamente con la rodilla en dirección al suelo; concéntrate en la zona que está por encima de la rodilla y en toda la parte superior de la pierna. Observa que este es también un ejercicio de equilibrio. Puede que al principio tengas que sujetarte a una silla firme. Mantén la postura durante 30 segundos; luego repite el ejercicio con la otra pierna.

Estiramiento de glúteos (en el suelo)

Siéntate en el suelo y estira la pierna derecha delante de ti. Cruza la pierna izquierda y coloca el pie encima de la rodilla derecha (puedes colocarlo sobre el tobillo o sobre el muslo dependiendo de tu flexibilidad). Mantén la columna lo más recta posible, así como el cuello y la cabeza, que estarán muy rectos. Pasa la toalla por la planta del pie que tienes extendido, y acerca suavemente tu pecho (espalda y columna estiradas) hacia los dedos de tu pie, manteniendo las nalgas bien apoyadas en el suelo. Notarás el estiramiento en los músculos profundos de los glúteos. Mantén la postura durante 30 segundos. Repite el ejercicio con la otra pierna.

Estiramiento lateral (en el suelo)

Siéntate con las nalgas bien apoyadas en el suelo, las piernas bien abiertas y la espalda recta. Siente el contacto de tus glúteos, piernas, cara interna del muslo, parte posterior de la rodilla, pantorrillas y talones con el suelo. Pasa la toalla alrededor de tu pie derecho y sujétala con la mano derecha. Ahora estírate hacia el lado derecho. Tira de la toalla con la mano derecha y pasa el brazo izquierdo estirado por encima de la cabeza, sin levantar la pelvis del suelo. Espira y sigue estirando el brazo izquierdo por encima de la cabeza, alargando y flexibilizando los dos costados del cuerpo. Imagina que te estás estirando sobre un balón invisible. Mantén la postura durante 30 segundos; luego repítela en el otro lado.

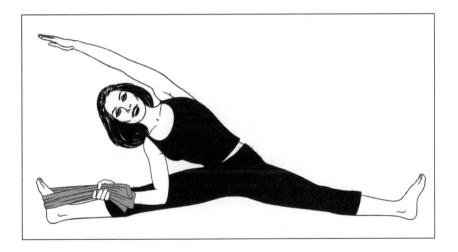

Un ejemplo de un plan de trabajo semanal

Esta es una rutina de ejercicios típica para la Zona antiinflamación de cualquier semana. Como verás, tienes mucha libertad para elegir tus ejercicios de entrenamiento de fuerza o de estiramientos. Sólo intenta asegurarte de que haces al menos una serie de cada uno de estos ejercicios a la semana.

Día 1

   3 minutos de entrenamiento de fuerza
   11 minutos de caminar en el sitio
   3 minutos de entrenamiento de fuerza
   11 minutos de caminar en el sitio
   3 minutos de entrenamiento de fuerza

Día 2

   3 minutos de estiramientos
   11 minutos de step
   3 minutos de estiramientos
   11 minutos de step
   3 minutos de estiramientos

Día 3

   3 minutos de entrenamiento de fuerza
   11 minutos de caminar en el sitio
   3 minutos de entrenamiento de fuerza
   11 minutos de caminar en el sitio
   3 minutos de entrenamiento de fuerza

Día 4

DESCANSO

Día 5

3 minutos de estiramientos
11 minutos de caminar en el sitio
3 minutos de estiramientos
11 minutos de step
3 minutos de estiramientos

Día 6

3 minutos de entrenamiento de fuerza
11 minutos de step
3 minutos de entrenamiento de fuerza
11 minutos de caminar en el sitio
3 minutos de entrenamiento de fuerza

Día 7

3 minutos de estiramientos
11 minutos de caminar en el sitio
3 minutos de estiramientos
11 minutos de step
3 minutos de estiramientos

Resumen

Aquí tienes la prescripción completa de los ejercicios para la Zona antiinflamación. Treinta minutos al día, seis días a la semana. En mi opinión, el reto más grande es encontrar seis programas de televisión diferentes que te guste mirar. Si eso es muy difícil, siempre puedes recurrir al canal del tiempo o a las noticias. Por bueno que sea hacer ejercicio, recuerda la regla del 80/20: el 80 por ciento de tu éxito para combatir la inflamación silenciosa procederá de tu dieta, y el otro 20 por ciento del ejercicio. Del mismo modo que seguir la Dieta de la Zona y tomar aceite de pescado concentrado son un programa antiinflamatorio de por vida, también lo es el ejercicio. Por otra parte, una dieta con una alta carga glucémica destruirá muchos de los beneficios hormonales del mejor programa de ejercicios.

10

Reducir los daños colaterales de la inflamación silenciosa: estrategias para reducir el cortisol

Una de las consecuencias más insidiosas de la inflamación silenciosa es el aumento crónico de cortisol que provoca. En modo alguno puedes gozar de un estado de bienestar si tus niveles de cortisol son demasiado altos. La inflamación silenciosa es el resultado directo del exceso de producción de eicosanoides proinflamatorios. En un intento de detener estos eicosanoides, el principal mecanismo de defensa hormonal del cuerpo es secretar más cortisol. Por desgracia, el cortisol es demasiado potente por sí solo. No sólo detiene a los eicosanoides proinflamatorios «malos» sino también a los «buenos». Esto aún podría admitirse si se quedara ahí, pero eso no es más que el comienzo del daño colateral hormonal provocado por el exceso de cortisol.

El cuerpo produce cortisol como respuesta a un estrés prolongado. Cuando sufres ese tipo de estrés, ya sea físico o emocional, el cuerpo secreta cortisol para detener la producción de eicosanoides proinflamatorios. El estrés se define como la interrupción del equilibrio normal del cuerpo. Puede ser debido a una herida grave, a una enfermedad crónica, a un exceso de ejercicio, a un cambio de temperatura o de humedad, a la falta de sueño o a la ansiedad crónica. Sea cual fuere la causa, en el plano molecular el resultado es que se produce un aumento de la inflamación silenciosa.

Normalmente, pensamos que el cortisol es una hormona del estrés, pero en realidad es una hormona antiestrés cuya misión es hacer frente a las respuestas inflamatorias que genera el estrés crónico en tu cuerpo. Se supone que ha de ser una respuesta breve al estrés, y funciona bastante bien cuando es así. El mecanismo hormonal que evolucionó para el cortisol nunca pretendió ser una respuesta para manejar el estrés prolongado que procede de la inflamación silenciosa. El cortisol estaba previsto para bloquear el sistema inmunitario y recuperarse en un breve período de tiempo de una enfermedad infecciosa potencialmente mortal, o del miedo a ser devorado por un animal salvaje.

Pero ¿qué sucede si tienes altos niveles de inflamación silenciosa durante mucho tiempo? Tu cuerpo, en un intento de detener esta inflamación silenciosa, genera cada vez más cortisol, lo que hace que sus niveles siempre sean altos. Un nivel elevado de cortisol crónico puede conducir a un montón de enfermedades, desde la resistencia a la insulina hasta la muerte de las células nerviosas o el debilitamiento del sistema inmunitario. De ello se deriva un aumento de peso, pérdida de capacidad intelectual y predisposición a contraer enfermedades.

Aunque es cierto que en la actualidad tenemos muchas menos amenazas, solemos tener más problemas crónicos, como trabajos estresantes, enfermedades crónicas y trastornos de los estados de ánimo. La consecuencia es el caos hormonal en la mayoría de las personas.

La producción de cortisol suele regirse por los ritmos circadianos. Los niveles de cortisol están más bajos entre la medianoche y las 2 de la madrugada, y empiezan a aumentar lentamente para despertarnos del sueño. Entre las 6 y las 8 de la mañana alcanzan su punto más alto, y luego disminuyen gradualmente a lo largo del día, llegando a su punto más bajo durante el sueño. Esto en el supuesto de que no tengas un estrés adicional que trastoque este ritmo natural.

Demasiadas veces te encuentras en situaciones estresantes que alteran este ciclo. Pero si tienes malos hábitos permanentemente en tu estilo de vida, puede que siempre tengas niveles elevados de cortisol. Estos malos hábitos son:

- Ejercicio intenso o prolongado
- Excederte en las comidas
- Saltarte comidas
- Tomar demasiados estimulantes, como la cafeína
- Exceso de peso
- Niveles bajos de azúcar en la sangre debidos a una dieta baja en hidratos de carbono

Los peligros del exceso de cortisol

Un nivel excesivo de cortisol envía la señal a tu cuerpo de que ha de prepararse para huir de un peligro. Esto activa una ruptura inmediata de masa muscular para conseguir más glucosa de la sangre (neoglucogénesis). Para evitar que algunos órganos no vitales del cuerpo utilicen esta preciosa glucosa, se desarrolla una resistencia transitoria a la insulina con su correspondiente aumento de insulina en la sangre.

El estrés continuado implica una secreción constante de cortisol. Mientras tu cuerpo se adapta al estrés crónico, te vuelves hiperinsulinémico, lo que crea más grasa visceral. Esto alimenta una nueva secreción de cortisol, y el resultado final es que engordas (especialmente por la zona abdominal), lo que se traduce en inflamación silenciosa crónica.

Mientras tu cuerpo sigue generando un exceso de cortisol, reduce la producción de otras hormonas, como la testosterona. Sin los niveles adecuados de testosterona, es imposible mantener, y ya no digamos fabricar, nueva masa muscular. Por si fuera poco, una deficiencia de testosterona baja la libido (tanto en hombres como en mujeres), y se pierde interés en el sexo. El exceso de cortisol también destruye tu memoria reciente, lo que es lógico en momentos de estrés agudo (como en un combate, un accidente grave o un maltrato físico) porque te ayuda a combatir esos trágicos acontecimientos. Sin embargo, bajo un estrés continuado esta pérdida de memoria a corto plazo es mucho más problemática y puede conducir a la pérdida de muchos recuerdos, incluidos los agradables.

Al igual que la insulina, los niveles de cortisol tienden a aumentar de forma natural a medida que envejecemos. Pero este aumento se produce de una forma única. Como ya he dicho, el ritmo circadiano normal del cortisol tiene su pico de subida por la mañana, y su bajada por la tarde. Cuando nos hacemos mayores, el aumento general del cortisol es mucho más gradual, porque la hormona está siempre alta por la tarde en lugar de caer en picado. La consecuencia de este nivel elevado es que tengamos dificultades para dormir, lo que puede conducir a tener ganas de comer de madrugada, especialmente hidratos de carbono.

La falta de sueño puede tener un efecto devastador sobre el cortisol. Los estudios demuestran que si en lugar de dormir 8 horas por la noche pasas a dormir 6 $1/2$, al cabo de una semana habrás experimentado un significativo aumento de los niveles de cortisol con su correspondiente aumento de la insulina. Además de todos los factores de estrés que tenemos hoy en día, la mayoría de las personas estamos afectadas crónicamente por la falta de horas de sueño. El estadounidense medio duerme 7 horas, a diferencia de las 9 que dormíamos hace un siglo.

Aumento del cortisol a largo plazo = agotamiento de las glándulas suprarrenales

La producción excesiva de cortisol durante meses o años puede acabar conduciendo al agotamiento de tus glándulas suprarrenales, las glándulas que se encuentran encima de tus riñones y que secretan adrenalina y cortisol. Si después de haber sido expuestas a una superproducción crónica tus glándulas suprarrenales dejan de producir suficiente cortisol, tendrás un problema grave, porque ya no tendrás tu arma hormonal principal para reducir la inflamación silenciosa. Es lo mismo que le sucede al páncreas cuando se ve obligado a producir insulina constantemente como respuesta a la resistencia a la insulina que padecen las células. Al final, el páncreas deja de funcionar adecuadamente y ya no puede fabricar suficiente insulina para bajar los elevados niveles de glucosa en la sangre. La consecuencia es la diabetes de tipo 2 (adultos). Esto no hace más que acelerar la inflamación silenciosa por todo el cuerpo y aumentar rápidamente la probabilidad de padecer infartos de miocardio, ceguera, insuficiencia renal y amputaciones. Si las glándulas suprarrenales se han agotado, ya no tienes ningún mecanismo interno para detener la superproducción de eicosanoides proinflamatorios y se acelera el proceso de envejecimiento.

Estrategias para reducir el cortisol

Estoy seguro de que habrás recibido alto y claro el mensaje de que un exceso de cortisol es perjudicial. Ahora, ¿qué has de hacer al respecto? Puesto que el exceso de cortisol se produce por una producción excesiva de eicosanoides «malos», la mejor forma de hacer que disminuya es reducir la producción de estos eicosanoides. Esto significa la reducción de la inflamación silenciosa.

Si sigues la Dieta de la Zona (que estabiliza los niveles de azúcar en la sangre) y tomas aceite de pescado concentrado (que reduce los niveles de AA), estás dando los pasos necesarios para reducir el exceso de cortisol. Si mantienes estables los niveles de azúcar y de insulina en la sangre, tu cuerpo secretará menos cortisol cuando tengas estrés. El EPA que contiene el aceite de pescado reduce la producción de AA, lo cual interrumpe la producción de eicosanoides proinflamatorios. Sin estos eicosanoides «malos» tu cuerpo no necesita secretar tanto cortisol. El aceite de pescado concentrado también aumenta la producción de serotonina, la hormona del «bienestar», que ayuda a que te adaptes mejor al estrés. El estrés sigue estando, pero ahora habrá aumentado tu capacidad para hacer frente a los daños colaterales de este significativo aumento.

A diferencia de nuestros antepasados del Paleolítico, podemos predecir bastante bien cuándo vamos a sufrir estrés físico o emocional. Esto nos da la oportunidad de planificar con tiempo, sobre todo en lo que respecta a la dieta. Si sabes que vas a pasar una temporada de estrés, tendrás que doblar tus esfuerzos para ceñirte a la Dieta de la Zona. Esto evitará que padezcas el deseo de comer hidratos de carbono (deseo que se produce con el estrés), puesto que mantienes estables los niveles de insulina.

¿Cuántas veces has cedido en el pasado a tus deseos de tomar hidratos de carbono con alta carga glucémica, como barritas de chocolate, patatas fritas y *pizza* durante los momentos de estrés? Esta manera de comer incitada por las emociones suplirá rápidamente un bajón de glucosa en la sangre provocado por el aumento de cortisol. Sin embargo, esta forma de automedicarse te lleva a un círculo vicioso: el azúcar y la insulina en la sangre tienen un rápido aumento, seguido de un descenso rápido y de más deseo de tomar carbohidratos. El resultado es que tu cuerpo sigue secretando más cortisol para intentar mantener el nivel adecuado de azúcar en la sangre (rompiendo más masa muscular para convertirla en glucosa) para el cerebro.

Ceñirse a la Dieta de la Zona en situaciones de mucho estrés no es fácil. Por consiguiente, la mejor estrategia hormonal para hacer frente a una temporada de estrés es duplicar la dosis de aceite de pescado. Los resultados son casi inmediatos. Cuando ha pasado el estrés, puedes volver a tu dosis habitual.

El aceite de pescado concentrado y la Dieta de la Zona siguen siendo tus principales armas para combatir los daños colaterales, incluido el exceso de cortisol. Pero también tienes otra arma cuya eficacia ha sido probada con el tiempo. Se trata de la relajación.

Estrategias de relajación

Probablemente la mejor técnica de relajación sea ser independiente económicamente y vivir en un rancho en Wyoming. Por desgracia, esta visión no es muy práctica para la mayoría de las personas. Pero todos podemos bajar nuestros niveles de cortisol mediante técnicas de relajación. La meta es que tu mente no se concentre en nada, pero para conseguir esto has de aprender algunas técnicas. Si las técnicas de relajación se practican correctamente, pueden generar una respuesta fisiológica muy beneficiosa para el cuerpo, lo que se traduce en la reducción de los niveles de cortisol.

Quizá pensemos que la meditación es algo para personas muy místicas o religiosas. En realidad, todos practicamos alguna forma de meditación cuando nos inducimos a un estado de relajación. Cualquier actividad o técnica de concentrarse en la respiración que te limpie la mente de pensamientos problemáticos (de hecho, de todos los pensamientos), reducirá automáticamente los niveles de cortisol. Algunas personas pueden meditar con facilidad cuando se van a pescar. Antes me preguntaba cuáles eran los beneficios de lanzar un sedal a un río una y otra vez. Luego me di cuenta de que era una gran forma de inducir a la mente a un estado de relajación. Otras personas pueden inducirse ese estado observando los intrincados dibujos de una hoja caída, técnica que se denomina atención plena. A otros, sin embargo, nos funciona una técnica de meditación más formal que incluye concentrarse en la respiración y técnicas para una relajación muscular. El desarrollo de cualquiera de estas técnicas te permitirá relajar el cuerpo en cualquier momento que sientas estrés y bajar tus niveles de cortisol.

Herbert Benson, un investigador de la Facultad de Medicina de Harvard, acuñó el término *respuesta de relajación* para definir los cambios fisiológicos que se producen en tu cuerpo cuando meditas adecuadamente. (Es lo contrario a la «respuesta de estrés», que induce a un exceso de producción de cortisol.) Benson señaló algunas formas de inducir la respuesta de relajación, que baja la presión sanguínea, el ritmo cardíaco y el respiratorio. Si puedes conseguir esta respuesta de relajación una vez al día, conseguirás disminuir mejor tus niveles de cortisol y evitar que se disparen cuando vuelva el estrés.

Soy el primero en admitir que dedicar 20 minutos al día a no pensar en nada puede ser bastante difícil. Creo que es mucho más sencillo incorporar 30 minutos diarios de ejercicio delante de la televisión o hacer tres comidas al día en la Zona. Por supuesto, lo más sencillo es dedicar 15 segundos al día a tomarte el aceite de pescado. Sin embargo, si puedes practicar alguna forma de relajación regularmente, reducirás tus niveles de cortisol y te sentirás más feliz y renovado. Hay tres técnicas sencillas para conseguir las respuestas fisiológicas que contrarrestan la secreción de cortisol. Elige la que prefieras.

1. **Meditación simplificada:** Siéntate cómodamente y elige una palabra o frase corta que tenga sentido para ti para concentrarte. Si te resulta muy místico, repite el número 1 una y otra vez. Esto puede que no sea muy imaginativo, pero funciona. Cierra los ojos y relaja los músculos. Ahora respira lentamente y sin forzar la respiración, repitiendo tu palabra o frase cuando espires. Intenta respirar desde el diafragma (respiración profunda), lo opuesto a utilizar sólo los pulmones. Adopta una actitud pasiva durante todo el proceso. No te preocupes de si estás realizando la técnica correctamente, y deja pasar por tu mente pensamientos negativos o preocupaciones sin pensar en ellos. Si aparece algún pensamiento extraño, déjalo pasar y vuelve a no pensar en nada mientras repites continuamente la palabra o la frase. Sigue así durante 20 minutos. Puedes abrir los ojos de vez en cuando para mirar la hora, pero no utilices una alarma. Interrumpiría tu relajación.

2. **Relajación muscular progresiva:** Siéntate cómodamente en una silla con respaldo y apoyo para la cabeza, o estírate en una colchoneta en el suelo. (No te tumbes en la cama porque te quedarías dormido.) Tensa cada músculo sistemáticamente, uno por uno; inspira, y luego espira lentamente mientras aflojas la tensión de los músculos. Empieza por la cara: arruga el entrecejo y aprieta bien los ojos. Espira y afloja. Luego tensa el cuello y los hombros subiéndolos. Espira y afloja. Haz lo mismo con los brazos, manos y dedos. Contrae el vientre. Espira y afloja. Arquea la columna y relájala. Tensa las caderas y los glúteos. Espira y afloja. Mueve los dedos de los pies. Espira y afloja.

   Ahora tensa todos tus músculos a la vez. Inspira profundamente, retén la respiración y espira lentamente, relajando los músculos y liberando la tensión. Siente tu cuerpo en descanso y goza de este estado de relajación durante varios minutos. Mientras estés aprendiendo esta técnica, puede que te resulte útil grabar en una cinta las instrucciones para acordarte de qué músculos has de tensar y relajar. Puedes poner la grabación mientras la practicas para asegurarte de que no te saltas ningún grupo muscular.

3. **Meditación tradicional:** Siéntate cómodamente con la espalda recta, el cuello y la cabeza rectos, pero no tensos. Elige un objeto para concentrarte, igual que has hecho con la respiración y tu palabra u oración favorita. Concéntrate en las cualidades de ese objeto —los sonidos y las sensaciones que te provoca— e intenta evitar cualquier otro pensamiento. Si aparece alguno, déjalo salir de tu conciencia.

   Puedes sentarte con las piernas cruzadas en el suelo o en una silla con el respaldo recto. Puedes hacer esta práctica en el interior o al aire libre en un entorno natural, como el jardín. Concéntrate en el aire que entra y sale de tu cuerpo. Aprecia la belleza de la naturaleza mientras dejas atrás tus problemas, pero hazlo con los ojos cerrados para evitar el flujo constante de datos visuales para el cerebro.

Todo esto puede sonar un poco etéreo. Al fin y al cabo, vivimos en un mundo muy tecnológico, y en general queremos una prueba física de que nuestros esfuerzos están valiendo la pena. Ahora puedes medir tu éxito en conseguir la respuesta de relajación utilizando un programa informático que se llama HeartMath (www.heartmath.com). Este programa de *software* mide tu ritmo cardíaco durante la meditación, y luego, a través de un complejo análisis de tus patrones de frecuencia cardíaca, te muestra una pantalla en la que se ve reflejado tu grado de éxito. Puedes considerar este *software* como tu monitor de alta tecnología para la meditación, y con ese apoyo informático empezar a sacar la meditación del terreno místico para llevarla al ámbito de la medicina.

Resumen

Aunque la meditación probablemente no tenga tanto efecto en reducir el cortisol como la Dieta de la Zona y el aceite de pescado concentrado, puede proporcionarte esa última ayuda que necesitas. Esta ayuda puede ser necesaria para reducir realmente tus niveles de cortisol hasta un nivel adecuado. Sólo entonces podrás entrar en la Zona antiinflamación y avanzar rápidamente hacia el estado de bienestar.

11

Siete días en la Zona antiinflamación

Quiero hacer hincapié una vez más en que la Zona antiinflamación no es una dieta. Es un estado metabólico de control hormonal producido por el hecho de seguir el Programa de estilo de vida de la Zona. Esto incluye la Dieta de la Zona, el suplemento de aceite de pescado, un plan de ejercicios antiinflamación y estrategias de relajación mediante la meditación. El conjunto de estos componentes te conferirá un control total sobre tus hormonas y te permitirá invertir la inflamación silenciosa. Puesto que esta lucha contra la inflamación es para toda la vida, para permanecer en la Zona antiinflamación también necesitarás una meta para toda la vida.

Si sigues mi programa de estilo de vida en la Zona, tardarás unos 30 días en ver cambios significativos en tus marcadores clínicos de bienestar, como el SIP (o perfil lipídico). No obstante, deberías empezar a notar las diferencias durante la primera semana. Estos son algunos de los beneficios que notarás después de estar 1 semana en la Zona antiinflamación:

1. Tendrás más claridad mental a lo largo del día, puesto que habrás estabilizado tus niveles de glucosa en la sangre.
2. Observarás que tienes más energía física, puesto que al descender tus niveles de insulina puedes acceder a la grasa almacenada como fuente de energía.
3. La ropa te sentará mejor aunque no hayas perdido mucho peso. Principalmente, habrás perdido grasas, y la primera grasa de la que al cuerpo le gusta deshacerse es la de la zona abdominal.
4. Manejarás mejor el estrés puesto que habrás reducido tus niveles de cortisol.

Todos estos cambios indican que te estás acercando a la Zona antiinflamación, tu senda hacia el bienestar. Lo mismo que sucede con cualquier medicamento, obtienes los beneficios mientras lo tomas. El Programa de estilo de vida en la Zona funciona igual que un medicamento para conducirte a la Zona antiinflamación. Siempre que lo utilices, los beneficios serán evidentes. El día que dejes de seguirlo, empezarás a observar un aumento continuado de la inflamación silenciosa que te alejará del bienestar.

El programa de estilo de vida en la Zona es muy similar para hombres y mujeres. La única diferencia es la cantidad de comida que has de consumir. Debido a la mayor masa muscular, los hombres han de comer más calorías que las mujeres (la vida nunca es justa), pero tanto hombres como mujeres han de prestar especial atención a sus cargas glucémicas máximas en cada comida y tentempié.

También comprobarás que muchas comidas incluyen aceite de oliva virgen extra, aceite de sésamo, cúrcuma, e incluso un poco de alcohol para potenciar más las propiedades antiinflamatorias de la comida. Siguiendo esta plantilla para 7 días, también tendrás una guía paso a paso para seguir el Programa de estilo de vida de la Zona durante el resto de tu vida. Pero primero, concédele 1 semana. Puesto que has de comer, hazlo con inteligencia. También descubrirás que incorporar una rutina de ejercicios delante de tu programa de televisión favorito y dedicar 20 minutos a la meditación (es decir, a no pensar en nada) no es tan difícil.

PROGRAMA DEL ESTILO DE VIDA
EN LA ZONA PARA MUJERES

(10 Bloques + 1 antes de acostarse + 2,5 g Omega 3 Rx)

DÍA 1

DESAYUNO (3 BLOQUES)

1	Proteína		
1	Hidrato de Carbono	200 ml	Leche semidesnatada
1	Grasa		
2	Proteína	60 g	Queso bajo en grasa
2	Hidrato de Carbono	2	Rebanadas de pan de molde integral
2	Grasa	2	Cucharaditas de Aceite de Oliva Virgen

Completar con 2,5 g de Omega 3 Rx (1 cucharada de aceite de pescado Omega 3 Rx líquido ó 6-8 cápsulas de aceite de pescado Omega 3 Rx en cápsulas).

MEDIA MAÑANA (1 BLOQUE)

1	Proteína		
1	Hidrato de Carbono	1	Snack EnerZona 40-30-30
1	Grasa		

COMIDA (3 BLOQUES)

Crema de calabacín
Espárragos con jamón
Brocheta de sandía y mango

2	Proteína	70 g	Jamón Ibérico
1	Proteína		
1	Hidrato de Carbono	200 ml	Leche semidesnatada
1	Grasa		

0,5	Hidrato de Carbono	320 g	Calabacín
0,2	Hidrato de Carbono	32 g	Cebolla (1/4 Cebolla aprox.)
2	Grasa	2	Cucharaditas de Aceite de Oliva Virgen
0,5	Hidrato de Carbono	135 g	Espárragos trigueros
0,3	Hidrato de Carbono	21 g	Mango
0,5	Hidrato de Carbono	125 g	Sandía

Otros: Sal, pimienta, nuez moscada

MERIENDA (1 BLOQUE)

1	Proteína	30 g	Salmón Ahumado
1	Hidrato de Carbono	15g	Bastoncitos de pan (2 unidades aprox.)
1	Grasa	6 g	Aguacate

CENA (2 BLOQUES)

Alcachofas salteadas con gambas
Daditos de piña con menta

1	Hidrato de Carbono	270 g	Alcachofas cocidas
2	Proteína	100 g	Gambas
2	Grasa	2	Cucharaditas de Aceite de Oliva Virgen
1	Hidrato de Carbono	90 g	Piña

Otros: Sal, pimienta, menta fresca, medio diente ajo picado

ANTES DE ACOSTARSE (1 BLOQUE)

1	Proteína	} 1	Yogur desnatado
1	Hidrato de Carbono		
1	Grasa	3	Almendras

DÍA 2

DESAYUNO (3 BLOQUES)

Batido de Fresa con nueces

1	Proteína	} 200 ml	Leche semidesnatada
1	Hidrato de Carbono		
1	Grasa		
2	Proteína	2	Medidas de proteína de soja Enerzona
2	Hidrato de Carbono	170 g	Fresas
2	Grasa	2	Nueces de California

Preparación
Mezclar todos los ingredientes en la batidora.

Completar con 2,5 g de Omega 3 Rx (1 cucharada de aceite de pescado Omega 3 Rx líquido ó 6-8 cápsulas de aceite de pescado Omega 3 Rx en cápsulas).

MEDIA MAÑANA (1 BLOQUE)

1	Proteína	30 g	Pavo (fiambre)
1	Hidrato de Carbono	50 g	Mandarina (1 unidad aprox.)
1	Grasa	3	Almendras

COMIDA (3 BLOQUES)

Sopa Juliana
Pechuga de pollo braseada
Plátano

Ingredientes:

3	Proteína	135 g	Pollo (pechuga sin piel)
0,3	Hidrato de Carbono	60 g	Nabo
0,3	Hidrato de Carbono	50 g	Puerro
0,4	Hidrato de Carbono	125 g	Espinacas
0,4	Hidrato de Carbono	60 g	Guisantes frescos
0,2	Hidrato de Carbono	25 g	Zanahoria
1,4	Hidrato de Carbono	84 g	Plátano
3	Grasa	3	Cucharaditas de Aceite de Oliva

Otros: 1 ramita de apio, caldo de verduras, hebras de azafran, sal, pimienta, vinagre balsámico de Módena

Elaboración

Para la sopa:
1. Lavar, pelar (si procede) y cortar en juliana muy fina todas las verduras (excepto los guisantes)
2. En una olla con dos cucharillas de Aceite de Oliva bien caliente, rehogar todas las verduras. Cuando estén blandas, verter el caldo de verduras templado y cocinar durante 20 minutos aprox.
3. Cuando esté casi lista añadir unas hebras de azafran y sazonar.

Nota:
Esta sopa recibe este nombre por la manera en la que están cortados sus verduras. El corte en juliana de verduras es el corte longitudinal en tiras finas.

Para el pollo:
1. En una parrilla o plancha parrilla con una cucharadita de Aceite de Oliva, cocinar el pollo previamente salpimentado. Añadir unas gotas de vinagre balsámico de Módena.
2. Acompañar con unas hojas de rúcula

MERIENDA (1 BLOQUE)

1	Proteína	30 g	Mozarella baja en grasa
1	Hidrato de Carbono	300 g	Tomate de ensalada
1	Grasa	1	Cucharadita de Aceite de Oliva Virgen

CENA (2 BLOQUES)

Tortilla de Atún
Ensalada de tomate
Uvas

1	Proteína	1	Huevo
1	Proteína	30 g	Atún en lata (al natural)
1	Hidrato de Carbono	300 g	Tomate de ensalada
1	Hidrato de Carbono	60 g	Uvas
2	Grasa	2	Cucharaditas de Aceite de Oliva Virgen

ANTES DE ACOSTARSE (1 BLOQUE)

1	Proteína	40 g	Queso fresco
1	Hidrato de Carbono	90 g	Manzana
1	Grasa	8	Piñones

DÍA 3

DESAYUNO (3 BLOQUES)

1	Proteína		
1	Hidrato de Carbono	200 ml	Leche semidesnatada
1	Grasa		
2	Proteína		
2	Hidrato de Carbono	8	Galletas EnerZona 40-30-30
2	Grasa		

Completar con 2,5 g de Omega 3 Rx (1 cucharada de aceite de pescado Omega 3 Rx líquido ó 6-8 cápsulas de aceite de pescado Omega 3 Rx en cápsulas).

MEDIA MAÑANA (1 BLOQUE)

1	Proteína	30 g	Jamón de York desgrasado
1	Hidrato de Carbono	15 g	Pan
1	Grasa	1	Cucharadita de Aceite de Oliva Virgen

COMIDA (3 BLOQUES)

Guiso de Pavo
Ciruelas amarillas

Ingredientes:

3	Proteína	90 g	Pavo sin piel (pechuga)
0,2	Hidrato de Carbono	24 g	Zanahoria
0,4	Hidrato de Carbono	64 g	Cebolla
1	Hidrato de Carbono	50 g	Patata
0,4	Hidrato de Carbono	120 g	Tomate (lata)
1	Hidrato de Carbono	125 g	Ciruelas amarillas
3	Grasa	1	Cucharada de Aceite de Oliva

Otros: Sal, granos de pimienta, perejil. Agua

Elaboración
1. Cortar el pavo limpio y sin piel. Salar.
2. Lavar, pelar y trocear en trozos pequeños las verduras.

3. En una olla exprés añadir el aceite y saltear el pavo. Una vez ha tomado color reservar sobre una rejilla a ser posible.
4. Añadir los trozos de cebolla y zanahoria a la olla para que se pochen. Despues incorporar el tomate y la patata.
5. Agregar el pavo y las especias junto con un poco de agua.
6. Cerrar la olla y dejar cocer unos 10 minutos desde que se active la válvula.
7. Servir con un poco de perejil picado por encima.
8. Colocar en un bol. Decorar con los daditos de dátiles reservados.
9. Dejar enfriar en la nevera hasta su consumo.

MERIENDA (1 BLOQUE)

1	Proteína		
1	Hidrato de Carbono	1	Snack EnerZona 40-30-30
1	Grasa		

CENA (2 BLOQUES)

Sardinas encebolladas
Láminas de naranja

2	Proteína	70 g	Sardinas
0,5	Hidrato de Carbono	32 g	Cebolla
1,5	Hidrato de Carbono	170 g	Naranja
2	Grasa	2	Cucharaditas de Aceite de Oliva Virgen

ANTES DE ACOSTARSE (1 BLOQUE)

1	Proteína	35 g	Queso Brie
1	Hidrato de Carbono	10 g	Pasas
1	Grasa	3	Anacardos

DÍA 4

DESAYUNO (3 BLOQUES)

1	Proteína		
1	Hidrato de Carbono	200 ml	Leche semidesnatada
1	Grasa		
2	Proteína		
2	Hidrato de Carbono	1	Batido «Instant Meal» de EnerZona
2	Grasa		40-30-30

Completar con 2,5 g de Omega 3 Rx (1 cucharada de aceite de pescado Omega 3 Rx líquido ó 6-8 cápsulas de aceite de pescado Omega 3 Rx en cápsulas).

MEDIA MAÑANA (1 BLOQUE)

1	Proteína	35 g	Mozzarela de Vaca (desnatada)
1	Hidrato de Carbono	100 g	Pera (1/2 unidad aprox.)
1	Grasa	3	Almendras

COMIDA (3 BLOQUES)

Cordero al curry con arroz integral

Ingredientes:

3	Proteína	105 g	Cordero (pierna deshuesada)
0,2	Hidrato de Carbono	32 g	Cebolla
0,2	Hidrato de Carbono	50 g	Calabaza
1	Hidrato de Carbono	10 g	Harina de trigo(1 cucharadita rasa)
1,6	Hidrato de Carbono	24 g	Arroz integral
3	Grasa	1	Cucharada de Aceite de Oliva

Otros: Curry, sal, caldo de carne, pimienta,

Elaboración

Para el cordero:
1. Retirar la grasa visible de la pierna de cordero. Cortar en trozos medianos y salpimentar.
2. Freír la carne en una cazuela. Reservar (en una rejilla si es posible).

3. Cortar en trozos pequeños la calabaza y rehogar a fuego lento unos 5 minutos aprox. Reservar
3. Añadir la cebolla finamente picada y pochar.
4. Echar la harina y el curry. Mezclar bien. Incorporar el caldo de carne templado. Cocinar durante unos 15 minutos
5. Verter en un vaso de turmix y triturar. Reservar.
6. Mezclar en la cazuela la carne, la calabaza y la salsa. Cocinar durante 5 minutos.

Servir acompañado de arroz.

MERIENDA (1 BLOQUE)

1	Proteína	40 g	Queso fresco
1	Hidrato de Carbono	100 g	Kiwi (1 unidad aprox.)
1	Grasa	1	Nuez de California

CENA (2 BLOQUES)

Huevos rellenos de caballa
Macedonia de pomelo y grosellas

1	Proteína	1	Huevo
1	Proteína	40 g	Caballa fresca
1	Hidrato de Carbono	135 g	Grosellas
1	Hidrato de Carbono	145 g	Pomelo
2	Grasa	4 g	Mayonesa

ANTES DE ACOSTARSE (1 BLOQUE)

1	Proteína		
1	Hidrato de Carbono	1	Snack EnerZona 40-30-30
1	Grasa		

DÍA 5

DESAYUNO (3 BLOQUES)

1	Proteína	45 g	Queso bajo en grasa
2	Proteína	90 g	Pavo (fiambre)
2	Hidrato de Carbono	30 g	Pan
1	Hidrato de Carbono	100 g	Zumo de naranja
3	Grasa	1	Cucharada de Aceite de Oliva

Completar con 2,5 g de Omega 3 Rx (1 cucharada de aceite de pescado Omega 3 Rx líquido ó 6-8 cápsulas de aceite de pescado Omega 3 Rx en cápsulas).

MEDIA MAÑANA (1 BLOQUE)

1	Proteína		
1	Hidrato de Carbono	1	Yogur desnatado
1	Grasa	1	Nuez de California

COMIDA (3 BLOQUES)

Sopa de Cebolla con barquito de Parmesano
Lenguado a la plancha
Frutos del bosque

Ingredientes:

2,7	Proteína	122 g	Lenguado
0,3	Proteína	5 g	Parmesano (rallado)
1	Hidrato de Carbono	160 g	Cebolla
0,6	Hidrato de Carbono	105 g	Arándanos
0,6	Hidrato de Carbono	81 g	Grosellas
0,8	Hidrato de Carbono	112 g	Frambuesas
3	Grasa	1	Cucharada de Aceite de Oliva Virgen

Otros: caldo de verduras, sal, pimienta, vino de Jerez, 1 minibiscote de pan tostado, perejil picado.

Elaboración

Para la sopa de cebolla:
1. Pelar y cortar en juliana la cebolla. Pochar en una olla con aceite de oliva a fuego lento para que se vaya dorando poco a poco.
2. Verter el caldo de verduras y sazonar con una pizca de sal. Cocinar durante 10 minutos.
3. Justo antes de servir, verter un chorreón de vino de jerez en la sopera.
4. Presentar con el minibiscote de pan con el queso fundido y un pellizco de perejil picado.

MERIENDA (1 BLOQUE)

1	Proteína	40 g	Anchoas (bien escurridas del aceite)
1	Hidrato de Carbono	1	Rebanada de pan de molde integral
1	Grasa	3	Aceitunas

CENA (2 BLOQUES)

Gulas salteadas
Ensalada multicolor con maiz y pasas

2	Proteína	90 g	Gulas
1	Hidrato de Carbono	30 g	Maíz
1	Hidrato de Carbono	10 g	Pasas
2	Grasa	2	Cucharaditas de Aceite de Oliva Virgen

ANTES DE ACOSTARSE (1 BLOQUE)

1	Proteína		
1	Hidrato de Carbono	200 ml	Leche semidesnatada
1	Grasa		

DÍA 6

DESAYUNO (3 BLOQUES)

1	Proteína	⎱	200 ml	Leche desnatada
1	Hidrato de Carbono	⎰		
2	Proteína		2	Medidas de suero de leche EnerZona
2	Hidrato de Carbono		20 g	Copos de Centeno
3	Grasa		3	Nueces de California

Completar con 2,5 g de Omega 3 Rx (1 cucharada de aceite de pescado Omega 3 Rx líquido ó 6-8 cápsulas de aceite de pescado Omega 3 Rx en cápsulas).

MEDIA MAÑANA (1 BLOQUE)

1	Proteína	35 g	Jamón Ibérico
1	Hidrato de Carbono	50 g	Mandarina (1 unidad aprox.)
1	Grasa	3	Almendras

COMIDA (3 BLOQUES)

Champiñones con gambas y vieiras
Requesón de vaca con dátiles
Una copita de vino

Ingredientes:

1	Proteína	50 g	Gambas
1	Proteína	45 g	Carne de vieira
1	Proteína	80 g	Requesón de vaca
1	Hidrato de Carbono	120 g	Vino
2	Hidrato de Carbono	30 g	Dátiles
3	Grasa	1	Cucharada de Aceite de Oliva Virgen

Otros: Un diente de ajo, sal, perejil picado

Elaboración

Para los champiñones:
1. Picar menudo el ajo. Mezclar el ajo con el aceite y reservar.
2. Pasar un paño húmedo a los champiñones, quitarles la base. Añadir a una

sartén bien caliente. Cocinar a fuego fuerte hasta que estén dorados. Añadir un poco de sal. Remover cuando sea necesario.
3. Cortar en trozos pequeños las gambas y la carne de vieira. Saltear con el aceite de ajo a fuego fuerte.
4. Rellenar los champiñones con las gambas y verter el aceite por lo alto. Espolvorear un poco de perejil.

Para el requesón:
1. Cortar en trozos pequeños los dátiles. Reservar unos pocos.
2. En un baso de turmix, batir el requeson y los dátiles.
3. Colocar en un bol. Decorar con los daditos de dátiles reservados.
4. Dejar enfriar en la nevera hasta su consumo.

MEDIA MAÑANA (1 BLOQUE)

1	Proteína	45 g	Queso Feta
1	Hidrato de Carbono	300 g	Tomate
1	Grasa	1	Cucharadita de Aceite de Oliva Virgen

CENA (2 BLOQUES)

Ensalada de Pimientos Asados con Atún
Nisperos

2	Proteína	60 g	Atún
1	Hidrato de Carbono	150 g	Pimientos Rojos y Amarillos
1	Hidrato de Carbono	150 g	Nísperos
2	Grasa	2	Cucharaditas de Aceite de Oliva Virgen

Nota:
Untar con aceite los pimientos ayudándose de un pincel. Asar en la parrilla.

ANTES DE ACOSTARSE (1 BLOQUE)

1	Proteína	35 g	Queso Brie
1	Hidrato de Carbono	90 g	Manzana
1	Grasa	6	Pistachos

DÍA 7

DESAYUNO (3 BLOQUES)

1	Proteína		
1	Hidrato de Carbono	200 ml	Leche semidesnatada
1	Grasa		
2	Proteína	2	Medidas de proteína de leche EnerZona
1	Hidrato de Carbono	90 g	Melocotón (1 unidad aprox.)
1	Hidrato de Carbono	90 g	Manzana
3	Grasa	3	Nueces de California

Completar con 2,5 g de Omega 3 Rx (1 cucharada de aceite de pescado Omega 3 Rx líquido ó 6-8 cápsulas de aceite de pescado Omega 3 Rx en cápsulas).

MEDIA MAÑANA (1 BLOQUE)

1	Proteína	25 g	Queso de Oveja Curado
1	Hidrato de Carbono	50 g	Zumo de Uva
1	Grasa	1	Cucharadita de Aceite de Oliva

COMIDA (3 BLOQUES)

Raviolis de Acelga rellenos de Bacalao
Dados de sandía
Cerveza

Ingredientes:

2	Proteína	50 g	Bacalao seco
1	Proteína	1	Huevo
1,3	Hidrato de Carbono	400 g	Acelgas
0,7	Hidrato de Carbono	175 g	Sandía
1	Hidrato de Carbono	180 g	Cerveza (1 vaso pequeño aprox.)
3	Grasa	9 g	Piñones (24 unidades)

Otros: Perejil picado, sal, pimienta negra, caldo de verduras, lechugas variadas.

Elaboración

Para los raviolis:
1. Escaldar las hojas de acelgas en agua salada hirviendo, enfriarlas y secarlas.
2. Colocar las hojas de acelgas de manera que puedan cerrarse.

Para la farsa:
1. Desalar el bacalao en agua durante 24 horas. Cambiar el agua dos veces.
2. En un vaso de turmix, colocar el bacalao, el huevo y el perejil picado. Triturar y salpimentar.
3. Añadir los piñones.

Preparación:
1. Disponer la farsa dentro del ravioli. Envolver completamente la farsa con la acelga.
2. Colocar en una fuente de horno los raviolis. Añadir el caldo de verduras y hornear a 180 °C durante 15 minutos aprox.

Presentación:
Colocar los raviolis sobre un lecho de lechugas variadas

Nota: Farsa significa relleno

MERIENDA (1 BLOQUE)

1	Proteína	65 g	Requesón de Búfala
1	Hidrato de Carbono	8 g	Miel
1	Grasa	1	Nuez de California

CENA (2 BLOQUES)

Queso de Cabra con miel y nueces

2	Proteína	120 g	Queso de Cabra
2	Hidrato de Carbono	16 g	Miel
2	Grasa	2	Nueces de California

ANTES DE ACOSTARSE (1 BLOQUE)

1	Proteína	30 g	Jamón York desgrasado
1	Hidrato de Carbono	15 g	Pan
1	Grasa	1	Cucharadita de Aceite de Oliva

PROGRAMA DEL ESTILO DE VIDA EN LA ZONA PARA HOMBRES

(13 Bloques + 1 antes de acostarse + 2,5 g Omega 3 Rx)

DÍA 1

DESAYUNO (4 BLOQUES)

1	Proteína		
1	Hidrato de Carbono	200 ml	Leche semidesnatada
1	Grasa		
1	Hidrato de Carbono	90 g	Manzana
1	Proteína	1	Medidas de proteína de soja Enerzona
2	Proteína	60 g	Queso bajo en grasa
2	Hidrato de Carbono	2	Rebanadas de pan de molde integral
3	Grasa	1	Cucharada de Aceite de Oliva Virgen

Completar con 2,5 g de Omega 3 Rx (1 cucharada de aceite de pescado Omega 3 Rx líquido ó 6-8 cápsulas de aceite de pescado Omega 3 Rx en cápsulas).

MEDIA MAÑANA (1 BLOQUE)

1	Proteína		
1	Hidrato de Carbono	1	Snack EnerZona 40-30-30
1	Grasa		

COMIDA (4 BLOQUES)

Crema de calabacín

Espárragos con jamón

Brocheta de sandía y mango

3	Proteína	105 g	Jamón Ibérico
1	Proteína		
1	Hidrato de Carbono	200 ml	Leche semidesnatada
1	Grasa		
0,5	Hidrato de Carbono	320 g	Calabacín
0,2	Hidrato de Carbono	32 g	Cebolla (1/4 Cebolla aprox.)
3	Grasa	1	Cucharada de Aceite de Oliva Virgen
0,5	Hidrato de Carbono	135 g	Espárragos trigueros
1,3	Hidrato de Carbono	91 g	Mango
0,5	Hidrato de Carbono	125 g	Sandía

Otros: Sal, pimienta, nuez moscada

MERIENDA (1 BLOQUE)

1	Proteína	30 g	Salmón Ahumado
1	Hidrato de Carbono	15g	Bastoncitos de pan (2 unidades aprox.)
1	Grasa	6 g	Aguacate

CENA (3 BLOQUES)

Alcachofas salteadas con gambas
Daditos de piña con menta

1	Hidrato de Carbono	270 g	Alcachofas cocidas
3	Proteína	150 g	Gambas
2	Grasa	2	Cucharaditas de Aceite de Oliva Virgen
1	Hidrato de Carbono	15 g	Pan
1	Hidrato de Carbono	90 g	Piña

Otros: Sal, pimienta, menta fresca, medio diente ajo picado

ANTES DE ACOSTARSE (1 BLOQUE)

1	Proteína	1	Yogur desnatado
1	Hidrato de Carbono		
1	Grasa	3	Almendras

DÍA 2

DESAYUNO (4 BLOQUES)

Batido de Fresa con nueces

1	Proteína	⎫	
1	Hidrato de Carbono	⎬ 200 ml	Leche semidesnatada
1	Grasa	⎭	
3	Proteína	3	Medidas de proteína de soja EnerZona
3	Hidrato de Carbono	340 g	Fresas
3	Grasa	3	Nueces de California

Preparación:
Mezclar todos los ingredientes en la batidora.

Completar con 2,5 g de Omega 3 Rx (1 cucharada de aceite de pescado Omega 3 Rx líquido ó 6-8 cápsulas de aceite de pescado Omega 3 Rx en cápsulas).

MEDIA MAÑANA (1 BLOQUE)

1	Proteína	30 g	Pavo (fiambre)
1	Hidrato de Carbono	50 g	Mandarina (1 unidad aprox.)
1	Grasa	1	Nuez de California

COMIDA (4 BLOQUES)

Sopa Juliana
Pechuga de pollo braseada
Plátano

Ingredientes:

4	Proteína	180 g	Pollo (pechuga sin piel)
0,3	Hidrato de Carbono	60 g	Nabo
0,3	Hidrato de Carbono	50 g	Puerro
0,4	Hidrato de Carbono	125 g	Espinacas
0,4	Hidrato de Carbono	60 g	Guisantes frescos
0,2	Hidrato de Carbono	25 g	Zanahoria
2,4	Hidrato de Carbono	144 g	Plátano
4	Grasa	2	Cucharadas de Aceite de Oliva Virgen

Otros: 1 ramita de apio, caldo de verduras, hebras de azafran, sal, pimienta, vinagre balsámico de Módena

Elaboración

Para la sopa:
1. Lavar, pelar (si procede) y cortar en juliana muy fina todas las verduras (excepto los guisantes).
2. En una olla con dos cucharillas de Aceite de Oliva bien caliente, rehogar todas las verduras. Cuando estén blandas, verter el caldo de verduras templado y cocinar durante 20 minutos aprox.
3. Cuando esté casi lista añadir unas hebras de azafran y sazonar.

Nota:
Esta sopa recibe este nombre por la manera en la que están cortados sus verduras. El corte en juliana de verduras es el corte longitudinal en tiras finas.

Para el pollo:
1. En una parrilla o plancha parrilla con una cucharadita de Aceite de Oliva, cocinar el pollo previamente salpimentado. Añadir unas gotas de vinagre balsámico de Módena.
2. Acompañar con unas hojas de rúcula.

MERIENDA (1 BLOQUE)

1	Proteína	30 g	Mozarella baja en grasa
1	Hidrato de Carbono	300 g	Tomate de ensalada
1	Grasa	1	Cucharaditas de Aceite de Oliva Virgen

CENA (3 BLOQUES)

Tortilla de Atún
Ensalada de tomate
Uvas

2	Proteína	2	Huevos
1	Proteína	30 g	Atún en lata (al natural)
1	Hidrato de Carbono	300 g	Tomate de ensalada
2	Hidrato de Carbono	120 g	Uvas
3	Grasa	1	Cucharadas de Aceite de Oliva Virgen

ANTES DE ACOSTARSE (1 BLOQUE)

1	Proteína	40 g	Queso fresco
1	Hidrato de Carbono	90 g	Manzana
1	Grasa	8	Piñones

DÍA 3

DESAYUNO (4 BLOQUES)

1	Proteína		
1	Hidrato de Carbono	200 ml	Leche semidesnatada
1	Grasa		
3	Proteína		
3	Hidrato de Carbono	12	Galletas de Avena EnerZona
3	Grasa		

Completar con 2,5 g de Omega 3 Rx (1 cucharada de aceite de pescado Omega 3 Rx líquido ó 6-8 cápsulas de aceite de pescado Omega 3 Rx en cápsulas).

MEDIA MAÑANA (1 BLOQUE)

1	Proteína	30 g	Jamón de York desgrasado
1	Hidrato de Carbono	15 g	Pan
1	Grasa	1	Cucharadita de Aceite de Oliva Virgen

COMIDA (4 BLOQUES)

Guiso de Pavo
Ciruelas amarillas

Ingredientes:

4	Proteína	120 g	Pavo sin piel (pechuga)
0,2	Hidrato de Carbono	24 g	Zanahoria
0,4	Hidrato de Carbono	64 g	Cebolla
2	Hidrato de Carbono	100 g	Patatas
0,4	Hidrato de Carbono	120 g	Tomate (lata)
1	Hidrato de Carbono	125 g	Ciruelas amarillas
4	Grasa	4	Cucharaditas de Aceite de Oliva

Otros: Sal, granos de pimienta, perejil. Agua

Elaboración

1. Cortar el pavo limpio y sin piel. Salar.
2. Lavar, pelar y trocear en trozos pequeños las verduras.
3. En una olla exprés añadir el aceite y saltear el pavo. Una vez ha tomado color reservar sobre una rejilla a ser posible.

4. Añadir los trozos de cebolla y zanahoria a la olla para que se pochen. Despues incorporar el tomate y la patata.
5. Agregar el pavo y las especias junto con un poco de agua.
6. Cerrar la olla y dejar cocer unos 10 minutos desde que se active la válvula.
7. Servir con un poco de perejil picado por encima.
8. Colocar en un bol. Decorar con los daditos de dátiles reservados.
9. Dejar enfriar en la nevera hasta su consumo.

MERIENDA (1 BLOQUE)

1	Proteína		
1	Hidrato de Carbono	1	Snack Enerzona 40-30-30
1	Grasa		

CENA (3 BLOQUES)

Sardinas encebolladas
Láminas de naranja

3	Proteína	105 g	Sardinas
1	Hidrato de Carbono	35 g	Cebolla
2	Hidrato de Carbono	230 g	Naranja (1 unidad aprox.)
3	Grasa	1	Cucharada de Aceite de Oliva Virgen

ANTES DE ACOSTARSE (1 BLOQUE)

1	Proteína	35 g	Queso Brie
1	Hidrato de Carbono	10 g	Pasas
1	Grasa	3	Anacardos

DÍA 4

DESAYUNO (4 BLOQUES)

1	Proteína		
1	Hidrato de Carbono	200 ml	Leche semidesnatada
1	Grasa		
2	Proteína		
2	Hidrato de Carbono	1	Batido «Instant Meal» de EnerZona 40-30-30
2	Grasa		
1	Proteína	1	Medida de proteína de suero de leche Enerzona
1	Hidrato de Carbono	90 g	Melocotón
1	Grasa	3	Almendras

Completar con 2,5 g de Omega 3 Rx (1 cucharada de aceite de pescado Omega 3 Rx líquido ó 6-8 cápsulas de aceite de pescado Omega 3 Rx en cápsulas).

MEDIA MAÑANA (1 BLOQUE)

1	Proteína	35 g	Mozzarela de Vaca (desnatada)
1	Hidrato de Carbono	100 g	Pera (1/2 unidad aprox.)
1	Grasa	3	Almendras

COMIDA (4 BLOQUES)

Cordero al curry con arroz integral

Ingredientes:

4	Proteína	140 g	Cordero (pierna deshuesada)
0,2	Hidrato de Carbono	32 g	Cebolla
0,2	Hidrato de Carbono	50 g	Calabaza
2	Hidrato de Carbono	20 g	Harina de trigo(1 cucharadita rasa)
1,6	Hidrato de Carbono	24 g	Arroz integral
4	Grasa	4	Cucharaditas de Aceite de Oliva Virgen

Otros: Curry, sal, caldo de carne, pimienta,

Elaboración

Para el cordero:
1. Retirar la grasa visible de la pierna de cordero. Cortar en trozos medianos y salpimentar.
2. Freír la carne en una cazuela. Reservar (en una rejilla si es posible).
3. Cortar en trozos pequeños la calabaza y rehogar a fuego lento unos 5 minutos aprox. Reservar.
3. Añadir la cebolla finamente picada y pochar.
4. Echar la harina y el curry. Mezclar bien. Incorporar el caldo de carne templado. Cocinar durante unos 15 minutos
5. Verter en un vaso de turmix y triturar. Reservar.
6. Mezclar en la cazuela la carne, la calabaza y la salsa. Cocinar durante 5 minutos.

Servir acompañado de arroz.

MERIENDA (1 BLOQUE)

1	Proteína	40 g	Queso fresco
1	Hidrato de Carbono	100 g	Kiwi (1 unidad aprox.)
1	Grasa	1	Nuez de California

CENA (3 BLOQUES)

Sopa Jardinera Enerzona

3	Proteína		
3	Hidrato de Carbono	1	Sobre de Sopa Jardinera EnerZona
3	Grasa	1	Cucharada de Aceite de Oliva Virgen

Preparación:
Disolver en 250 ml de agua hirviendo. Dejar reposar 2-3 minutos. Añadir el aceite.

ANTES DE ACOSTARSE (1 BLOQUE)

1	Proteína		
1	Hidrato de Carbono	1	Snack EnerZona 40-30-30
1	Grasa		

DÍA 5

DESAYUNO (4 BLOQUES)

2	Proteína	90 g	Queso bajo en grasa
2	Proteína	90 g	Pavo (fiambre)
3	Hidrato de Carbono	45 g	Pan
1	Hidrato de Carbono	100 g	Zumo de naranja
4	Grasa	4	Cucharaditas de Aceite de Oliva Virgen

Completar con 2,5 g de Omega 3 Rx (1 cucharada de aceite de pescado Omega 3 Rx líquido ó 6-8 cápsulas de aceite de pescado Omega 3 Rx en cápsulas).

MEDIA MAÑANA (1 BLOQUE)

1	Proteína		
1	Hidrato de Carbono	1	Yogur desnatado
1	Grasa	1	Nuez de California

COMIDA (4 BLOQUES)

Sopa de Cebolla con barquito de Parmesano
Lenguado a la plancha
Frutos del bosque

Ingredientes:

3,7	Proteína	170 g	Lenguado
0,3	Proteína	5 g	Parmesano (rallado)
1	Hidrato de Carbono	160 g	Cebolla
1,1	Hidrato de Carbono	193 g	Arándanos
1,1	Hidrato de Carbono	149 g	Grosellas
0,8	Hidrato de Carbono	112 g	Frambuesas
4	Grasa	4	Cucharaditas de Aceite de Oliva Virgen

Otros: Caldo de verduras, sal, pimienta, vino de Jerez, 1 minibiscote de pan tostado, perejil picado.

Elaboración

Para la sopa de cebolla:
1. Pelar y cortar en juliana la cebolla. Pochar en una olla con aceite de oliva a fuego lento para que se vaya dorando poco a poco.
2. Verter el caldo de verduras y sazonar con una pizca de sal. Cocinar durante 10 minutos.
3. Justo antes de servir, verter un chorreón de vino de jerez en la sopera.
4. Presentar con el minibiscote de pan con el queso fundido y un pellizco de perejil picado.

MERIENDA (1 BLOQUE)

1	Proteína	40 g	Anchoas (bien escurridas del aceite)
1	Hidrato de Carbono	1	Rebanada de pan de molde integral
1	Grasa	3	Aceitunas

CENA (3 BLOQUES)

Gulas salteadas
Ensalada multicolor con maiz y pasas

3	Proteína	135 g	Gulas
1	Hidrato de Carbono	30 g	Maíz
1	Hidrato de Carbono	10 g	Pasas
1	Hidrato de Carbono	50 g	Mandarina (1 unidad aprox.)
3	Grasa	1	Cucharada de Aceite de Oliva Virgen

ANTES DE ACOSTARSE (1 BLOQUE)

1	Proteína		
1	Hidrato de Carbono	200 ml	Leche semidesnatada
1	Grasa		

DÍA 6

DESAYUNO (4 BLOQUES)

1	Proteína		
1	Hidrato de Carbono	200 ml	Leche desnatada
3	Proteína	3	Medidas de suero de leche EnerZona
3	Hidrato de Carbono	30 g	Copos de Centeno
4	Grasa	4	Nueces de California

Completar con 2,5 g de Omega 3 Rx (1 cucharada de aceite de pescado Omega 3 Rx líquido ó 6-8 cápsulas de aceite de pescado Omega 3 Rx en cápsulas).

MEDIA MAÑANA (1 BLOQUE)

1	Proteína	35 g	Jamón Ibérico
1	Hidrato de Carbono	50 g	Mandarina (1 unidad aprox.)
1	Grasa	3	Almendras

COMIDA (4 BLOQUES)

Champiñones con gambas y vieiras
Requesón de vaca con dátiles
Una copita de vino

Ingredientes:

2	Proteína	100 g	Gambas
1	Proteína	45 g	Carne de vieira
1	Proteína	80 g	Requesón de vaca
1	Hidrato de Carbono	120 g	Vino
1	Hidrato de Carbono	100 g	Pera
2	Hidrato de Carbono	30 g	Dátiles
4	Grasa	4	Cucharaditas de Aceite de Oliva Virgen

Otros: Un diente de ajo, sal, perejil picado.

Elaboración

Para los champiñones:
1. Picar menudo el ajo. Mezclar el ajo con el aceite y reservar.

2. Pasar un paño húmedo a los champiñones, quitarles la base. Añadir a una sartén bien caliente.Cocinar a fuego fuerte hasta que estén dorados. Añadir un poco de sal. Remover cuando sea necesario.
3. Cortar en trozos pequeños las gambas y la carne de vieira. Saltear con el aceite de ajo a fuego fuerte.
4. Rellenar los champiñones con las gambas y verter el aceite por lo alto. Espolvorear un poco de perejil.

Para el requesón:
1. Cortar en trozos pequeños los dátiles. Reservar unos pocos.
2. En un baso de turmix, batir el requeson y los dátiles.
3. Colocar en un bol. Decorar con los daditos de dátiles reservados.
4. Dejar enfriar en la nevera hasta su consumo.

MEDIA MAÑANA (1 BLOQUE)

1	Proteína	45 g	Queso Feta
1	Hidrato de Carbono	300 g	Tomate
1	Grasa	1	Cucharadita de Aceite de Oliva Virgen

CENA (3 BLOQUES)

Ensalada de Pimientos Asados con Atún
Nisperos

3	Proteína	90 g	Atún
2	Hidrato de Carbono	300 g	Pimientos Rojos y Amarillos
1	Hidrato de Carbono	150 g	Nísperos
4	Grasa	4	Cucharaditas de Aceite de Oliva Virgen

Nota:
Untar con aceite los pimientos ayudándose de un pincel. Asar en la parrilla.

ANTES DE ACOSTARSE (1 BLOQUE)

1	Proteína	35 g	Queso Brie
1	Hidrato de Carbono	90 g	Manzana
1	Grasa	6	Pistachos

DÍA 7

DESAYUNO (4 BLOQUES)

1	Proteína		
1	Hidrato de Carbono	200 ml	Leche semidesnatada
1	Grasa		
3	Proteína	3	Medidas de proteína de leche Enerzona
1	Hidrato de Carbono	90 g	Melocotón (1 unidad aprox.)
2	Hidrato de Carbono	200 g	Pera (1 unidad aprox.)
3	Grasa	3	Nueces de California

Completar con 2,5 g de Omega 3 Rx (1 cucharada de aceite de pescado Omega 3 Rx líquido ó 6-8 cápsulas de aceite de pescado Omega 3 Rx en cápsulas).

MEDIA MAÑANA (1 BLOQUE)

1	Proteína	25 g	Queso de Oveja Curado
1	Hidrato de Carbono	50 g	Zumo de Uva
1	Grasa	1	Cucharadita de Aceite de Oliva

COMIDA (4 BLOQUES)

Raviolis de Acelga rellenos de Bacalao
Dados de sandía
Cerveza

Ingredientes:

3	Proteína	75 g	Bacalao seco
1	Proteína	1	Huevo
1,3	Hidrato de Carbono	400 g	Acelgas
0,7	Hidrato de Carbono	175 g	Sandía
1	Hidrato de Carbono	180 g	Cerveza (1 vaso pequeño aprox.)
1	Hidrato de Carbono	90 g	Cerezas
4	Grasa	12 g	Piñones (32 unidades)

Otros: Perejil picado, sal, pimienta negra, caldo de verduras, lechugas variadas.

Elaboración

Para los raviolis:
1. Escaldar las hojas de acelgas en agua salada hirviendo, enfriarlas y secarlas.
2. Colocar las hojas de acelgas de manera que puedan cerrarse.

Para la farsa:
1. Desalar el bacalao en agua durante 24 horas. Cambiar el agua dos veces.
2. En un vaso de turmix, colocar el bacalao, el huevo y el perejil picado. Triturar y salpimentar.
3. Añadir los piñones.

Preparación:
1. Disponer la farsa dentro del ravioli. Envolver completamente la farsa con la acelga.
2. Colocar en una fuente de horno los raviolis. Añadir el caldo de verduras y hornear a 180 °C durante 15 minutos aprox.

Presentación:
Colocar los raviolis sobre un lecho de lechugas variadas.

Nota:
Farsa significa relleno

MERIENDA (1 BLOQUE)

1	Proteína	65 g	Requesón de Búfala
1	Hidrato de Carbono	8 g	Miel
1	Grasa	1	Nuez de California

CENA (3 BLOQUES)

Queso de Cabra con miel y nueces

3	Proteína	180 g	Queso de Cabra
3	Hidrato de Carbono	24 g	Miel
3	Grasa	3	Nueces de California

ANTES DE ACOSTARSE (1 BLOQUE)

1	Proteína	30 g	Jamón York desgrasado
1	Hidrato de Carbono	15 g	Pan
1	Grasa	1	Cucharadita de Aceite de Oliva

Suplemento de aceite de pescado

Toma 2,5 gramos de EPA y DHA. Si utilizas aceite de pescado concentrado y destilado, equivale a 4 cápsulas de 1 gramo, o a 1 cucharadita de aceite líquido.

Programa de ejercicios

Haz los ejercicios programados para el día 7 del plan de trabajo semanal (página 149).

Programa de meditación

Practica 20 minutos de meditación simplificada, tal como se describe en la página 157.

Resumen

Tras una semana de seguir el Programa de estilo de vida en la Zona te garantizo que gozarás de los beneficios que he descrito al principio de este capítulo. Si te gustan los cambios que experimentas, imagina cómo será toda una vida. Eso es lo que puedes esperar cuando te afiances en el centro de la Zona antiinflamación.

TERCERA PARTE

La ciencia
y la inflamación silenciosa

12

Eicosanoides: los buenos,
los malos y los neutros

Los extraños, misteriosos y casi míticos eicosanoides son la clave del bienestar porque controlan los niveles de inflamación silenciosa en tu cuerpo. Sin embargo, por importantes que sean, la mayoría de los médicos no saben nada al respecto. Si tu médico no los conoce, es muy probable que tú tampoco, a menos que hayas leído alguno de mis libros anteriores sobre la Zona. Mi tecnología de la Zona siempre se ha basado en los eicosanoides y en el efecto que la dieta tiene sobre ellos. Controla estas hormonas y habrás controlado tu futuro.

Los eicosanoides fueron las primeras hormonas que produjeron los organismos vivos; me estoy refiriendo a unos 550 millones de años atrás. No obstante, nuestra historia no empieza hasta 1929, cuando los investigadores descubrieron por casualidad que si se eliminaba totalmente la grasa de la dieta, los animales sometidos a las pruebas morían rápidamente. Al volver a darles ciertas grasas (la entonces llamada vitamina F) a los animales a los que se les había privado de ellas, éstos se recuperaban. Al final, la tecnología avanzó, los investigadores se dieron cuenta de que estas grasas esenciales estaban compuestas de dos clases de ácidos grasos: omega-6 y omega-3. Por desgracia, el cuerpo no puede sintetizarlas, así que la dieta es la que ha de suministrarlas.

Incluir estos ácidos grasos en la dieta sólo es el primero de los muchos pasos que se han de dar para crear eicosanoides, puesto que se han de metabolizar en moléculas de cadena larga, que son los componentes esenciales de los eicosanoides. De hecho, la palabra *eicosanoides* se deriva de la palabra griega *eicosa* (veinte), puesto que todas estas hormonas se sintetizan a partir de los ácidos grasos esenciales compuestos por 20 átomos de carbono.

Ulf von Euler descubrió el primer eicosanoide en 1936. Lo aisló de la próstata humana (una fuente de eicosanoides excepcionalmente rica), y puesto que en aquellos tiempos se pensaba que todas las hormonas se originaban de una glándula específica, le pareció perfectamente correcto denominar a esa hormona *prosta*glandina. Con el tiempo era evidente que todas las células vivas del organismo podían fabricar eicosanoides, y que no había un órgano o glándula que aisladamente fuera el centro de la síntesis de eicosanoides. En realidad, tenemos 60 billones de «glándulas» productoras de eicosanoides.

El hito en la investigación de los eicosanoides sucedió en 1971, cuando John Vane descubrió el funcionamiento de la aspirina (el fármaco milagroso del siglo xx): variaba los niveles de eicosanoides. En 1982 se concedió el premio Nobel de medicina a Vane y a sus colaboradores Bengt Samuelsson y Sune Bergelson por sus descubrimientos en el papel fundamental que desempeñan los eicosanoides en las enfermedades humanas.

Si los eicosanoides son tan importantes, ¿por qué son prácticamente desconocidos por la comunidad médica? En primer lugar, todas las hormonas tienen un ciclo de vida muy corto. Se crean en tan sólo unos segundos y son enviadas a cumplir una misión para autodestruirse al final de la misma. Esto hace que sean muy difíciles de estudiar. En segundo lugar, son mensajeros de célula en célula que no circulan por el torrente sanguíneo, por lo que conseguir una muestra es todo un reto. Por último, actúan en concentraciones bajas y perecederas, lo que hace prácticamente imposible detectarlos. A pesar de estos obstáculos, se han publicado más de 87.000 artículos sobre los eicosanoides, aunque tu médico jamás oyera hablar de ellos en la Facultad de Medicina.

Los eicosanoides comprenden una amplia variedad de hormonas, muchas de ellas desconocidas para los investigadores médicos. A continuación cito las diferentes clases de eicosanoides:

- Prostaglandinas
- Tromboxanos
- Leucotrienos
- Lipoxinas
- Epilipoxinas activadas por la aspirina
- Ácidos grasos hidroxilados
- Isoprostanoides
- Ácidos epoxieicosatrienoicos
- Endocanabinoides

Existen cientos de eicosanoides, y cada año se descubren otros nuevos. Pero entre todas sus acciones, la más importante es su papel en la inflamación.

Los eicosanoides y la inflamación

Tal como vengo diciendo a lo largo de este libro, los eicosanoides desempeñan un papel central en la respuesta antiinflamatoria. Pueden provocarla y también detenerla. Para simplificar, a los eicosanoides que provocan la respuesta inflamatoria los llamo eicosanoides «malos», y a los que la desactivan los denomino eicosanoides «buenos». Es evidente que para sobrevivir necesitamos que ambos estén equilibrados. Cuando la proporción de estos dos grupos de eicosanoides se descompensa, desarrollas inflamación silenciosa y al final terminas con una enfermedad crónica.

Aquí está la importancia del Perfil de Inflamación Silenciosa (SIP). Puede decirte con una precisión casi temible el equilibrio relativo entre los precursores de los eicosanoides «buenos» y «malos» de tu cuerpo. Como ya he dicho en el capítulo 4, si tu SIP es demasiado alto (más de 3), tienes inflamación silenciosa. Cuanto más alto sea tu SIP, mayor es tu producción de eicosanoides «malos» y más lejos te encuentras del bienestar.

Hay dos formas de modificar la proporción de los eicosanoides en el cuerpo para controlar la inflamación silenciosa. Una forma es tomar medicamentos antiinflamatorios (como aspirina, Motrin, inhibidores del COX-2 y corticoesteroides) durante el resto de tu vida. Teniendo en cuenta que casi se iguala el número de personas que mueren en nuestro país, a pesar de tomar la dosis correcta de antiinflamatorios, con los que fallecen por el sida, probablemente no sea una estrategia válida para seguirla a largo plazo. La otra forma de controlar la inflamación silenciosa es la dieta: muy en especial la Dieta de la Zona sumada al aceite de pescado concentrado. Los únicos efectos secundarios de la segunda opción son beneficiosos: tendrás la mente más clara, adelgazarás y estarás más sano.

Síntesis de los ácidos grasos esenciales

Si queremos comprender la importancia de la Dieta de la Zona para controlar estos eicosanoides y restablecer un equilibrio adecuado en los mismos, hemos de entender cómo se crean los precursores reales de los eicosanoides. Para empezar, al final todos los eicosanoides se producen a partir de los ácidos grasos esenciales que el cuerpo no puede generar y que, por lo tanto, deben proceder de la dieta. Estos ácidos grasos esenciales se clasifican en Omega-3 y Omega-6, según la posición del doble enlace de su interior. Esto es importante porque la posición de estos enlaces dobles determina la estructura tridimensional de los ácidos grasos en el espacio, y al final, también determina el modo en que responde el cuerpo a los eicosanoides derivados de ese ácido graso. No obstante, los ácidos grasos típicos sólo tienen 18 átomos de carbono de longitud, y nuestro cuerpo ha de alargarlos hasta ácidos grasos de 20 átomos de carbono para que se puedan producir los eicosanoides. No es sólo el número de átomos de carbono lo que cuenta, sino también su configuración. La forma en que la dieta puede manipular la formación de los ácidos grasos esenciales en los precursores de 20 átomos de carbono de los eicosanoides es muy compleja. No obstante, es la base para entender la Dieta de la Zona.

Ácidos grasos omega-6

Los ácidos grasos omega-6 son los actores principales en esta obra de los eicosanoides. Tienen el potencial de hacer mucho bien o mucho mal. En muchos aspectos son como el Dr. Jeckyll y Mr. Hyde. Por otra parte, los eicosanoides que proceden de los ácidos grasos omega-3 no hacen mucho en ningún aspecto. Son básicamente neutrales. Entonces, ¿por qué hago siempre hincapié en la importancia del EPA? Porque desempeña el papel principal en determinar si los ácidos grasos omega-6 acabarán siendo compuestos básicos de los eicosanoides «buenos» o de los «malos».

La gran mayoría de los ácidos grasos omega-6 de nuestra dieta proceden del ácido linoleico, que contiene enlaces dobles. Las fuentes más comunes son los aceites vegetales como el de maíz, de soja, de cártamo y de girasol. Estos aceites son ampliamente utilizados en la dieta estadounidense.

El primer paso en este viaje bioquímico de los aceites vegetales aparentemente inocentes hacia los eicosanoides «malos» comienza con la inserción de otro doble vínculo en el ácido linoleico, justo en la posición correcta para empezar a curvarse hacia dentro y formar el ácido gammalinolénico (GLA) a partir del ácido linoleico, tal como muestro a continuación:

Hasta ahora no ha sucedido nada nefasto. De hecho, necesitas que tu cuerpo produzca GLA. Es un ácido graso esencial que puede formar poderosos eicosanoides antiinflamatorios («buenos»). Pero también tiene el potencial de producir poderosos eicosanoides proinflamatorios («malos»).

Cuando el ácido linoleico se transforma en GLA, la bola empieza a agrandarse a medida que avanza hasta convertirse en un eicosanoide, ya sea «bueno» o «malo», puesto que el GLA se puede convertir rápidamente en ácido dihomogammalinolénico (DGLA) tal como muestro más abajo:

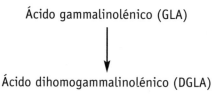

La noticia es potencialmente buena, dado que el DGLA es el precursor de la mayoría de los eicosanoides «buenos» que tienen poderosos efectos antiinflamatorios. Si el metabolismo de los ácidos grasos omega-6 terminara aquí, la vida sería estupenda. Por desgracia, no hay ninguna ventaja cuando se trata de los eicosanoides. Esto se debe a que el DGLA es también el sustrato de otra enzima conocida como delta-5-desaturasa (D5D), que produce el ácido araquidónico (AA), el precursor de todos los eicosanoides proinflamatorios, como muestro aquí abajo:

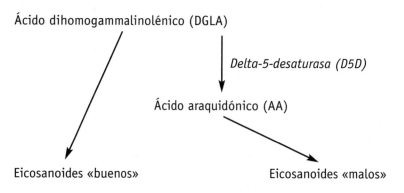

El problema reside en el consumo excesivo de aceites vegetales ricos en ácidos grasos omega-6. Los altos niveles de ácido linoleico de estos aceites vegetales acabarán aumentando por su simple presencia la producción de AA y, por consiguiente, la inflamación silenciosa, la que a su vez acelera el envejecimiento y provoca enfermedades crónicas.

La comprensión de la gran importancia de la enzima D5D y de la inflamación silenciosa marcó el inicio de la Dieta de la Zona, hace ya más de veinte años, justo después de que se otorgara el premio Nobel de Medicina por el trabajo sobre los eicosanoides. Pensé que si podía controlar la actividad de esta enzima, podría alterar el equilibrio de los eicosanoides «buenos» y «malos» durante toda la vida.

Lo único que tenía que hacer era hallar un inhibidor natural adecuado para la actividad de la enzima D5D. Y ya tenía el nutriente correcto. Era el EPA, un ácido graso omega-3 de cadena larga. Deduje que si una persona ingería suficiente GLA (para aumentar los niveles de DGLA) con la dosis correcta de EPA (para inhibir la producción de AA a partir de DGLA), automáticamente garantizaría la rápida producción de más eicosanoides antiinflamatorios «buenos» y menos eicosanoides proinflamatorios «malos». De hecho, estaba tan seguro hace veinte años, que ya estaba empezando a preparar mi discurso de aceptación del premio Nobel... Por desgracia, la vida nunca es tan sencilla.

En esos tempranos días de la década de 1980, pensaba que bastaba con controlar la ingesta de EPA y GLA en la dieta para controlar los eicosanoides. Siempre podía obtener el EPA del aceite de pescado (aunque entonces no era de muy buena calidad), y lo único que tenía que hacer era encontrar suficiente GLA. Pero había un problema. No había mucho, y nadie iba a cultivar la fuente más rica del mismo: la borraja. Sin amilanarnos por este hecho, mi hermano Doug y yo monopolizamos el mercado mundial de la borraja (no fue muy difícil) y luego fuimos a las llanuras del norte de Canadá para cultivarla. (De todos los lugares del mundo, este es el más favorable para su cultivo.) Ahora ya tenía fuentes de EPA y GLA, y lo único que tenía que hacer era hallar la proporción correcta de EPA respecto al GLA, y lograría fama y fortuna. Empecé con una proporción de 4:1 e hice cápsulas de gelatina suave que contenían aceite de pescado (la fuente del EPA) y aceite de borraja (la fuente del GLA). Luego encontré a algunos amigos que estaban dispuestos a hacer de conejillos de Indias. Les dije mi frase típica: «Confiad en mí». Para gran sorpresa de mis amigos (y para alivio mío), muchos de los efectos fisiológicos que predije sucedieron en el plazo de unas semanas, cuando no de días.

No obstante, tras varios meses empecé a observar algunas cosas extrañas. Casi todos los que habían tomado la combinación de EPA y GLA se sintieron mucho mejor al principio. Al fin y al cabo, ahora estaban creando más eicosanoides «buenos» y menos de los «malos», puesto que estaban cambiando la proporción de DGLA/AA en sus 60 billones de células. Con el tiempo, algunas personas me comentaron que habían notado un retroceso en los primeros beneficios que habían tenido. Sin embargo, se encontraban mejor que cuando habían empezado. No obstante, hubo otro grupo que notó que sus efectos positivos iniciales habían desaparecido por completo y que empezaban a sentirse peor que antes de empezar. Algunos de mis amigos ya no eran tan amables conmigo, hasta que descubrí lo que estaba sucediendo. Lo llamé el efecto «desbordamiento».

El efecto desbordamiento

Al principio, cuando aumenta la ratio de DGLA/AA, la persona empieza a fabricar más eicosanoides «buenos» y menos de los «malos». Todo mejora constantemente. Pero llega un momento, según la genética de cada persona, en que esta proporción empieza a degradarse a medida que más DGLA se convierte en AA. Resultó que la dosis de EPA que estaba usando sólo estaba proporcionando una inhibición parcial de la actividad de la D5D, por lo que con el tiempo se formaría más AA. (Hasta el último avance tecnológico para fabricar concentrados de EPA/DHA destilados, era simplemente imposible que nadie tomara suficiente EPA sin que a su vez ingiriera una sobredosis de contaminantes como el mercurio, PCB [bifenilo policlorado] y dioxinas.) El aumento inicial de los niveles de DGLA al suministrar GLA superaba la cantidad de EPA que se estaba suministrando para inhibir la enzima D5D. El resultado fue un incremento en la acumulación de AA. Curiosamente, este efecto desbordamiento parecía más frecuente en mujeres que en hombres. Esta era, en dos palabras, mi idea de la «talla única» en cuanto a la tasa ideal de EPA/GLA.

De modo que pensé que si una «talla única» no iba bien a todos, mejor sería que empezara a preparar toda una gama de distintas combinaciones de EPA y GLA personalizadas. Pero ¿cómo podría conseguirlo? Afortunadamente, los eicosanoides dejan un rastro bioquímico que nos proporciona información sobre su estado de equilibrio dentro de los órganos. Esto es lo que me condujo a desarrollar el Informe sobre la inflamación silenciosa del que he hablado en el capítulo 2. Utilicé este cuestionario para que me ayudara a valorar las tasas de ácidos grasos esenciales activados en cada persona. (Ahora el análisis de sangre SIP lo hace con mayor precisión, porque se basa en la bioquímica corporal, no en la observación.)

Aproximadamente en 1988, pensé que ya había conseguido transformar el concepto en ciencia, por así decirlo. Era una ciencia mucho más compleja de lo que había previsto en un principio, pero todavía regulada por algunas reglas bioquímicas básicas. No obstante, lo que me hizo ver la complejidad de la modulación de los eicosanoides fue mi trabajo con atletas de elite.

La historia de la Dieta de la Zona

Empecé a trabajar con atletas de elite (principalmente con los equipos de natación de Stanford) para comprobar si mis múltiples combinaciones de EPA y GLA podían mejorar su rendimiento. Podía cambiarles continuamente de combinación para evitar el efecto desbordamiento. Tuve que estar semanalmente en contacto con cada nadador, pero en el verano de 1989 obtuve grandes resultados. No obstante, cuando en otoño volvieron a tomar la comida de la residencia de estudiantes, los beneficios se evaporaron casi de la noche al día. Los entrenadores me llamaban para preguntarme por qué sus nadadores, que habían conseguido tan buenos resultados en verano, ahora tenían dolores y siempre estaban cansados. Me estrujé el cerebro intentando comprender qué era lo que había ido mal o qué era diferente que explicara ese cambio súbito en su rendimiento. De pronto vi la luz. Quizá fuera la alta carga glucémica de la comida de la residencia lo que estaba aumentando sus niveles de insulina, y así se explicaría el proceso.

Una visita a la biblioteca del Instituto de Tecnología de Massachusetts confirmó mis sospechas. Allí encontré publicaciones de antiguas investigaciones con ratas que demostraban que un nivel alto de insulina (estimulado por comer hidratos de carbono) activaba la enzima D5D. Por lo tanto, todos los beneficios que cuidadosamente había conseguido para cada atleta manipulando sus tasas de EPA y GLA se estaban destruyendo debido al aumento de la insulina a causa de su elevada ingesta de hidratos de carbono. Este exceso de secreción de insulina era estimulado por la enzima D5D para aumentar la producción de AA a expensas del DGLA. Para estos atletas, el resultado fue que la ratio favorable de DGLA/AA conseguido durante el verano se había transformado rápidamente en una ratio indeseable al volver a tomar la comida de la residencia. Pronto me di cuenta de que jamás podría controlar del todo los niveles de eicosanoides sin controlar primero los niveles de insulina. Así que vuelta a empezar.

Ahora tenía que tener en cuenta cómo se modificaba el metabolismo de los ácidos grasos esenciales DGLA por el efecto de la insulina sobre la enzima D5D, tal como muestro aquí abajo:

Ácido dihomogammalinolénico (DGLA)

Delta-5-desaturasa (D5D)
Activada por la insulina
Inhibida por el EPA

Ácido araquidónico (AA)

Puesto que la insulina es un activador de la enzima D5D, eso explicaba el creciente número de estudios que vinculaban el exceso de insulina con las enfermedades cardíacas. La D5D aumentaba la inflamación silenciosa incrementando la producción de AA. La insulina no era la causa de las cardiopatías, pero provocaba un aumento de la inflamación silenciosa, especialmente ante la presencia de ácidos grasos omega-6 en la dieta.

Por desgracia, sabía que la única forma de controlar la insulina era controlar la proporción de proteínas y de hidratos de carbono en cada comida. Eso significaba que había que considerar la comida como un medicamento que se debía tomar en la dosis correcta en el momento correcto. Mi siguiente reto era averiguar la proporción óptima de proteínas e hidratos de carbono. (Era evidente que no había hecho un gran trabajo prediciendo la proporción ideal de EPA respecto al GLA.) Tenía que empezar desde cero y ser creativo. Pensé que un buen comienzo era intentar calcular la ratio proteínas/hidratos de carbono que los seres humanos consumían en el Paleolítico Superior, hace aproximadamente unos 10.000 a 40.000 años, puesto que nuestros genes no han cambiado tanto desde entonces.

Una vez más tuve suerte con la bibliografía médica. Boyd Eaton, de la Universidad Emory, ya se había planteado esta cuestión mucho antes que yo y se había propuesto resolverla. Al comparar los datos antropológicos con un gran número de tribus de cazadores-recolectores, calculó que la proporción media de proteínas e hidratos de carbono en las dietas del Pa-

LA INFLAMACIÓN SILENCIOSA

leolítico Superior era de aproximadamente 3 gramos de proteína por cada 4 gramos de hidratos de carbono, lo que equivale a una ratio de 0,75.

Me pareció que este era un buen punto de partida. Empecé a desarrollar una dieta que mantuviera esa ratio de proteínas e hidratos de carbono entre 0,5 y 1,0 en *cada* comida, y en que la mayoría de los hidratos de carbono fueran de baja carga glucémica, como las verduras o las frutas (los únicos hidratos de carbono que existían hace 10.000 años). Con ello, deduje que el equilibrio entre la insulina y el glucagón se mantendría entre las comidas. A este tipo de dieta lo denominé Dieta de la Zona. Básicamente, la Dieta de la Zona se creó para potenciar la capacidad del EPA para reducir la formación de AA. Esta es la razón por la que la Dieta de la Zona ha sido siempre ante todo una dieta antiinflamatoria, no simplemente un programa para perder peso.

A fin de controlar por completo la inflamación silenciosa, es necesario el suplemento de aceite de pescado concentrado rico en EPA y comidas equilibradas en proteínas e hidratos de carbono. Pero ¿qué hay del GLA para conseguir los niveles adecuados de DGLA? Resulta que cuanto más controlas la actividad de la enzima D5D, menos probabilidades hay de que el DGLA sufra el efecto desbordamiento y se torne en AA. Por lo que los bajos niveles de ácido linoleico de la Dieta de la Zona serían suficientes para mantener los niveles de DGLA para que produjeran los niveles adecuados de eicosanoides antiinflamatorios. Además, cuanto más controlas la insulina en la dieta, menos aceite de pescado necesitas para controlar la inflamación silenciosa. Y por contrapartida, cuanto menos controlas la insulina con la dieta, más aceite de pescado necesitas para controlar la inflamación silenciosa.

Si el EPA es tan importante para controlar la inflamación silenciosa al inhibir la actividad del D5D, ¿por qué preocuparse por el DHA, puesto que contiene 22 átomos de carbono y no pueden convertirse en un eicosanoide clásico? En primer lugar, el DHA es esencial para el funcionamiento del cerebro. En segundo lugar, el DHA actúa como una reserva que se puede reconvertir en EPA. En tercer lugar, el DHA puede alterar la expresión genética al unirse a ciertos elementos de transcripción en el ADN que pueden aumentar la sensibilidad de las células a la insulina. Por último, aunque el DHA no se pueda sintetizar en un eicosanoide clásico, se puede convertir en una nueva clase de poderosos eicosanoides antiinflamatorios conocidos como resolvinas. En resumen: si vas a tomar EPA, asegúrate de que también tomas DHA para cubrir todas tus opciones hormonales. Basándome en los datos publicados, creo que la mejor proporción de EPA/DHA es de 2:1.

LOS VEGETARIANOS Y EL EPA

Aunque no existen fuentes vegetarianas de EPA, hay algunas algas que producen DHA. Esta fuente vegetariana de DHA también se puede retroconvertir en EPA. El proceso no es tan eficiente, pero al menos supone un mecanismo mediante el cual las fuentes vegetarianas pueden proporcionar niveles adecuados de EPA, así como de DHA. Esta retroconversión de EPA y DHA es mucho más eficaz que intentar sintetizar el EPA y el DHA a partir de otras fuentes vegetales, como el aceite de lino.

Aunque los eicosanoides derivados del EPA son neutros, el EPA desempeña un papel esencial en llevarte a la Zona antiinflamación al inhibir la actividad de la enzima D5D, restringiendo la conversión de ácidos grasos omega-6 en AA. Siempre y cuando se consuman cantidades muy moderadas de ácidos grasos omega-6 con iguales dosis de EPA, los ácidos grasos omega-6 de tu dieta tenderán a acumularse en el nivel de DGLA que aumenta la producción de los poderosos eicosanoides antiinflamatorios «buenos». No obstante, el EPA sigue siendo un inhibidor relativamente débil de la actividad de la enzima D5D, por lo tanto hay que evitar su desbordamiento reduciendo la ingesta de aceites vegetales como el de soja, maíz o cártamo, que son ricos en ácidos omega-6. De hecho, es bastante razonable conseguir ayuda nutricional extra de otros inhibidores naturales de la D5D, como los lignanos del aceite de sésamo, o de especias como la cúrcuma.

La cantidad total de ácidos grasos omega-3 y omega-6 que necesitas diariamente para controlar la inflamación silenciosa todavía es relativamente baja. Esto significa que has de añadir un poco de grasa a tu dieta para lentificar la velocidad de entrada de los hidratos de carbono y controlar la secreción de la insulina. Esta grasa debería ser principalmente grasa monoinsaturada. Las grasas monoinsaturadas no se pueden transformar en eicosanoides («buenos» o «malos»). Al no tener ningún efecto sobre los eicosanoides, las grasas monoinsaturadas pueden aportar la cantidad de grasa necesaria para controlar el índice de entrada de los hidratos de carbono en la sangre. Pueden cumplir esta función sin trastocar el equilibrio hormonal que estás intentando mantener para alcanzar el bienestar.

¿Saben esto las compañías farmacéuticas?

No te engañes. Aunque tu médico quizá no sepa nada de los eicosanoides y muy poco sobre la inflamación silenciosa (aparte de que sea mala), las empresas farmacéuticas sí lo saben. Han gastado miles de millones de dólares en desarrollar algún fármaco que modifique los eicosanoides (los antiinflamatorios). Sin embargo, los eicosanoides como fármacos tienen un papel muy limitado en el mundo farmacéutico. No sólo es difícil trabajar con ellos (han de ser inyectados), sino que simplemente son demasiado poderosos para ser utilizados como fármacos porque se supone que no han de circular por el torrente sanguíneo.

La razón por la que nunca has oído que las compañías farmacéuticas hablaran de la dieta (y especialmente del aceite de pescado concentrado) para tratar la inflamación es porque dan por hecho que es imposible reducir el nivel de AA en las células. Han optado por combatir la inflamación reduciendo la actividad de las enzimas que crean eicosanoides proinflamatorios derivados del AA. Esto viene a ser como cerrar la puerta de la cuadra cuando ya se han escapado los caballos, y en farmacología se conoce como *ir a favor de la corriente*. Mi visión es radicalmente opuesta: simplemente *ir a contracorriente* y reducir la cantidad de AA (y también aumentar los niveles de DGLA) en todas las células del cuerpo. Esto no sólo restringe la cantidad de eicosanoides proinflamatorios que se pueden sintetizar, sino que también aumenta el número de eicosanoides antiinflamatorios que se pueden formar a partir del DGLA.

A fin de entender las diferencias fundamentales de estos dos enfoques para controlar la inflamación, has de tener una idea sobre cómo se forman los eicosanoides.

Síntesis de los eicosanoides

Los eicosanoides son reguladores célula a célula. En lugar de responder a una hormona maestra, cada célula responde a los cambios en su entorno inmediato liberando eicosanoides. El primer paso para generar la respuesta celular es que los fosfolípidos de la membrana celular liberen un ácido graso esencial. La enzima responsable de la liberación de este ácido graso se llama fosfolipasa A_2. Dependiendo de que se libere este ácido graso, crearás eicosanoides «buenos» (del DGLA), «malos» (del AA) o neutros (del EPA).

Puesto que no existe una respuesta que frene la producción de eicosanoides, la única forma de inhibir su liberación de la membrana es que las glándulas suprarrenales produzcan cortisol, lo que provoca la síntesis de una proteína (lipocortina) que inhibe la acción de la fosfolipasa A_2. Al inhibir esta enzima, que libera ácidos grasos esenciales de las membranas celulares, interrumpes el suministro del sustrato requerido para la síntesis de todos los eicosanoides. Es evidente que si estás produciendo cortisol en dosis excesivas (o tomando corticoesteroides), detendrás la síntesis de todos los eicosanoides, lo que puede provocar la paralización de tu sistema inmunitario. En realidad, si a una persona sana le das una inyección de corticoesteroides, en 24 horas sus glóbulos blancos (linfocitos) serán muy similares a los de un paciente de sida. No es de extrañar que cuando los pacientes se enteran de que les van a dar esteroides, saben que están muy mal.

Cuando cualquier ácido graso de cadena larga que contenga 20 átomos de carbono (AA, DGLA o EPA) es liberado de la membrana celular, ya es demasiado tarde, porque las enzimas que fabrican los eicosanoides se ven obligadas a actuar sobre estos ácidos grasos. Hay dos formas principales por las que se pueden convertir en eicosanoides. La primera vía es la de la ciclooxigenasa (COX), que fabrica prostaglandinas y tromboxanos. La segunda, la de la lipooxigenasa (LOX), que fabrica los leucotrienos, los ácidos grasos hidroxilados y las lipoxinas.

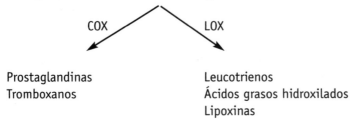

Ácidos grasos esenciales de cadena larga de 20 átomos de carbono

COX   LOX

Prostaglandinas   Leucotrienos
Tromboxanos   Ácidos grasos hidroxilados
                             Lipoxinas

Las compañías farmacéuticas se han centrado en el desarrollo de fármacos para inhibir una de estas dos vías, porque una vez que se ha liberado el ácido graso esencial, se formará algún tipo de eicosanoide. Si supones que no vas a poder reducir el AA, has de poner todas tus esperanzas en inhibir las distintas enzimas que producen los eicosanoides proinflamatorios. Como veremos más adelante, este es un juego muy peligroso. Algunos medicamentos pueden inhibir la vía COX para la formación de eicosanoides, mientras que otros sólo pueden inhibir la de las enzimas LOX. El inhibidor más famoso del COX es la aspirina. Otros se conocen como fármacos antiinflamatorios no esteroideos, que también inhiben la enzima COX. Las marcas más conocidas son Advil, Motrin, Aleve y otros. Los nuevos inhibidores de la prostaglandina se llaman inhibidores de la COX-2 e inhiben sólo una pequeña subclase de enzimas COX. Todos estos fármacos tienen efectos secundarios, porque son como bombas de relojería con muchos daños colaterales. Esto se debe a que las enzimas COX que inhiben son las mismas que se necesitan para la formación de eicosanoides «buenos». Por ejemplo, los inhibidores de la COX-2 no parecen causar trastornos en el estómago como sucede con los inhibidores típicos de la COX, pero tampoco han demostrado tener ningún efecto para reducir los infartos de miocardio. (De hecho, uno de los inhibidores de la COX-2, el Vioxx, fue retirado recientemente del mercado porque parecía aumentar el riesgo del infarto de miocardio.)

Sin embargo, la parte oscura de los inhibidores de la COX es que, si el AA que se ha liberado no se puede convertir en una prostaglandina, pronto actuará sobre las enzimas LOX para producir otro tipo de eicosanoide, lo que puede ser todavía peor. Una vez que se ha liberado el AA de la membrana, es como una granada de mano a punto de explotar.

Las enzimas LOX

A diferencia de los inhibidores de la enzima COX, existen muy pocos inhibidores de las enzimas LOX. Puesto que los leucotrienos (concretamente LTB_4) suponen los principales mediadores de la inflamación, cualquier AA que ande suelto suele terminar transformándose en un eicosanoide proinflamatorio, por muchos inhibidores para la enzima COX que se tomen.

Por qué ir a contracorriente es una buena práctica médica

Las compañías farmacéuticas están comprometidas en desarrollar nuevos fármacos que se puedan patentar: fármacos que tengan un efecto sobre las enzimas COX y LOX que controlan la producción de eicosanoides a partir del AA. Por desgracia, existe un número tremendamente alto de eicosanoides proinflamatorios que se pueden derivar del AA.

Ir a contracorriente es lo opuesto: se trata simplemente de cambiar la proporción de los precursores de los eicosanoides en la membrana reduciendo el AA y aumentando el DGLA. Esto se puede hacer fácilmente combinando el aceite de pescado concentrado con la Dieta de la Zona. Al ir a contracorriente, si se libera el ácido graso, es más que probable que se libere el DGLA que el AA. Esto es básicamente una lotería biológica. El resultado es que habrá más eicosanoides «buenos» y menos «malos». Se trata, simplemente, de una estrategia mucho más sofisticada para manipular los eicosanoides y, por lo tanto, la inflamación. No me considero más inteligente que los miles de científicos que trabajan para las empresas farmacéuticas; tan solo tengo un punto de vista muy diferente sobre cómo conseguir reducir la inflamación silenciosa. Lo que es verdaderamente sorprendente es que en todas y cada una de las conferencias internacionales sobre los eicosanoides a las que he asistido, prácticamente ningún investigador ni siquiera ha tenido en cuenta la posibilidad de que se pueden cambiar los niveles de los precursores de los eicosanoides en la membrana celular. Y, por consiguiente, dado que las compañías farmacéuticas son los principales patrocinadores de estos congresos, no es de extrañar que ni siquiera hayan pensado en ello.

Producir todavía más eicosanoides «buenos»

Empezar en la Zona antiinflamación significa que te has propuesto fabricar más eicosanoides «buenos» reduciendo la cantidad de AA e interrumpiendo de ese modo la producción de eicosanoides «malos». Simultáneamente, también estarás aumentando los niveles de DGLA, por lo tanto incrementando la producción de eicosanoides «buenos».

Eso es bueno, pero ¿puedes mejorarlo? Por supuesto que sí. Hay dos formas de fomentar la producción de eicosanoides antiinflamatorios.

La primera es añadir más inhibidores de la enzima D5D a tu dieta para garantizarte la reducción de la probabilidad del efecto desbordamiento de la DGLA en el AA. El aceite de sésamo contiene estos inhibidores, pero en concentraciones muy bajas, por lo que tendrías que tomar mucho. Por desgracia, el aceite de sésamo también es rico en ácidos grasos omega-6 que se pueden transformar en AA. La respuesta está en aislar los inhibidores de la enzima D5D del aceite de sésamo, sin el inconveniente de los ácidos grasos omega-6. No es fácil, pero tampoco imposible.

La segunda vía es verdaderamente única, puesto que utiliza la aspirina para inducir una serie de eicosanoides «buenos» conocidos como epilipoxinas activadas por la aspirina. La aspirina se une de forma irreversible a las enzimas COX, evitando cualquier formación de prostaglandinas o tromboxanos. Durante años se pensó que esta era su única forma de acción, hasta que Charlie Serhan, de la Facultad de Medicina de Harvard, descubrió que la aspirina induce la formación de toda una nueva serie de eicosanoides (lipoxinas activadas por la aspirina) que tienen profundas propiedades antiinflamatorias. Y el eicosanoide más poderoso procedente de estos eicosanoides antiinflamatorios procede del DHA, y en menor proporción del EPA. ¿Cuánta aspirina necesitamos? Probablemente no más de una aspirina infantil [125 mg] al día si tomas aceite de pescado concentrado.

Resumen

Si quieres controlar la inflamación silenciosa durante el resto de tu vida, has de controlar el equilibrio entre los eicosanoides «buenos» y «malos». Los fármacos antiinflamatorios son bombas de relojería que pueden provocar tremendos daños colaterales, lo que a menudo significa más daños a largo plazo que ventajas a corto plazo. Por otra parte, la combinación de aceite de pescado concentrado con la Dieta de la Zona puede decantar rápidamente la balanza de los precursores de los eicosanoides en cada una de los 60 billones de células de nuestro cuerpo para producir más eicosanoides «buenos» y menos de los «malos». En lo que respecta a los eicosanoides, eres lo que comes.

13

¿Por qué duele la inflamación?
Cómo se cura

Tal como he dicho al principio de este libro, los médicos muchas veces tienen graves dificultades para explicarles a sus pacientes las causas de la inflamación. La principal razón es porque son sumamente complejas. La inflamación se compone de dos partes: la fase proinflamatoria de «ataque» y la fase antiinflamatoria de «rejuvenecimiento». En primer lugar, el cuerpo libra una batalla inmunitaria que produce dolor, tumefacción y rubor. Esta fase de ataque los investigadores médicos la entienden relativamente bien. La segunda fase es en la que el cuerpo se recupera de todos los daños ocasionados durante la batalla, y esta es la que no suelen entender. Sin embargo, esta segunda fase es la más fascinante de la inflamación porque tiene la clave para mantener el bienestar.

La verdadera clave para el bienestar es reducir la fase proinflamatoria para eliminar la inflamación silenciosa, potenciando al mismo tiempo la fase de recuperación para renovar constantemente el cuerpo. Puedes facilitar estas dos acciones entrando en la Zona antiinflamación. Parece demasiado bueno para ser cierto. Veamos de qué modo apoya la ciencia de la inflamación este concepto.

El vínculo inmunitario con la inflamación

Todo ejército necesita soldados, y tu ejército inmunitario no es diferente. Los soldados que son capitales para la fase de «ataque» se clasifican en cinco grupos: 1) mediadores químicos, 2) sistemas complementarios, 3) eicosanoides, 4) citoquinas, 5) células de ataque inmunitarias. Al igual que cualquier buen ejército, estos soldados están acuartelados en sus barracones hasta que se los llama a la acción. Cuando reciben el aviso, se lanzan inmediatamente al combate con una coordinación excepcional.

El primer *mediador químico* que se envía a la batalla es la histamina. La histamina, que te hace estornudar durante la estación de las alergias, es un sistema de alarma de acción rápida para alertar a otras tropas de que se ha producido un ataque en el cuerpo. Su función principal es dilatar los vasos sanguíneos cercanos para facilitar el paso a otros soldados del sistema inmunitario y permitirles llegar al lugar de la herida con rapidez. También estimula las medidas defensivas inmediatas, como la contracción de las vías aéreas en los pulmones y el aumento de la secreción de mucosidad de la nariz.

Hay muchas cosas que pueden activar la histamina aparte del polen. Esta es una breve lista:

- Las toxinas bacterianas
- El calor
- Las radiaciones de los rayos UVA
- Los traumatismos
- Las enzimas proteolíticas liberadas de las células invasoras o dañadas
- Los alérgenos

La histamina se libera sea cual sea el desencadenante, y luego es rápidamente desactivada por el cuerpo. Otros mediadores inflamatorios iniciales, como la serotonina y la bradiquinina, actúan mano a mano con la histamina y activan lo que se conoce como el *sistema complementario*. Este sistema es extraordinariamente complejo y está compuesto por 20 proteínas que, cuando son activadas por los mediadores químicos, actúan para amplificar las señales para que el resto del ejército inmunitario se prepare para la acción. Las proteínas del sistema complementario llegan al lugar de la herida gracias a la acción vasodilatadora de la histamina sobre el tejido vascular de la zona afectada.

El papel de los eicosanoides «malos»

Cuando las proteínas de este sistema complementario llegan al sitio, los protagonistas, los *eicosanoides*, entran en acción. Tienen la misión de abrir los vasos sanguíneos para facilitar el acceso de los buques de guerra (las células del sistema inmunitario) al lugar del conflicto. Los eicosanoides proinflamatorios «malos» (prostaglandinas) son liberados en la batalla para aumentar la permeabilidad vascular, provocan fiebre (el calor es una gran forma de acabar con los invasores) y producen bastante dolor. Otros eicosanoides proinflamatorios (leucotrienos) incrementan más la permeabilidad de los vasos sanguíneos (provocando tumefacción), y también producen señales químicas, que actúan como bengalas para que las células del sistema inmunitario localicen la posición del enemigo. Los leucotrienos, al igual que las histaminas, también provocan constricción bronquial y secreción mucosa, pero son mil veces más potentes. Por ende, cada fase de la inflamación supera a la anterior.

El aumento de la permeabilidad vascular producida por los eicosanoides proinflamatorios explica por qué la inflamación conduce a la tumefacción. También explica el enrojecimiento y el calor asociados a la inflamación, ambos debidos a un aumento del flujo sanguíneo. Ahora ya sabes qué es lo que causa tres (tumefacción, enrojecimiento y fiebre) de los cuatro signos clásicos de la inflamación. Pero ¿qué pasa con el dolor? ¿De dónde viene?

No es de extrañar que el dolor también venga provocado por los eicosanoides. (Así es como los fármacos antiinflamatorios alivian el dolor, reduciendo la producción de eicosanoides «malos».) El dolor es una señal de aviso necesaria para que protejas la zona herida inmovilizándola o dejándola en reposo. Pero ¿cómo llega esa información desde la zona del conflicto hasta el cerebro?

En primer lugar, la tumefacción del tejido es suficiente para alcanzar las terminaciones nerviosas cercanas. Esto se acentúa en los lugares que tienen muy poca capacidad para expandirse, como la zona bajo las uñas o las encías. (Ahora ya sabes por qué técnicas de tortura como la de colocar cañas de bambú debajo de las uñas o perforar dientes sin anestesia son tan eficaces.) Para asegurarse de que tu cerebro recibe el mensaje, los mismos eicosanoides proinflamatorios que promueven la tumefacción también aumentan la sensibilidad de las fibras nerviosas. El término médico para este aumento de la sensibilidad es *hiperalgesia*. Pero a ti lo único que te importa es que duele.

Nota: Aquí estoy hablando de la inflamación que produce dolor agudo, no de la inflamación silenciosa. Sin embargo, el proceso inflamatorio es muy similar en ambos tipos de inflamación. La diferencia radica en la intensidad. En la inflamación silenciosa, la producción de eicosanoides proinflamatorios se encuentra por debajo del umbral de la percepción del dolor. El resultado final es que no obtienes la señal de aviso y por lo tanto no respondes como deberías si tuvieras dolor agudo. Por lo tanto, la fase de ataque proinflamatorio continúa incesantemente con la inflamación silenciosa.

El papel de las células del sistema inmunitario

Cuando los eicosanoides proinflamatorios llegan al campo de batalla para abrir las paredes vasculares, el ejército pesado entra en acción: las *células del sistema inmunitario*. Estas células blancas (macrófagos y neutrófilos) son activadas para la batalla cuando reciben una señal de las *citoquinas* proinflamatorias, cuya liberación es estimulada por los eicosanoides proinflamatorios. Las citoquinas proinflamatorias también te ayudan a conservar la energía para la siguiente batalla reduciendo tu apetito (se necesita energía para digerir la comida) y aumentando la necesidad de dormir. También provocan la liberación de otras proteínas proinflamatorias que pueden ser útiles en la batalla final, incluida nuestra vieja amiga la proteína C-reactiva. Así se asocia la proteína C-reactiva con la inflamación, pero en una fase que se encuentra mucho más alejada del estímulo inicial provocado por la producción de eicosanoides proinflamatorios.

Las células del sistema inmunitario, una vez que han sido activadas por las citoquinas, han de abrirse camino a través de los vasos sanguíneos para llegar al campo de batalla. (Esto se facilita por las acciones de los eicosanoides proinflamatorios, como los leucotrienos.) Una vez en el lugar de destino, las células blancas de la sangre (también llamadas glóbulos blancos o leucocitos) empiezan su ataque, matando y engullendo los restos del enemigo derrotado. No queda ningún resto. (La guerra inmunitaria puede ser un verdadero infierno.)

Tus glóbulos blancos también emplean los radicales libres para matar a algunas células específicas, pero, por desgracia, esta forma de destrucción no es específica. Acaba también con las células sanas próximas a los blancos. Los antioxidantes, que luchan contra los radicales libres, pueden ayudar a prevenir los daños ocasionados a estas células sanas. No obstante, demasiados antioxidantes pueden limitar la capacidad de los glóbulos blancos para destruir a los invasores. Esta es la razón por la que tomar dosis altas de antioxidantes puede conducir a una depresión del sistema inmunitario. Se necesitan suficientes antioxidantes para controlar los radicales libres, pero no tantos que los destruyan a todos: eso sería una propuesta engañosa. Esta es la razón por la que no soy un entusiasta de utilizar megadosis de antioxidantes. Los nutrientes antiinflamatorios (como el aceite de pescado, el aceite de sésamo y el aceite de oliva virgen extra) son mucho más beneficiosos porque regulan la respuesta inflamatoria inicial sin comprometer la capacidad de tus glóbulos blancos para lanzar un ataque general contra los radicales libres cuando sea necesario.

Ahora deberías poder entender cómo orquestan los eicosanoides proinflamatorios su respuesta inicial a la inflamación. La inflamación constante debida a invasores microbianos es una forma infalible de acelerar el proceso de envejecimiento. Esta es la razón por la que durante el siglo pasado los grandes avances sobre la longevidad no han surgido de la industria farmacéutica, sino de la mejora en las prácticas sanitarias públicas (como el agua limpia) que reducen el constante ataque microbiano sobre nuestros cuerpos.

Por desgracia, esta mejora en la salud pública no tiene mucha repercusión sobre la inflamación silenciosa. Esta inflamación de bajo nivel viene provocada por una respuesta inflamatoria que nunca ha llegado a interrumpirse. La única diferencia es que se produce a un ritmo lento y con baja intensidad, por debajo del umbral del dolor, pero es la que hace que desarrolles enfermedades crónicas a una temprana edad. Puede que vivamos más que nuestros antepasados, pero nuestra calidad de vida no es tan buena como podría ser. Pero ¿y si ese mismo proceso inflamatorio se pudiera aprovechar para mejorar el proceso de autorrecuperación del cuerpo? ¿Podría retrasar el reloj del envejecimiento?

Cómo cura la inflamación

Aquí es donde entra en escena la segunda fase del proceso de inflamación, la del «rejuvenecimiento». Esta fase del proceso de inflamación se puede considerar verdaderamente antiinflamatoria. Mientras la proinflamatoria degrada a los invasores y los tejidos anexos, la antiinflamatoria cura y repara el tejido. El equilibrio entre estas dos fases de la respuesta inflamatoria es la clave para mantener el bienestar.

En las conferencias de medicina alternativa, los ponentes suelen hablar de liberar los procesos de curación naturales del cuerpo. Lo que realmente intentan describir es la segunda fase del proceso de la inflamación, la fase de rejuvenecimiento. Este proceso consta en realidad de cuatro etapas distintas: recuerdo, resolución, regeneración y reparación. Tal como cabría esperar, es mucho más fácil ganar una guerra que reparar, y no digamos mejorar, el campo de batalla tras la victoria. Si puedes hacerlo es que eres un general excepcional. El Programa del estilo de vida de la Zona es el plan de batalla para alcanzar la Zona antiinflamación y tú eres el comandante del proceso de sanación.

Recuerdo

La fase de recuerdo comienza por ordenar la retirada de la artillería, los eicosanoides proinflamatorios, que se enviaron a luchar al campo de batalla. Esto se hace liberando cortisol, el bombero hormonal que sofoca las llamas de los eicosanoides «malos». El problema es que el cortisol también termina con los eicosanoides antiinflamatorios «buenos», por lo que también inhibe el proceso de curación.

La liberación de cortisol viene provocada por la interacción de las citoquinas proinflamatorias con el cerebro, que inicia la cascada de respuestas hormonales que culmina con el aumento de la producción de cortisol en las glándulas suprarrenales. Desgraciadamente, a diferencia de la localización precisa de la inflamación, este cortisol recién secretado se dispersa por todas partes. Por lo tanto, las partes del cuerpo que no están afectadas por la inflamación, ahora están bañadas en cortisol, que desactiva su producción normal de eicosanoides tanto si les gusta como si no.

Aunque se considera que el cortisol es una hormona del estrés, en realidad debería contemplarse como una hormona antiestrés, por su función de terminar con la inflamación. El problema es que cuando se padece inflamación silenciosa constante, siempre se secreta cortisol. Al final engordas más (porque el cortisol crea una resistencia a la insulina), empeora tu estado de salud (porque disminuye la respuesta inflamatoria) y te vuelves más callado (porque mata las neuronas que están conectadas con la memoria del cerebro). Las estrategias de la dieta y del estilo de vida del Programa de estilo de vida en la Zona actúan juntas para reducir la producción de cortisol facilitando el acceso a la Zona antiinflamación.

Resolución

Cuando se ha retirado la artillería, tu cuerpo sigue necesitando eliminar cualquier material bélico del campo de batalla. Ese es el trabajo de un grupo especializado de células blancas conocidas como macrófagos. Además de los restos de los invasores, los macrófagos también engullen las células muertas que padecieron el ataque y todas las células rojas que han caído en el campo de batalla. (Es el escape y oxidación de la hemoglobina procedente de los glóbulos rojos las que dan ese aspecto púrpura a una contusión.) Si los macrófagos dejan restos, siempre quedan unas brasas de inflamación constante que impiden que cese el proceso, aunque sea a baja intensidad.

Regeneración

Cuando se ha limpiado el campo de batalla, se han de reparar las paredes vasculares para que el cuerpo inicie la regeneración del tejido dañado. El éxito de este proceso depende en gran medida del tipo de célula que se haya de regenerar. Si se trata de un tipo de célula que se multiplica constantemente (como las células de la piel o de la sangre), la regeneración es rápida. Las células que tienen un ciclo de vida más largo (como las células endoteliales que revisten los vasos sanguíneos) tardan más en regenerarse. Las células permanentes, como las de los músculos (especialmente las del corazón) y las nerviosas, tienen propiedades regenerativas muy limitadas. Cuando pierdes estas células en una lesión con inflamación, es probable que no se vuelvan a recuperar. Esta es la razón por la que la inflamación es tan desastrosa para el corazón y el cerebro: la función orgánica queda irremediablemente afectada.

Reparación

La fase final de la curación es la fase de reparación, en la que se genera tejido nuevo. Para ello se requiere un delicado equilibrio entre los eicosanoides proinflamatorios y antiinflamatorios.

Ahora que la mayoría de los eicosanoides proinflamatorios están fuera de escena (gracias al cortisol), los verdaderos protagonistas de la fase de reparación son el grupo de eicosanoides antiinflamatorios denominados lipoxinas y resolvinas. Las lipoxinas son mucho más potentes para reducir los eicosanoides proinflamatorios que el cortisol, y son mucho más selectivas porque no bloquean la producción de eicosanoides «buenos». No obstante, hay otro grupo de eicosanoides antiinflamatorios denominados epilipoxinas, que son todavía más poderosos. Como ya he dicho en el capítulo anterior, los descubrimientos de Charlie Serhan, de la Facultad de Medicina de Harvard, parecen indicar que la aspirina también activa la formación de toda una nueva clase de eicosanoides conocidos como lipoxinas activadas por la aspirina (ATLs). Por lo tanto, la forma en que la aspirina puede obrar su magia quizá sea no tanto inhibiendo la producción de eicosanoides proinflamatorios, como potenciando la producción de poderosos eicosanoides antiinflamatorios. Las lipoxinas más potentes producidas por la aspirina se denominan resolvinas, que están compuestas por ácidos grasos omega-3 de cadena larga como el EPA y el DHA. En esta fase de reparación es importante conseguir el equilibrio adecuado de eicosanoides proinflamatorios y antiinflamatorios, porque este equilibrio es el que rige la cantidad de cicatriz innecesaria que se va a crear. El tejido de las cicatrices es tejido reparado que simplemente no se ha unido correctamente y que al final impide la función del tejido u órgano. Si tienes la cantidad correcta de eicosanoides antiinflamatorios, el proceso de reparación es ordenado y el tejido es más fuerte que el anterior. Además, los eicosanoides antiinflamatorios también provocan la liberación de la hormona del crecimiento y de otras hormonas muy importantes para la reconstrucción ordenada del tejido nuevo. Esto es justamente lo que sucede durante el entrenamiento de fuerza. Las microfisuras del músculo inducen a una respuesta proinflamatoria inicial que concluye con la fase de reparación. Con el nivel apropiado de eicosanoides antiinflamatorios, de la hormona del crecimiento y de otros mediadores del crecimiento, el tejido no sólo queda reparado, sino que es más fuerte.

La fase de curación de la inflamación puede obrar maravillas en el rejuvenecimiento de tu cuerpo haciéndote más fuerte, o puede fracasar y hacer un trabajo a medias, dejándote más débil. Todo dependerá del nivel de eicosanoides antiinflamatorios. Estar en la Zona antiinflamación te garantiza que a tu sistema inmunitario le has suministrado todas las herramientas que necesitas para acallar el dolor producido en la fase de ataque de la inflamación, a la vez que potencias la fase de curación. En lugar de degradar el tejido y acelerar el proceso de envejecimiento, siempre estás creando tejido nuevo. Todo esto ralentiza el envejecimiento. Esta es la razón por la que un fármaco antienvejecimiento debería ser en realidad un fármaco antiinflamatorio.

¿Cómo sabes si los procesos de curación de tu cuerpo se están realizando de la mejor manera posible? Simplemente manteniendo tu SIP entre 1,5 y 3. Esta es la clave para hacer que la inflamación actúe a tu favor en lugar de hacerlo en tu contra.

Resumen

Controlar las dos fases de la inflamación es esencial para mantener el bienestar. La meta es decantar la balanza hacia el rejuvenecimiento celular y que se aleje de la degradación provocada por la inflamación silenciosa. Estar en la Zona antiinflamación es tu mejor indicador de que has hecho todo lo posible para alcanzar esta meta.

14

La conexión entre la obesidad, la diabetes y la inflamación silenciosa

La obesidad es una de las causas principales de la inflamación silenciosa. Puesto que casi dos tercios de los estadounidenses tienen sobrepeso en la actualidad, eso significa que la epidemia de inflamación silenciosa también está fuera de control. Al mismo tiempo, nuestra epidemia de diabetes ha aumentado un 33 por ciento en el último decenio. No debe extrañarnos que estas tres epidemias hayan empeorado en los últimos años. Las tres están íntimamente conectadas con una condición que se conoce como resistencia a la insulina.

La resistencia a la insulina tiene lugar cuando las células dejan de responder a las acciones de la insulina, forzando al páncreas a una producción constante y aumentada de insulina para llevar la glucosa a las células. Este exceso de insulina (producido como respuesta a la resistencia a la insulina) también aumenta el almacenamiento de grasa corporal. Entonces, la verdadera pregunta que se oculta tras nuestra actual epidemia de obesidad es: ¿cuáles son las causas de la resistencia a la insulina?

Nadie lo sabe a ciencia cierta, pero la opinión generalizada es que la causa molecular de la resistencia a la insulina puede originarse en las células endoteliales. Las células endoteliales forman una barrera muy fina que separa el torrente sanguíneo de los órganos. Si esta barrera no funciona adecuadamente, nos encontramos con una condición denominada disfunción endotelial, que entre otras cosas significa que la insulina ya no puede traspasar fácilmente la barrera endotelial desde el torrente sanguíneo para interactuar con sus receptores en la superficie celular. Sólo cuando la insulina interactúa con estos receptores, la célula puede absorber la glucosa de la sangre. Cualquier dificultad con la que se encuentre la insulina en llegar a sus receptores mantendrá elevados los niveles de azúcar en la sangre. El cuerpo responderá bombeando más insulina, creando una condición denominada hiperinsulinemia.

De modo que la pregunta ahora es: ¿qué es lo que provoca la disfunción endotelial? Creo que la respuesta más probable es: la inflamación silenciosa. Se sabe que esta disfunción endotelial está íntimamente relacionada con un aumento de la inflamación silenciosa. Entonces, ¿qué es primero: la resistencia a la insulina o la inflamación silenciosa? En un curioso estudio realizado recientemente en la Universidad Estatal de Louisiana, se ha demostrado que el consumo de 1,8 gramos de DHA puro al día durante doce semanas reduce la resistencia a la insulina hasta en un 70 por ciento en los pacientes con sobrepeso. Para ingerir la misma cantidad de DHA que se utilizó en este estudio, tendrías que consumir aproximadamente 1 cucharada de concentrado destilado de EPA/DHA al día.

Para probar la hipótesis de que la inflamación silenciosa precede a la resistencia a la insulina, llevé a cabo un pequeño estudio piloto con niños que padecían obesidad infantil. Separé a los niños al azar dividiéndolos en dos grupos. Todos los niños tenían el SIP muy alto (aproximadamente 30), como cabía esperar. A los dos grupos se les dieron los mismos consejos dietéticos de la Dieta de la Zona. La única diferencia es que uno de los grupos también tomaba aceite de pescado concentrado (3 gramos al día de EPA y DHA). Si la inflamación silenciosa era la causa principal de la resistencia a la insulina, entonces el grupo que siguiera la Dieta de la Zona y tomara el aceite de pescado concentrado debería obtener mejores resultados en la pérdida de peso que el grupo que sólo seguía la dieta. Esto es justamente lo que sucedió. Cuanto más bajaba su SIP, más bajaba su peso. Esto indica que la inflamación silenciosa puede ser la causa subyacente de la resistencia a la insulina y por lo tanto de la obesidad. Esto también significa que, a menos que trates la inflamación silenciosa subyacente, intentar perder el exceso de grasa en el cuerpo va a ser muy difícil, como tan bien saben los estadounidenses.

La obesidad desde una perspectiva distinta

¿Qué pasaría si el aumento de la epidemia de obesidad de los últimos veinte años no se debiera a nuestras sospechas habituales (la comida rápida, la televisión, la comida basura) sino que estuviera alimentada por un aumento de la inflamación silenciosa, que aumenta la resistencia a la insulina? Esto significa que, a menos que reduzcas la inflamación silenciosa subyacente, cualquier otra vía de reducir la obesidad está destinada al fracaso. Esto también significa que el mero hecho de reducir las calorías no bastará para contrarrestar nuestra actual epidemia de obesidad.

Creo que la obesidad comienza con el exceso de ácido araquidónico (AA). Tu AA en la sangre puede aumentar ya sea comiendo directamente demasiado del mismo (se encuentra primordialmente en altas dosis en la carne roja y en las yemas de los huevos) o indirectamente consumiendo demasiados hidratos de carbono con una alta carga glucémica, lo que aumenta la producción de insulina, lo que a su vez promueve un aumento de la producción de AA. De cualquier modo, el cuerpo ha de realizar grandes esfuerzos para eliminar cualquier exceso de AA de la circulación y almacenarlo en los depósitos de grasa para intentar controlar la inflamación.

Aquí es donde empieza el problema, puesto que las células adiposas no son simplemente bolas inertes de grasa que se asientan en tu estómago, muslos y caderas. Estas células son unas glándulas muy activas que pueden secretar grandes cantidades de mediadores para la inflamación si reciben el estímulo adecuado. A medida que tus células grasas se llenan de AA, se produce una superproducción de eicosanoides proinflamatorios en el tejido adiposo (graso). Ahora probablemente adivinarás lo que sucede. Estos eicosanoides «malos» fomentan la formación de nuevos mediadores inflamatorios y generan una inflamación silenciosa sistemática.

Antes de que empieces a maldecir a tu grasa, voy a decirte que toda tu grasa no es igual. Algunos tipos de grasa son más perjudiciales que otros. Todo depende de su actividad metabólica. La grasa subcutánea, la que se almacena en tus caderas, muslos y glúteos y que te da el aspecto de pera, no es tan perjudicial. Puede que no sea estética, pero al menos no te matará, porque tu cuerpo no tiene prisa en sacar el AA de estas células adiposas. Esta es la razón por la que este tipo de grasa se considera metabólicamente inactiva. Por encima de todo es un depósito de grasa.

La otra grasa, la grasa visceral, puede llegar a causar la destrucción de órganos. Este tipo de grasa se almacena alrededor de los órganos abdominales, como el hígado, los riñones y la vesícula biliar, y te da un aspecto de manzana.

¿CUÁNDO UNA MANZANA ES REALMENTE UNA MANZANA?

Puede que pienses que la forma más sencilla de saber si tienes grasa visceral sea mirarte en el espejo. Pero esto puede ser engañoso, porque la grasa visceral con frecuencia está en contacto directo con la grasa subcutánea de la región abdominal. El verdadero indicativo de la cantidad de grasa abdominal que se encuentra en tus órganos se puede medir, o bien con tu ratio TG/HDL, o bien con tus niveles de insulina en ayunas. Si ambos biomarcadores se encuentran en la Zona antiinflamación, aunque parezcas una manzana, tienes niveles relativamente bajos de grasa visceral.

La grasa visceral es muy activa metabólicamente y provoca la liberación continuada del AA almacenado en la sangre. Este es el último lugar donde querrás tener un exceso de AA, puesto que entonces será absorbido por tus 60 billones de células, haciendo que sean más propensas a producir eicosanoides proinflamatorios y, por lo tanto, más inflamación silenciosa en todo el cuerpo.

La grasa visceral es todavía más insidiosa porque también libera constantemente otros mediadores inflamatorios además del AA almacenado. Los peores son las citoquinas proinflamatorias: el factor de necrosis tumoral (TNF) y la interleuquina-6 (IL-6). El TNF está implicado en la creación de más resistencia a la insulina, mientras que la IL-6 hace que el hígado sintetice la proteína C-reactiva (PCR), que puede estimular a tus glóbulos blancos a preparar una respuesta inflamatoria a una infección potencial (aunque no haya ninguna). Esto supone la liberación de todavía más mediadores inflamatorios, como ya he dicho en el capítulo 13. Casi un tercio de la PCR circulante por la sangre procede directamente de las células adiposas de los órganos. Estas citoquinas proinflamatorias se producen en tu grasa visceral como respuesta al incremento de la producción de eicosanoides provocada por niveles altos de AA.

Esto significa que, cuanto más gordo estés (más grasa visceral tienes), más inflamación silenciosa generas. Esto es lo que conecta la obesidad con un mayor riesgo de padecer cardiopatías, cáncer o Alzheimer. Cualquier cosa que aumente la inflamación silenciosa será negativa para tu futuro.

¿SE PUEDE ESTAR GORDO PERO SANO?

Curiosamente, la respuesta es sí, pero con algunas salvedades. Puedes tener un exceso de peso y gozar de un estado de bienestar si tus niveles de inflamación silenciosa están controlados. Puesto que la obesidad genera inflamación, puede que tengas que tomar más aceite de pescado que otras personas para invertir la inflamación silenciosa inducida por la obesidad. Aunque perder peso sea un proceso lento y difícil, reducir la inflamación silenciosa tomando aceite de pescado concentrado es rápido. ¿Cuánto aceite de pescado necesitas? Todo depende de tu dieta. Si sigues la Dieta de la Zona, puede que sólo necesites 5 gramos de EPA y DHA al día. Si sigues la dieta estadounidense típica (con una carga glucémica muy alta), tendrás que aumentar la dosis.

Recuerda que todas las complicaciones médicas que produce la obesidad se deben a la inflamación que genera. El aceite de pescado concentrado es un antídoto inmediato para la inflamación. Pero ten presente que estar gordo y sano puede ser un juego peligroso. Es como encender un cigarrillo con una mecha de dinamita. Puedes hacerlo, pero has de ir con mucho cuidado. El día que dejas de tomar la dosis correcta de aceite de pescado, vuelve la inflamación que te conducirá a marchas forzadas hacia las enfermedades crónicas y el envejecimiento. Siempre que tu SIP esté controlado, la probabilidad de mantener tu bienestar será bastante alta a pesar de tu peso.

Si descuidas el arma de doble filo de la inflamación silenciosa y del incremento de la hiperinsulemia provocado por la resistencia a la insulina, puedes acabar con una de las enfermedades crónicas más costosas: la diabetes.

La conexión de la diabetes

Anteriormente, la diabetes era una enfermedad muy poco frecuente, pero los tiempos han cambiado. En los últimos veinte años se ha convertido en una epidemia. Voy a aclarar esto. La diabetes de tipo 2 (adultos) se ha convertido en una epidemia, mientras que la de tipo 1 (juvenil) todavía sigue siendo bastante rara. La diabetes de tipo 1 viene provocada por una condición en la que el páncreas se bloquea por completo y deja de producir insulina, lo que hace que aumenten descontroladamente los niveles de azúcar. La diabetes de tipo 2 más común (el 90 por ciento de los diabéticos padecen esta versión) sucede cuando el paciente hace tiempo que padece una resistencia a la insulina. Tal como he dicho antes, la resistencia a la insulina provoca que el páncreas secrete más insulina (hiperinsulinemia) en un intento de reducir los niveles de glucosa en la sangre. Al final, el páncreas (en realidad, las células beta del páncreas) se cansan y dejan de producir ese exceso de insulina. Esto se denomina el agotamiento de las células beta. El resultado es que, dado que el páncreas no secreta suficiente insulina, los niveles de glucosa en la sangre empiezan a subir hasta alcanzar niveles peligrosos. El peligro procede de dos factores: a) el exceso de glucosa en la sangre genera radicales libres (estrés oxidativo), y b) el exceso de glucosa es neurotóxico para el cerebro. La hiperinsulinemia suele preceder al desarrollo de la diabetes de tipo 2 unos ocho años antes, pero ambos se deben a una resistencia a la insulina. ¿Empiezas a ver la conexión?

Evidentemente, no todas las personas que tienen resistencia a la insulina terminan padeciendo diabetes de tipo 2. Sin embargo, muchas sí; se calcula que hay unos 16 millones de estadounidenses que la padecen. Esta devastadora enfermedad multiplica por 2 a 4 veces el riesgo de la persona que la padece de morir a causa de una cardiopatía, y también aumenta la probabilidad de padecer insuficiencia renal, ceguera, impotencia y amputaciones. Debido a las complicaciones de esta enfermedad, la diabetes de tipo 2 es la más cara de todas las enfermedades crónicas (a Estados Unidos le cuesta aproximadamente 132.000 millones de dólares al año). A medida que aumenta la epidemia de obesidad, aumenta la epidemia de diabetes de tipo 2. Eso es una mala noticia para la industria de la salud.

La buena noticia es que tomar aceite de pescado concentrado para reducir la inflamación silenciosa (la causa molecular de la resistencia a la insulina) y seguir la Dieta de la Zona ayudará a reducir la hiperinsulinemia (la consecuencia de la resistencia a la insulina) y empieza a invertir el proceso de la diabetes de tipo 2 en tan sólo seis semanas.

Estas dos soluciones aparentemente sencillas son palabras muy duras para la Asociación Norteamericana para la Diabetes (ADA). Se han pasado los últimos treinta años instruyendo a los diabéticos para que pierdan peso comiendo menos grasas y tomando más hidratos de carbono. Esto no ha hecho más que aumentar los niveles de insulina, conduciendo a más obesidad y a una mayor producción de insulina. De hecho, incluso hoy en día la ADA sigue sin reconocer la importancia de la carga glucémica como factor determinante en la producción de insulina.

La última investigación realizada en la Universidad de Minnesota ha confirmado mi opinión de que una dieta con una baja carga glucémica, como la Dieta de la Zona, es preferible a las recomendaciones dietéticas de la ADA. En este estudio los investigadores hicieron que durante cinco semanas un grupo de pacientes diabéticos de tipo 2 siguieran la Dieta de la Zona, y otro grupo la de la ADA, y después se intercambiaron las dietas entre ambos grupos de pacientes durante otras cinco semanas. Cuando los pacientes seguían la Dieta de la Zona, se observaban significativas reducciones en los niveles de glucosa en la sangre y los de hemoglobina glucosilada en comparación con el tiempo que estaban bajo la dieta de la ADA. El descenso de estos marcadores en la sangre indicaba que la resistencia a la insulina descendía con la Dieta de la Zona en comparación con la dieta de la ADA. Para asegurarse de que no había ninguna confusión a causa del papel que podría desempeñar la pérdida de peso, el número de calorías consumido en ambas dietas se mantuvo lo suficientemente alto para garantizar que no perdieran peso. Esto es otro gran indicativo de que la resistencia a la insulina (y por consiguiente, la inflamación silenciosa) se puede reducir sin necesidad de perder peso.

¿Puede el aceite de pescado invertir la diabetes de tipo 2?

Las investigaciones publicadas indican que la Dieta de la Zona tiene unos efectos superiores sobre los pacientes de diabetes de tipo 2 en comparación con las recomendaciones dietéticas habituales de la ADA. Pero, por desgracia, ese estudio no incluía el aceite de pescado. Al fin y al cabo, la diabetes (al igual que las cardiopatías y la depresión) es prácticamente inexistente entre los esquimales de Groenlandia, que toman las dosis más altas del mundo de EPA y DHA. También, por desgracia, los estudios sólo sobre el aceite de pescado y la diabetes de tipo 2 han obtenido resultados mixtos. En un análisis reciente de una veintena de pruebas clínicas con la diabetes se ha llegado a la conclusión de que el aceite de pescado no tiene ningún efecto —ni positivo ni negativo—

sobre los niveles de azúcar en la sangre. Poco éxito para el aceite de pescado. No obstante, ninguno de estos estudios ha contemplado la combinación de la Dieta de la Zona y el aceite de pescado. En teoría, la combinación de ambos ha de dar excelentes resultados.

Tuve la oportunidad de probar mi hipótesis hace varios años con la Princeton Medical Resources, una compañía de seguros médicos (HMO) de San Antonio. George Rapier, el propietario de la HMO, se dirigió a mí para ver si podía ayudarle a reducir los gastos sanitarios. Puesto que los pacientes diabéticos de tipo 2 generan el gasto médico más elevado, debido a las complicaciones que padecen a largo plazo, cualquier cosa que pueda paliar esa situación ocupa un lugar esencial en la HMO.

El año antes de que George recurriera a mí, había contratado a dietistas entrenados por la ADA para que aconsejaran a 400 de sus más de 4.000 pacientes diabéticos. Estos pacientes siguieron escrupulosamente las recomendaciones que les hicieron en sus planes de comidas personalizados suministrados por estos dietistas de la ADA. ¡Y al cabo de un año, Rapier descubrió que los gastos sanitarios de estos 400 pacientes habían aumentado en 1 millón de dólares!

Ni que decir tiene que George se propuso buscar otras soluciones más eficaces. Me llamó después de leer mi primer libro *Dieta para estar en la Zona* y haber perdido 11 kilos siguiendo la dieta. Me preguntó si estaría dispuesto a trabajar con algunos de sus pacientes, pero me dijo que tendría que simplificar mucho el programa, porque la mayoría tenían un nivel educativo bajo y el inglés no era su lengua materna. Utilizando el método de la mano y el ojo que he descrito antes y con 1,6 gramos al día de EPA y DHA (entonces no tenía el aceite de pescado concentrado EPA/DHA), creé un programa dietético muy sencillo para 68 enfermos de diabetes de tipo 2. Al cabo de seis semanas de seguir mi programa dietético, estos fueron los resultados:

Análisis de sangre	Inicio	6 semanas	% cambio	Margen de error
Insulina	28	21	−23	< 0,0001
TG/HDL	4,2	3,1	−26	< 0,0001
HbA1C	7,8	7,3	−7	< 0,0001
Masa grasa (kg)	72	70	−3	< 0,0001

Cada medición clínica no sólo se asoció con la disminución de la diabetes de tipo 2, sino que algunos de los cambios fueron extraordinarios. Las dos mediciones que más variaron fueron las de los marcadores (insulina y la ratio de TG/HDL) que utilizo para definir la Zona antiinflamación. Aunque los valores todavía estaban lejos de ser óptimos en esas 6 semanas, la reducción era idéntica a la que se hubiera obtenido con cualquier fármaco. Por ejemplo, la hemoglobina glucosilada (HbA1c) es uno de los mejores indicadores de otras complicaciones a largo plazo en los diabéticos de tipo 2. Si se encuentra por debajo de 7,3, muchas de estas consecuencias adversas (insuficiencia renal, amputación y ceguera) no llegan a producirse. Por último, estos pacientes diabéticos perdieron parte del exceso de grasa corporal, lo cual en su caso era extraordinariamente difícil debido a su hiperinsulinemia.

También quiero destacar que el descenso de cada uno de estos valores sanguíneos tuvo un margen de error mínimo. El margen de error es un indicativo de la probabilidad de obtener los mismos resultados en el mismo experimento. Cuanto más bajo, más probabilidades de que esos resultados se puedan volver a repetir. En este caso, las estadísticas indicaban que si el experimento dietético se realizara 10.000 veces, observarías los mismos resultados 9.999 veces.

Por entusiasmado que estaba con estos resultados, sabía que podían haber sido mejores si hubiera usado dosis más elevadas de aceite de pescado (unos 5 gramos de EPA y DHA al día). Esto se debe a que la resistencia a la insulina parece ser mediada por un aumento en los niveles de TNF (factor de necrosis tumoral). La única forma probada de reducir la secreción de TNF en el cuerpo es ingiriendo dosis altas de aceite de pescado concentrado. Esto a su vez disminuye la resistencia a la insulina, lo que baja los niveles de la misma. Cuando han bajado los niveles de insulina, tu cuerpo por fin puede acceder a la grasa almacenada en el cuerpo para obtener energía. Básicamente, se necesita grasa para quemar grasa, especialmente si esa grasa puede reducir la liberación de TNF. Eso es lo que una dosis alta de aceite de pescado concentrado puede hacer.

Resumen

Si quieres reducir el exceso de grasa en el cuerpo o invertir la diabetes de tipo 2, has de reducir la inflamación silenciosa. El arma dietética más importante que posees para esto es el aceite de pescado concentrado. La Dieta de la Zona también funcionará, pero a un ritmo más lento. Combina estas dos y tendrás una poderosa herramienta dietética para invertir la epidemia doble que amenaza con destruir nuestros sistemas sanitarios: la obesidad y la diabetes.

15

Por qué las cardiopatías tienen poco que ver con el colesterol y mucho con la inflamación silenciosa

Una de las mejores formas de vivir más y mejor es reducir tu probabilidad de morir de una enfermedad del corazón. Si mañana pudiéramos eliminar las cardiopatías, la esperanza de vida de los norteamericanos aumentaría en aproximadamente 10 años. Aunque la mortalidad por enfermedades del corazón ha descendido gracias a los avances médicos, la incidencia de cardiopatías ha aumentado. Cada vez hay más personas con este tipo de enfermedades porque no se está haciendo lo suficiente para ir a la causa subyacente: la inflamación de las arterias. Al igual que toda inflamación silenciosa, esta inflamación arterial se debe a un aumento en la producción de eicosanoides «malos». En lugar de poner nuestras esperanzas en alguna nueva técnica de cirugía o en algún fármaco que quizá se llegue a desarrollar en el futuro, ¿por qué no evitar padecer este tipo de enfermedad de buen principio?

Se nos ha hecho creer que un colesterol alto es la causa de las cardiopatías. A raíz de ello le hemos declarado la guerra al colesterol en la dieta, y eso también incluye una guerra a la grasa en la dieta. Tal como he explicado en el capítulo anterior, el resultado de esa visión dietética ha sido una epidemia de obesidad. Esta es la razón por la que la comunidad médica se ha centrado en reducir los niveles de colesterol en la sangre a los niveles más bajos posibles. No es de extrañar que los fármacos más rentables (estatinas) de la industria farmacéutica sean las armas principales en esta guerra. Pero ¿y si el colesterol fuera sólo un jugador de segunda en las cardiopatías?

Para protegerte de las enfermedades del corazón has de hacer mucho más que bajar tus niveles de colesterol. De hecho, el 50 por ciento de las personas hospitalizadas por infartos de miocardio tienen niveles de colesterol normales. Lo que es más, el 25 por ciento de las personas que desarrollan infartos de miocardio prematuros no tienen ninguno de los factores de riesgo tradicionales. Entonces, si el colesterol alto no es la causa principal, ¿cuál es?

Inflamación silenciosa = problemas de corazón

Un infarto de miocardio es simplemente la necrosis del tejido muscular del corazón debido a una falta de oxígeno provocada por una restricción del flujo sanguíneo. Si esta falta de oxígeno es prolongada y mueren muchas células musculares, el infarto puede ser mortal.

Hay varias causas que pueden provocar la falta de oxígeno en el corazón. Se puede producir una rotura en una placa de ateroma inestable en las paredes de las arterias. Esto provoca la activación de las plaquetas, que se aglutinan en la zona y bloquean el paso de la sangre. Puedes tener un espasmo en la arteria que bloquee el flujo sanguíneo hacia el corazón. Pero lo más habitual es una arritmia cardíaca, que altera la sincronización de los latidos del corazón y puede hacer que este deje de latir por completo. Ninguna de estas causas de infarto tienen mucho que ver con los niveles del colesterol, pero sí con la inflamación silenciosa.

Hay una serie de factores que vinculan la inflamación silenciosa con los infartos de miocardio mortales. En primer lugar, los eicosanoides proinflamatorios que se encuentran dentro de una placa de ateroma inestable pueden provocar la inflamación que incrementa el riesgo de ruptura. Con frecuencia, estas placas inestables son tan pequeñas que no se pueden detectar mediante la tecnología convencional, como los angiogramas. Cuando una de estas placas estalla, los desechos celulares quedan en libertad y las plaquetas corren al lugar del suceso para intentar reparar esa rotura, igual que lo harían con una herida. La sangre se coagula por la agregación plaquetaria y puede llegar a bloquear la arteria, hasta interrumpir el flujo sanguíneo por completo. Esto explica por qué muchas personas no mueren a causa del infarto de miocardio a pesar de tener las arterias muy taponadas, mientras que otras sí, aun teniendo las arterias aparentemente normales. Todo depende de los niveles de inflamación de estas pequeñas placas inestables.

¿NO BASTARÍA CON TOMAR
UNA ASPIRINA AL DÍA?

Puesto que la inflamación silenciosa está vinculada con las cardio-patías, ¿no bastaría con tomar una aspirina al día para evitarlas y conservar el corazón sano? Al fin y al cabo, la aspirina es muy efi-caz para reducir los infartos de miocardio. Siempre se ha pensado que la aspirina actúa obstaculizando la producción de eicosanoides «malos», como el tromboxano A2, que pone en movimiento la agre-gación plaquetaria que acaba formando un coágulo.

Otra razón por la que la aspirina es un arma tan eficaz para evitar los infartos de miocardio es porque reduce la producción de eicosanoides proinflamatorios en el interior de una placa ateroes-clerótica inestable, que serían los que provocarían su ruptura. Por desgracia, la aspirina también puede provocar la muerte por he-morragia interna. En modo alguno es el fármaco ideal para una su-presión a largo plazo de la inflamación silenciosa en el corazón.

Sin embargo, el aceite de pescado concentrado cumple la mis-ma función antiinflamatoria que la aspirina, bloqueando la produc-ción de AA, que es el componente principal de los eicosanoides proinflamatorios. Estudios recientes han demostrado que la ingesta de aceite de pescado concentrado durante 45 días puede reducir considerablemente los niveles de inflamación en las placas inesta-bles, haciendo que sean mucho menos propensas a la ruptura.

Charlie Serhan, de la Facultad de Medicina de Harvard, puede haber descubierto la solución para reducir la inflamación en el co-razón. Esto vincula la aspirina con el aceite de pescado, y se trata del hallazgo de una nueva clase de eicosanoides denominados epi-lipoxinas activadas por la aspirina. Estos nuevos eicosanoides son hasta la fecha los eicosanoides antiinflamatorios más poderosos que se conocen. No obstante, lo más fascinante es que las epilipo-xinas activadas por la aspirina más potentes son las que están compuestas por EPA y DHA, los dos ácidos grasos que se encuen-tran en el aceite de pescado. Lo que significa que, cuanto más aceite de pescado consumes, junto con una aspirina en dosis baja, mayor potencial tienes de producir estas epilipoxinas antiinflama-torias recién descubiertas. Si tienes un riesgo alto de padecer al-guna cardiopatía, tomar una aspirina infantil junto con aceite de pescado concentrado te ayudará a incrementar la producción de estas poderosas epilipoxinas antiinflamatorias activadas por la aspirina, a la vez que reduces los niveles de inflamación dentro de estas placas inestables.

Estos mismos eicosanoides proinflamatorios también son los culpables del espasmo vascular, la segunda causa letal de los ataques cardíacos. Los eicosanoides proinflamatorios actúan como poderosos constrictores de las arterias y pueden conducir a un espasmo vascular, una contracción potencialmente fatal, o calambre, que impide el flujo sanguíneo al corazón.

Por si todo esto no fuera bastante, la falta de niveles adecuados de ácidos grasos omega-3 de cadena larga en el tejido cardíaco también puede conducir a un infarto mortal provocado por un desorden de los impulsos eléctricos en el corazón. Esta condición, denominada paro cardíaco, supone más de un 50 por ciento de los ataques cardíacos mortales. Para poder bombear la sangre eficazmente, el músculo del corazón ha de contraerse y relajarse de manera sincronizada, lo que viene controlado por una corriente eléctrica que depende de que se mantengan los niveles de calcio en la parte externa de la membrana celular del corazón. La afluencia descontrolada (provocada por la falta de oxígeno en el músculo del corazón) de estos iones de calcio puede provocar irregularidades en las contracciones rítmicas del corazón y puede llegar hasta la interrupción total de los latidos. En los estudios con animales, se ha demostrado que las dosis altas de ácidos grasos omega-3 de cadena larga bloquean los canales del calcio en las células del corazón y evitan esta afluencia aunque les falte oxígeno.

El mito del colesterol

No estoy diciendo que el colesterol no influya en las cardiopatías, pero es un factor secundario que desempeña un papel mucho menos importante en los infartos de miocardio letales que la inflamación silenciosa. Si tu meta es reducir las posibilidades de padecer un ataque al corazón letal, es mucho más importante que reduzcas la inflamación silenciosa que el colesterol. Entonces, ¿cómo perdió importancia la inflamación silenciosa y comenzó el reinado del colesterol? Para responder a esta pregunta hemos de remontarnos a casi 150 años atrás.

Rudolf Virchow fue uno de los más grandes médicos del siglo XIX. Hace casi 150 años, basándose en sus observaciones de las autopsias que había realizado a las pocas personas que habían muerto de un ataque cardíaco, afirmó que la ateroesclerosis era una enfermedad inflamatoria. A finales del siglo XIX el médico más famoso de Estados Unidos era Sir William Osler. Cuando se le preguntó por qué no había incluido un capítulo sobre las enfermedades del corazón en su clásico manual de medicina, respondió que era una enfermedad tan rara que la mayoría de los médicos jamás llegarían a verla.

En 1913, los estudios llevados a cabo por un científico ruso demostraron que alimentar a conejos con grandes cantidades de colesterol inducía a lesiones ateroescleróticas. A raíz de este experimento, los médicos empezaron a creer que el colesterol en la dieta era la principal causa de las enfermedades cardíacas. Por desgracia, otros estudios demostraron que las dietas altas en colesterol inducían a la ateroesclerosis en los conejos porque deprimía la función de la glándula tiroides. Si se daban extractos de tiroides a la vez que se les alimentaba con dietas altas en colesterol, no se producía ningún daño en las arterias. Lo que es más, los estudios en primates indicaron que una dieta alta en colesterol sólo conducía a acelerar lesiones en las arterias si estas ya estaban inflamadas. Aunque estos descubrimientos deberían haber puesto en entredicho la primacía del colesterol como principal causante de las cardiopatías, no ha sido así.

El problema principal de las investigaciones sobre las enfermedades cardíacas es la relación entre causa y correlación. Aunque pueda haber una *correlación* entre algún agente en la sangre y la enfermedad cardíaca, eso no significa que ese mismo marcador clínico sea la *causa* de esa enfermedad. Por ejemplo, podríamos decir que podría haber una correlación entre ser alcanzado por un rayo y la fase lunar. Sin embargo, esto no significa que la fase de la Luna haya sido la causante de que te haya alcanzado un rayo. En la actualidad hay más de 200 factores de riesgo que se correlacionan con las enfermedades cardíacas. ¿Provoca cada uno de los factores de riesgo la enfermedad cardíaca, o simplemente son un efecto secundario que se produce cuando ya se ha producido el verdadero daño? Para que algo sea realmente la causa de una enfermedad cardíaca, ha de aumentar o disminuir cada vez que cambie un factor en particular. Por otra parte, si un factor de riesgo tiene una fiabilidad irregular para predecir la mortalidad cardiovascular, quiere decir que se trata de un factor secundario que se produce aprovechando la ocasión. Veamos algunos de los mitos del colesterol que tan arraigados están en nuestra forma de pensar. Se nos ha dicho que uno de los factores de riesgo que causa la mortalidad en las cardiopatías es una alta ingesta de grasas. El otro factor de riesgo es supuestamente una alta tasa de colesterol en la sangre.

El mito de la dieta alta en grasas

Los estudios epidemiológicos de los años 1950 sugirieron que las poblaciones que comían las dietas más altas en grasas tenían un mayor riesgo de morir de enfermedades cardíacas. El problema es que los investigadores no tuvieron en cuenta a poblaciones de todo el mundo (como los masai de África, los cretenses de Creta y los esquimales de Groenlandia) que tienen dietas extremadamente altas en grasas (mucho más altas que la dieta típica estadounidense), pero con índices muy bajos de cardiopatías. Este era especialmente el caso de los masai y de los esquimales, que tomaban una dieta muy alta en colesterol. Estos hechos incómodos simplemente estaban arruinando una gran teoría. Por consiguiente, esas poblaciones fueron convenientemente olvidadas.

No obstante, esta mitología condujo al patrocinio de las dietas bajas en grasas (y con una alta carga glucémica), como la de la Pirámide Alimentaria del USDA [Departamento de Agricultura de Estados Unidos], que han provocado nuestra epidemia actual de obesidad y diabetes de tipo 2. Esto a su vez ha aumentado los niveles de inflamación silenciosa de la población.

El mito del colesterol alto en la sangre

Los médicos pensaban que sólo teníamos que preocuparnos de nuestros niveles del colesterol total. Luego las investigaciones dejaron de manifiesto que no era una forma fiable de predecir una enfermedad cardíaca. El hecho es que el fármaco más importante (aspirina) para prevenir los infartos de miocardio no tiene ningún efecto para reducir el colesterol (pero sí lo tiene para reducir la inflamación), aunque eso no se iba a interponer en la gran historia de los beneficios de bajar al máximo los niveles de colesterol en la sangre. En la actualidad la reducción del colesterol es la prioridad número uno de todo cardiólogo en Estados Unidos.

Reto al Santo Grial de la cardiología de que el colesterol alto en suero sea la causa de la mortalidad en las enfermedades cardiovasculares por una única razón: los datos. Diferentes estudios epidemiológicos han demostrado que el nivel alto de colesterol en la sangre es más frecuente en los pacientes que padecen estas enfermedades. Pero ese aumento era sólo de un 5 a un 10 por ciento superior en las personas que habían desarrollado la enfermedad cardíaca que en las que no la padecían. Un ejemplo de lo pequeña que es esa diferencia: el 38 por ciento de los pacientes sin enfermedad cardíaca del estudio de Framingham tenían un nivel de colesterol total de 220 mg/dl o inferior, mientras que el 32 por ciento de los pacientes con enfermedad cardíaca tenían un colesterol total de 220 mg/dl o inferior. Posteriores análisis con los mismos datos indicaron que un nivel de colesterol total alto después de los 47 años no parecía influir en nada en las muertes por enfermedades cardiovasculares. El estudio MONICA que se realizó en Europa confirmó esta falta de vinculación entre el colesterol alto y la muerte por infarto de miocardio. En Francia, personas con niveles de colesterol de unos 240mg/dl suponían sólo una quinta parte del número de infartos de miocardio letales en comparación con las personas en Finlandia que tenían los mismos niveles de colesterol. Esto se denomina la Paradoja Francesa. En realidad, sólo es una paradoja si optas por creer que el colesterol total en la sangre es la causa principal de muerte por enfermedades cardíacas.

La historia del colesterol «malo» se complicó todavía más cuando los investigadores descubrieron dos tipos de partículas de LDL (el colesterol «malo»). Un tipo está compuesto por partículas grandes y esponjosas (colesterol «malo» *bueno*) que parecía no tener demasiado potencial para provocar el desarrollo de placas de ateroma en las arterias. El otro tipo consiste en partículas pequeñas y densas de LDL (colesterol «malo» *malo*) que sí están muy implicadas en el riesgo de provocar enfermedades cardíacas. Ahora ya tenemos el colesterol «malo» *bueno* (las partículas grandes y esponjosas de LDL) y el colesterol «malo» *malo* (el colesterol LDL pequeño y denso). ¿Te empiezas a perder? Bueno, igual que todos los que están librando una batalla contra el colesterol, porque ahora sabemos que cuanto más colesterol «malo» *malo* tengas, más probabilidades tienes de padecer un infarto de miocardio, mientras que un nivel alto de colesterol «malo» *bueno* no es probable que tenga ningún efecto adverso para la salud.

Puedes identificar fácilmente tus niveles de colesterol «malo» *malo* y colesterol «malo» *bueno*. Lo único que has de hacer es determinar la ratio de dividir los triglicéridos (TG) por el HDL (TG/HDL), que aparecerá en los resultados de tu análisis de sangre en ayunas. Si tu ratio es inferior a 2, tienes predominantemente partículas de colesterol grande y esponjoso LDL, que no te van a causar demasiados problemas. Si tu ratio es superior a 4, tienes muchas partículas de LDL pequeñas y densas que pueden acelerar el desarrollo de placas de ateroma, independientemente de tu nivel de colesterol total o incluso de tus niveles de LDL. Esta es la razón por la que el nivel de TG/HDL es uno de los marcadores en la sangre que recomiendo para determinar si estás en la Zona antiinflamación, mientras que los niveles de colesterol total y de colesterol LDL total no lo son.

La conexión entre la ratio de TG/HDL y los infartos de miocardio ha sido confirmada por diversos estudios realizados en la Facultad de Medicina de Harvard. En estas investigaciones se determinó que cuanto más elevada era la ratio de TG/HDL, mayor era el riesgo de padecer un ataque cardíaco. ¿Cuánto mayor? En esos estudios las personas con las ratios más elevadas de TG/HDL tenían 16 veces más riesgo que las personas con ratios inferiores. ¡Eso supone un extraordinario aumento en el riesgo para una de las causas de muerte más comunes!

Para ver esto objetivamente, observa cómo se distribuyen los otros factores de riesgo para padecer un infarto de miocardio en la tabla que viene a continuación:

RIESGO RELATIVO DE PADECER UN INFARTO DE MIOCARDIO

Factor de riesgo	Riesgo relativo (X = N° de veces de aumento del riesgo)
Sano sin factores de riesgo	1 (no hay aumento en el riesgo)
Colesterol total alto (más de 200)	2
Tabaco (1 paquete al día)	2
Ratio de TG/HDL alto (sobre 7)	16

Después de mirar esta tabla, deberías preguntarte por qué no se ha declarado una guerra nacional contra las ratios altas de TG/HDL. Una ratio alta de TG/HDL aumenta mucho más el riesgo de padecer una enfermedad cardíaca. Es un marcador del síndrome metabólico que indica que estás desarrollando una resistencia a la insulina. La resistencia a la insulina conduce a la obesidad, a la diabetes de tipo 2, y al final a una enfermedad cardíaca prematura. A medida que aumenta tu ratio de TG/HDL, significa que tu resistencia a la insulina también aumenta. La consecuencia del aumento de los niveles de insulina significa que tu cuerpo está produciendo demasiado AA. Cuanto más AA produce, más inflamación silenciosa generas.

Podemos comprobar la importancia de la ratio de TG/HDL en los resultados recientemente publicados del estudio que se está realizando en Dinamarca en el Estudio sobre hombres de Copenhague. Los investigadores escogieron pacientes sanos que o bien tenían una ratio baja de TG/HDL (inferior a 1,7) o tenían una ratio alta de TG/HDL (superior a 6) para comprobar quiénes desarrollarían enfermedades cardíacas. Se quedaron sorprendidos al descubrir que los pacientes con una ratio baja de TG/HDL que fumaban, no hacían ejercicio, padecían hipertensión y tenían un nivel elevado de LDL, tenían aproximadamente un 50 por ciento menos de riesgo de padecer una enfermedad cardíaca que los que seguían un estilo de vida mejor pero tenían una ratio de TG/HDL superior. Esto indica que bajar tu ratio de TG/HDL puede tener mayor repercusión en que desarrolles una enfermedad del corazón que adoptar estos estilos de vida más saludables. ¿Significa eso que puedes seguir fumando, haciendo vida sedentaria sin preocuparte por tu presión sanguínea o tus niveles de colesterol? En absoluto, pero sí indica que necesitas esforzarte mucho más en bajar tu ratio de TG/HDL si tu meta es prevenir una cardiopatía.

¿HE DE TOMAR ALGÚN FÁRMACO PARA BAJAR EL COLESTEROL?

Situación común: tu médico te dice que tienes el colesterol alto y que has de tomar una medicación para bajarlo. Al principio puede que te resistas. Al fin y al cabo, te encuentras bien. Pero luego te lo vuelves a pensar, no quieres morir de un infarto de miocardio y casi todos tus conocidos están tomando algo para reducir su colesterol. Entonces, ¿qué debes hacer?

Antes de tomar una decisión, has de recopilar información. Se descubrió que los fármacos para reducir el colesterol que se fabricaban en las décadas de 1970 y 1980 sólo reducían modestamente el riesgo de muerte por un ataque cardíaco, si es que tenían algún efecto. Por otra parte, su aspecto más ominoso es que a menudo incrementaban la mortalidad en general, lo cual no es muy positivo. Luego, en 1994, se descubrió una nueva clase de fármacos para bajar el colesterol, denominada estatinas, y se vio que era mucho más eficaz para prevenir los ataques cardíacos que otros medicamentos. Los investigadores en patologías cardiovasculares estaban seguros de que esos fármacos mágicos reducían los niveles de colesterol «malo». (Nota: si baja la insulina, también disminuye el colesterol «malo».)

Según parece, las estatinas probablemente no obran su magia reduciendo los niveles de colesterol. En realidad tienen un espectro de acción mucho más amplio de lo que nadie había previsto. Actúan como burdos agentes antiinflamatorios bloqueando la liberación de la proteína C-reactiva (PCR) del hígado. Los pacientes con niveles altos de PCR (un marcador rudimentario de la inflamación) cuando tomaban estatinas eran los que experimentaban un mayor descenso en la mortalidad a causa de cardiopatías. Las estatinas en realidad no son grandes agentes antiinflamatorios, puesto que no reducen las citoquinas proinflamatorias como la IL-6, que es la principal causante de la producción de la PCR (que en sí misma no es un marcador de la inflamación); sólo inhiben la liberación de PCR del hígado. También parecen inhibir el gen-Rho, que interviene en las respuestas inflamatorias. De modo que las estatinas reducen los infartos de miocardio al reducir sólo algunos tipos de inflamación, mientras que el aceite de pescado concentrado reduce todo tipo de inflamación porque disminuye la producción de AA. La capacidad de las estatinas para reducir el colesterol LDL puede ser sólo un factor secundario en la reducción de la mortalidad por enfermedades del corazón.

Pero lo más importante es que las estatinas pueden tener una serie de efectos secundarios, incluida la pérdida de memoria, debilidad muscular, problemas hepáticos y un mayor riesgo de lesiones neurológicas (neuropatías). De hecho, la mitad de los pacientes dejan de tomar las estatinas al cabo de un año debido a sus efectos secundarios. Sin embargo, hay otro efecto secundario de las estatinas que las compañías farmacéuticas no dicen. Las estatinas acaban aumentando la producción de AA. Esto significa que la ingesta de estatinas a largo plazo acaba aumentando la inflamación silenciosa. De hecho, un estudio indicaba que el número de pacientes que habían desarrollado cáncer de mama (otra enfermedad provocada por la inflamación silenciosa) era significativamente más elevado en los pacientes que tomaban estatinas que en los que tomaron placebo. Este no es exactamente el tipo de información que te apetece escuchar si se supone que has de tomar estos medicamentos durante el resto de tu vida.

¿Recomiendo las estatinas? No, a menos que sigas paso a paso la dieta y el estilo de vida que indico en este libro, y aun así no estarás en la Zona antiinflamación como determinará la química de tu sangre. Si tomas estatinas, supleméntalas siempre con aceite de pescado concentrado para reducir el aumento inherente en la producción de AA (y por lo tanto de la inflamación silenciosa) que producen estos medicamentos.

La Zona antiinflamación y la mortalidad por enfermedades cardiovasculares

Ahora ya deberías entender que los riesgos de padecer cardiopatías a causa de las dietas altas en grasas y del colesterol alto en suero se han exagerado y que el verdadero riesgo que es la inflamación silenciosa se ha menospreciado. Si tienes miedo de morir de un infarto de miocardio, lo primero que deberías hacer es alcanzar la Zona antiinflamación.

Cuando empecé mis investigaciones hace treinta años, quería comprobar si podía cambiar la tendencia de mis genes. Mis genes estaban programados para una muerte temprana a causa de alguna cardiopatía, como le sucedió a mi padre, a mis tíos y a mi abuelo. Era evidente que yo tenía un gran interés personal en descubrir la causa de las enfermedades cardiovasculares. No me creí la teoría del colesterol, pero la de la inflamación sí tenía sentido para mí. El resultado fue el desarrollo del concepto de la Zona antiinflamación, donde se podía mantener un control de la inflamación de por vida.

La mejor forma de predecir un futuro infarto de miocardio procede de los estudios prospectivos en los que se hace un seguimiento de personas sanas durante una serie de años para determinar quiénes podrían desarrollar una enfermedad cardiovascular y luego intentar averiguar la causa. Puesto que eso son pruebas muy caras, hay muy pocos estudios de este tipo. Pero los que existen actualmente han llegado a la conclusión de que los niveles de colesterol, en realidad, son una forma muy poco fiable de predecir un futuro infarto de miocardio. De hecho, la probabilidad de futuros infartos está íntimamente relacionada con los niveles altos de eicosanoides proinflamatorios, que son justamente las hormonas que se pueden modificar siguiendo mis recomendaciones dietéticas.

Cuando escribí *Dieta para estar en la Zona*, recibí fuertes críticas por afirmar que los niveles altos de insulina eran un factor principal en las enfermedades del corazón. (Esto a pesar del hecho de que todo el mundo sabe que los diabéticos tienen un mayor riesgo de padecer cardiopatías.) En ese libro explicaba que la razón por la que un nivel alto de insulina es un factor de riesgo tan elevado es porque aumentaba la producción de AA, y por lo tanto la inflamación.

Si reducir la inflamación tiene un efecto tan importante en la reducción de la mortalidad por cardiopatías, la solución sería sencilla: añade más pescado a tu dieta para reducir la inflamación silenciosa. Los estudios epidemiológicos de finales de la década de 1970 con los esquimales de Groenlandia, en los que no se había detectado prácticamente ninguna enfermedad del corazón a pesar de tomar una dieta muy alta en grasas, rica en colesterol, apoyaron mi tesis. Sin embargo, su dieta era extremadamente rica en ácidos grasos omega-3 de cadena larga como el EPA y el DHA. Por otra parte, los japoneses, que consumen dietas bajas en grasas, también tienen índices bajos de enfermedades cardiovasculares. No obstante, la grasa que consumen es rica en EPA y DHA. Lo que vincula a estas dos poblaciones es que tienen un SIP muy bajo. No eran sus niveles de colesterol en la dieta o de la grasa total que consumían lo que los diferenciaba en su riesgo de padecer cardiopatías, sino la ausencia de inflamación silenciosa debido a sus dietas ricas en EPA y DHA.

La prueba más definitiva de los beneficios del aceite de pescado se vio en los resultados del estudio GISSI, en el que pacientes italianos que ya habían padecido un infarto de miocardio tomaron 1 gramo diario de concentrado destilado de EPA y DHA. En comparación con el grupo que sólo había tomado el placebo o cápsulas de vitamina E, los que habían tomado el suplemento de aceite de pescado durante un período de 3,5 años experimentaron una reducción de un 45 por ciento del riesgo de padecer un infarto de miocardio mortal (provocado por una arritmia), un 20 por ciento de reducción en el riesgo de padecer cualquier enfermedad cardiovascular mortal, y un 10 por ciento de reducción en la mortalidad en general. Estas reducciones en la mortalidad (el único dato clínico que realmente cuenta) eran idénticas a los resultados de las pruebas realizadas con las estatinas. Además, la divergencia en los índices de mortalidad empezó a observarse a los tres meses de haber comenzado el experimento.

Es evidente que la dieta en general desempeña un papel principal en el riesgo de padecer cardiopatías. Las pruebas más contundentes proceden del Estudio de la Dieta para el Corazón de Lyon, del que ya he hablado antes. En este estudio, los pacientes que habían superado infartos de miocardio y que habían seguido dietas con baja carga glucémica (con niveles muy bajos de ácidos grasos proinflamatorios omega-6) experimentaron un 70 por ciento de reducción en los infartos de miocardio mortales en comparación con los que siguieron dietas con alta carga glucémica (con niveles altos de ácidos grasos proinflamatorios omega-6). Lo más sorprendente es que en el grupo con la dieta baja en carga glucémica y en ácidos grasos omega-6 no se produjo ningún paro cardíaco (la causa principal de mortalidad cardiovascular debida a una cardiopatía).

Cuando los investigadores analizaron la sangre de los participantes de los dos grupos del Estudio de Lyon para ver qué es lo que podía explicar esas destacables diferencias, no hallaron diferencias en los niveles de colesterol total o del LDL. (Esto en cuanto a que el colesterol sea la principal causa de los infartos de miocardio mortales.) La principal diferencia entre los dos grupos se halló en su SIP. El SIP de las personas del grupo con una baja carga glucémica era de 6,1, frente al del grupo de la dieta con alta carga glucémica que era de 9,0. Por ende, se dedujo que el 30 por ciento de la reducción del SIP se tradujo en un 70 por ciento de reducción en los infartos de miocardio mortales. La medicina no conoce ningún fármaco que pueda generar tales resultados clínicos. Esta es la razón por la que creo que el SIP puede predecir mucho mejor la probabilidad de padecer una cardiopatía en el futuro.

Por espectaculares que fueran los resultados del Estudio de Lyon, estoy seguro de que podían haber sido mejores si se hubiera puesto a un grupo de pacientes en el Programa de estilo de vida de la Zona que les hubiera permitido alcanzar la Zona antiinflamación. Ninguno de los pacientes del estudio pudo alcanzar el SIP óptimo de 1,5, que es similar al que se encuentra entre los japoneses, que son la población con el índice más bajo de cardiopatías en el mundo. Asimismo, su ratio de TG/DHL (3,4) seguía siendo elevado en ambos grupos del estudio, lo que indica que los niveles de insulina no habían bajado lo suficiente y que ambos grupos todavía tomaban dietas demasiado ricas en hidratos de carbono.

Por lo tanto, en comparación con el Estudio de la Dieta para el Corazón de Lyon, creo que la combinación de la Dieta de la Zona y el aceite de pescado concentrado habrían producido mejores resultados. Este programa dietético habría bajado tanto la ratio de TG/HDL como el SIP, además de haberlos situado en la Zona antiinflamación. Basándonos en todas las pruebas de las que disponemos gracias a los estudios prospectivos, la disminución de estos niveles en la sangre habría reducido todavía más el riesgo de cardiopatías mortales. Esto puede verse en la siguiente tabla.

Parámetro	Dieta de Lyon: grupo dieta alta carga glucémica	Dieta de Lyon: grupo dieta baja carga glucémica	Parámetros para Zona antiinflamación
Perfil de inflamación silenciosa (SIP)	9,1	6,1	1,5
Ratio TG/HDL	3,4	3,4	1
Riesgo de infartos de miocardio mortales	1,0	0,3	?

Las dietas para reducir la mortalidad cardiovascular, como la del estudio GISSI y la de la Dieta para el Corazón de Lyon, son largas y caras; esta es la razón por la que se realizan tan pocos estudios. No obstante, sería un descuido por mi parte no mencionar otro estudio dietético con pacientes cardiovasculares. En este se utilizaron personas vegetarianas, con una dieta alta en carga glucémica combinada con ejercicio y técnicas para la reducción del estrés. El Estudio de Estilo de vida dividió a los pacientes en dos grupos: a uno se le dio una dieta en la que se seguían las pautas de la Asociación Norteamericana para el Corazón (AHA), y al otro un plan para una dieta vegetariana baja en grasas y alta en hidratos de carbono. A continuación tenemos los resultados después de cinco años:

Grupo	TG/HDL al inicio	TG/HDL al final	Infartos de miocardio mortales
De estudio (grupo vegetariano)	5,7	6,7	2
De control	4,3	4,3	1

A diferencia del Estudio de la Dieta para el Corazón de Lyon y del estudio GISSI, los investigadores detectaron un aumento en el número de infartos de miocardio mortales. Hacer más ejercicio y practicar técnicas de relajación era casi seguro que no aumentaría el riesgo de infartos mortales, pero el aumento de la ratio de TG/HDL sí. Una y otra vez, los investigadores han comprobado que las personas que siguen estas dietas muy bajas en grasas y altas en carga glucémica suelen experimentar un peligroso aumento en sus niveles de triglicéridos. Esta probablemente sea la razón por la que la Asociación Norteamericana para el Corazón considera que las dietas muy bajas en grasa y muy altas en hidratos de carbono todavía son experimentales, aunque cuentan ya con casi veinte años de existencia y han sido recomendadas a cientos de miles de pacientes con cardiopatías como una forma «probada» de luchar contra las enfermedades del corazón. Creo que los resultados del estudio GISSI y del Estudio de la Dieta para el Corazón de Lyon han revelado lo contrario. De hecho, esta es una de las pocas cosas en las que la Asociación Norteamericana para el Corazón está de acuerdo conmigo, como se muestra en estas citas que se publicaron en 1988, en un número de *Circulation*, sobre las dietas bajas en grasas:

> *Las dietas muy bajas en grasas aumentan a corto plazo los niveles de triglicéridos y disminuyen los niveles de colesterol HDL, sin producir otras disminuciones de los niveles de colesterol LDL.*

> *Para ciertas personas, es decir, las que tienen hipertriglucemia o hiperinsulinemia, los mayores o los más jóvenes, debería tenerse en cuenta la posibilidad de una alta tasa de triglicéridos, una disminución de los niveles de colesterol HDL, o la insuficiencia de los nutrientes.*

> *Puesto que las dietas muy bajas en grasas representan un punto de partida muy alejado de las prudentes recomendaciones dietéticas actuales, debe probarse que estas dietas son ventajosas y seguras antes de que se puedan recomendar a nivel nacional.*

No es precisamente una recomendación muy entusiasta por parte de la AHA de las dietas muy bajas en grasa y altas en carga glucémica. Aunque en general discrepo de las recomendaciones dietéticas de la Asociación Norteamericana para el Corazón, al menos ambos compartimos la misma opinión respecto a este tipo de dietas.

Resumen

Llegar a la Zona antiinflamación es tu mejor defensa contra un infarto de miocardio mortal. La forma más rápida de llegar es siguiendo el Programa de estilo de vida de la Zona. Al controlar tu nivel de inflamación silenciosa puedes reducir el riesgo de morir de una cardiopatía hasta el extremo de que tus probabilidades sean tan bajas como las de principios del siglo XX.

16

El cáncer y la inflamación silenciosa

Aunque corremos mucho mayor riesgo de morir de una cardiopatía que de un cáncer, solemos ser mucho más cuidadosos con el cáncer, o más bien tememos más los temibles tratamientos que se utilizan para combatirlos. Después de gastar aproximadamente 30.000 millones de dólares en la lucha contra el cáncer, nuestro Gobierno no ha conseguido grandes progresos en encontrar una forma segura de curar la enfermedad o de prevenirla. A pesar de toda la publicidad que se ha hecho de los avances, los principales tratamientos para el cáncer siguen siendo estos tres métodos principales: quemar, cortar o envenenar. Aunque estas soluciones bárbaras pueden alargar potencialmente la vida del paciente, no son la prescripción ideal para una buena calidad de vida.

Sin embargo, los investigadores ahora están señalando formas de reducir el riesgo de cáncer. Saben que comer más frutas y verduras protege contra el cáncer. También saben que las personas que toman antiinflamatorios regularmente tienen menos riesgo. Los estudios con animales indican que el aceite de pescado concentrado parece invertir o retrasar una gran variedad de tumores. ¿Qué claves podrían proporcionarnos estas observaciones para ayudarnos a prevenir el cáncer? Creo que la respuesta reside en invertir la inflamación silenciosa.

Hace años que se sabe que las dietas ricas en frutas y verduras tienden a reducir el riesgo de cáncer. Siempre se ha supuesto que se debía a las sustancias fitoquímicas que contienen estos hidratos de carbono. Pero existen miles de fitoquímicos, entonces, ¿cómo sabes cuál elegir? Las compañías farmacéuticas han intentado aislar estos nutrientes y ponerlos en pastillas para prevenir el cáncer. Lo intentaron con las vitaminas y fracasaron, cuando los estudios descubrieron un incremento de los tumores de pulmón a raíz del betacaroteno. Esto se debe a que estas sustancias son principalmente antioxidantes y, por consiguiente, no van a tener mucho efecto para reducir la inflamación silenciosa.

Sin embargo, los mismos datos epidemiológicos se pueden interpretar de otra forma. Comiendo mucha fruta y verdura estás sustituyendo los hidratos de carbono con alta carga glucémica por los de baja carga glucémica. Esto reduce la producción de insulina. El descenso en la producción de insulina no sólo reduce la acumulación del exceso de grasa (un potente estimulador de la inflamación silenciosa), sino también la actividad de la enzima D5D, que es la responsable de la producción de AA. Resumiendo, al comer muchas frutas y verduras consigues un beneficio extra; concretamente, el descenso en la producción de AA. Esto se traduce en un descenso de la inflamación silenciosa.

Si la inflamación es la causa subyacente de la progresión del cáncer, entonces los fármacos antiinflamatorios (independientemente de sus efectos secundarios) deberían reducir el riesgo de cáncer. Y eso es justamente lo que obtenemos en los cánceres de colon, mama, ovarios y otros tipos: cuantos más antiinflamatorios tomas, menor es la incidencia de cáncer.

Si los fármacos antiinflamatorios reducen el riesgo de cáncer, ¿qué pasa con el aceite de pescado? De hecho, numerosos estudios con animales han demostrado que el aceite de pescado concentrado retrasa notablemente el índice de crecimiento tumoral. Hace años que los investigadores saben que dar a los animales dosis altas de ácidos grasos proinflamatorios omega-6 (como el aceite de maíz) aumenta significativamente su índice de mortalidad por cáncer tras haberles implantado células tumorales. Por otra parte, cuando a estos animales se les daba aceite de pescado, los tumores que se les habían implantado reducían notablemente su tamaño y vivían más tiempo. Esto es perfectamente lógico. Esos ácidos grasos proinflamatorios omega-6 estaban generando más eicosanoides «malos», mientras que el aceite de pescado generaba más eicosanoides «buenos». En el cáncer, el equilibrio de los eicosanoides puede significar la diferencia entre la vida y la muerte.

Otro beneficio anticancerígeno del aceite de pescado es su capacidad para alterar la maquinaria genética de las células cancerígenas. Las dosis altas de aceite de pescado pueden aumentar espectacularmente la producción de ciertas proteínas que frenan el potencial de metástasis de las células del cáncer de próstata. Esto empieza a explicar por qué en los estudios se ha observado que comer pescado ayuda a retrasar la expansión de las células del cáncer de próstata en los estadounidenses, y también por qué los japoneses (que comen grandes cantidades de pescado) tienen índices muy bajos de mortalidad por cáncer de próstata.

¿Cuál es la verdadera causa del cáncer?

Nadie sabe realmente cuál es la causa por la que una célula empieza a dividirse rápidamente y se convierte en cancerosa. Nadie sabe por qué el sistema inmunitario que normalmente destruye estas células cancerígenas a veces falla, permitiendo que se dividan y se conviertan en tumores. Una explicación puede ser que el sistema inmunitario, ya agotado de tanto luchar contra la inflamación silenciosa, no es capaz de hacer bien su trabajo. Estos son algunos de los mecanismos del desarrollo del cáncer y de cómo está implicada la inflamación en cada una de estas fases.

Metástasis

La mayor amenaza del cáncer no suele ser el tumor principal sino su expansión (o metástasis) a otras partes del cuerpo. Las metástasis tienen la ayuda de un grupo de eicosanoides «malos» denominados ácidos grasos hidroxilados. Estos eicosanoides derivados del AA permiten a las células tumorales que se han vertido en el torrente sanguíneo llegar a una parte distante del cuerpo. Un ácido graso hidroxilado en concreto (12-HETE) se sabe que provoca una expansión de las células endoteliales que recubren el sistema vascular, lo que permite a la célula cancerígena penetrar en un órgano en el que puede desarrollarse en un tumor que está muy alejado del tumor original. La mejor forma de reducir la producción de estos ácidos grasos hidroxilados es la misma que para reducir todos los eicosanoides «malos»: bajar los niveles de AA en las células. Esto se puede conseguir bajando tu SIP con el aceite de pescado concentrado.

Apoptosis

Con frecuencia pensamos que las células cancerígenas crecen de forma descontrolada, pero también hay otra explicación. Quizá las células cancerígenas simplemente sean células que tienen estropeados los relojes internos que les indican cuándo han de morir. La muerte programada de las células (o apoptosis) es vital para el correcto funcionamiento de nuestro cuerpo. Si no hubiera apoptosis, no podríamos remodelar nuestro cuerpo sustituyendo las células viejas por otras nuevas.

Durante muchos años los investigadores pensaron que el vaso del cáncer estaba medio vacío, lo que significa que veían esta enfermedad como una condición fuera de control provocada principalmente por células malignas que vivían eternamente. ¿Cómo podían detener a estas células inmortales que se reproducían con semejante temeridad? Ahora muchos investigadores están empezando a ver este vaso medio lleno. Empiezan a ver estas células como células sanas que se han olvidado de cuándo han de morir.

Se están probando varios medicamentos contra el cáncer diseñados para inducir esta apoptosis. El problema es que conducen a este estado tanto a las células buenas como a las malas, lo que a menudo supone graves efectos secundarios para el paciente. No obstante, hay un remedio que parece inducir a la apoptosis sólo a las células tumorales: el aceite de pescado concentrado. El aceite de pescado puede ser un suplemento tremendamente eficaz para hacer que las células cancerígenas sean más susceptibles a la apoptosis inducida por los fármacos quimioterapéuticos o la radioterapia, sin que las células sanas sufran los devastadores efectos que se producen con los tratamientos actuales.

Angiogénesis

Los tumores crecen robando los nutrientes del cuerpo. Para tener acceso a estos nutrientes forman nuevos vasos sanguíneos, proceso que se denomina angiogénesis. El Santo Grial de la investigación contra el cáncer es hallar un componente que reduzca esta angiogénesis inducida por los tumores. Las investigaciones han demostrado que los leucotrienos, uno de los eicosanoides proinflamatorios «malos» más potentes, promueven la angiogénesis. Puesto que los leucotrienos proceden del AA, puedes bajar el nivel de estos eicosanoides mejorando tu SIP.

Caquexia

En la fase terminal del cáncer una de las mayores amenazas para el paciente es la desnutrición o caquexia. Esta rápida pérdida de peso indica que el final está cerca. La caquexia se acelera debido a los niveles elevados de la citoquina proinflamatoria conocida como factor de necrosis tumoral (TNF) en la sangre. Puesto que sabemos que el aceite de pescado disminuye la liberación de TNF, suplementar la dieta con un nivel suficientemente alto reduciría, cuando no invertiría, el proceso de pérdida de peso y alargaría la vida del paciente.

De hecho, eso es justamente lo que sucede. En un estudio a un grupo de pacientes con caquexia les dieron dosis altas de ácidos grasos omega-3 de cadena larga cada día, y ganaron peso, mientras que los del grupo de control siguieron perdiéndolo. En otros estudios posteriores se ha dado a pacientes con cáncer de páncreas avanzado dosis de hasta 18 gramos al día de ácidos grasos omega-3 de cadena larga. En ambos estudios, los pacientes que tomaron el aceite de pescado vivieron bastante más tiempo que el predecible por su estado terminal.

La conexión con la insulina

Ya en 1919 los médicos eran conscientes de que los niveles de glucosa en la sangre podían predecir el futuro de un paciente de cáncer: cuanto más elevado el nivel de glucosa en la sangre, más funesta era la prognosis. Como ya sabes, la resistencia a la insulina provoca que suba el nivel de glucosa. La razón por la que los niveles altos de glucosa pueden predecir una posibilidad de cáncer es porque las células cancerígenas se desarrollan mejor en un entorno anaeróbico, lo que significa que necesitan altos niveles de glucosa en la sangre. Además, la resistencia a la insulina que aumenta el nivel de glucosa también aumenta el nivel de insulina. Este exceso de insulina es un factor de crecimiento que promueve una mayor división celular de las células tumorales. De modo que mientras el exceso de glucosa en la sangre alimenta a las células tumorales, el exceso de insulina fomenta su división. Por último, el exceso de insulina promueve la síntesis de AA, el precursor de todos los eicosanoides proinflamatorios. De hecho, esto puede explicar los estudios epidemiológicos de Italia en los que se observó que las personas que seguían dietas ricas en almidones (como la pasta) tenían un mayor riesgo de desarrollar un cáncer que las que seguían dietas con una baja carga glucémica. La resistencia a la insulina y el cáncer son una combinación letal: a nadie le gustaría tener resistencia a la insulina con un diagnóstico de cáncer.

Vivir bien con cáncer en la Zona Antiinflamación

Por desgracia, nadie se cura por completo del cáncer, como tampoco te curas de una enfermedad del corazón o de la diabetes. Simplemente aprendes a vivir con esa condición, consciente de que en cualquier momento puede volver a repetirse, especialmente si alteras tu vida de forma negativa.

Estar en la Zona antiinflamación es tu mejor seguro de vida para vivir bien con un cáncer. Es tu mejor apuesta para evitar una recurrencia, porque crea una condición en tu cuerpo que no favorece que medre. Deja a las células cancerígenas sin nutrientes vitales como el exceso de glucosa y frustra su rápida división al reducir la insulina. Pero lo más importante es que estar en la Zona antiinflamación reduce los niveles de AA cortando su suministro de eicosanoides «malos» que deprimen el sistema inmunitario. El resultado es que las células cancerígenas son más visibles para los sistemas de vigilancia habituales del cuerpo y es más probable su destrucción.

He podido comprobar por mí mismo que estar en la Zona antiinflamación funciona. Me gustaría compartir la historia de Sam, que tuvo un tumor cerebral especialmente agresivo cuando era adolescente. El tumor cerebral es el cáncer más difícil de tratar, porque los fármacos tienen muchas dificultades para cruzar la barrera sangre-cerebro y poder así llegar hasta el tumor. Aunque los padres de Sam le llevaron al mejor centro oncológico infantil del mundo, su prognosis era muy poco esperanzadora. Necesitaba tratamientos muy arriesgados, incluidas grandes dosis de radiación y quimioterapia, para tener alguna esperanza de sobrevivir.

La madre de Sam me preguntó si podía hacer algo. Le sugerí que siguiera fielmente la Dieta de la Zona y que tomara aceite de pescado concentrado. El SIP de Sam determinó la dosis de aceite que necesitaba. Para conducir a Sam a la Zona antiinflamación tenía que tomar unos 10 gramos de concentrado destilado de EPA/DHA al día.

Durante el transcurso de los dos años de tratamiento sucedieron algunos hechos destacables. En primer lugar, Sam quedaba muy cansado tras una tanda de radiación o de quimioterapia, pero no tanto como otros niños que seguían el mismo tratamiento. De hecho, era el único paciente que pudo seguir yendo a la escuela durante estos tratamientos. Además, a diferencia de otros niños que estaban en su misma situación, en el recuento de glóbulos blancos de Sam no se observó ningún descenso. De hecho, aumentaron. Al final, tras dos años de tratamiento, Sam se «curó». Pero el personal médico preguntó a los padres de Sam si le podían hacer algunas pruebas cognitivas. Tanto Sam como sus padres se preguntaban por qué, ya que había conseguido varias matrículas de honor en el instituto durante el tratamiento, pero aceptaron. Tal como ellos esperaban, las habilidades cognitivas de Sam eran excelentes. Sin embargo, los médicos estaban muy sorprendidos, porque, como explicaron a los padres de Sam, era el primer niño que después de un programa de tratamiento para un tumor cerebral no había terminado con una lesión neurológica grave después de haberse «curado». Por cierto, Sam fue aceptado en una de las universidades más competitivas de Estados Unidos.

¿Cómo pudo Sam conseguir esta distinción única? A diferencia de los fármacos para el cáncer, las altas dosis de EPA y DHA que tomó no tuvieron ninguna dificultad en atravesar la barrera sangre-cerebro. Una vez allí, los elevados niveles de EPA y DHA aumentaron la apoptosis de las células cancerígenas cuando quedaron expuestas a la quimioterapia y a la radiación, a la vez que protegieron las células neurales sanas. El rígido control de sus niveles de insulina mediante la Dieta de la Zona apoyó la acción antiinflamatoria del aceite de pescado concentrado.

La razón por la que es tan importante alcanzar la Zona antiinflamación durante un tratamiento contra el cáncer no es para sustituirla por las terapias estándar, sino para hacerlas más eficaces y menos tóxicas.

¿Podemos evitar el cáncer?

Si el aceite de pescado concentrado puede reducir los devastadores efectos secundarios de los tratamientos tradicionales contra el cáncer, ¿también puede reducir la probabilidad de contraer cáncer?

Sabemos que los niveles elevados de la enzima COX-2 (que produce eicosanoides proinflamatorios) están directamente relacionados con un gran número de tumores. Se ha demostrado que los niveles de EPA y DHA en las células de pacientes con cáncer de mama y de próstata son más bajos que los de las células de los pacientes de los grupos de control. Asimismo, también se ha demostrado que las mujeres que toman mayores dosis de aceite de pescado tienen menos probabilidades de desarrollar cáncer de mama. Estos descubrimientos indican que la prevención contra el cáncer empieza por controlar la inflamación silenciosa.

Si reduces tus niveles de AA en las células tumorales aumentando los niveles de EPA y DHA, contrarrestas los efectos del incremento de la enzima COX-2. Esto se debe a que estás eliminando la materia prima para la enzima COX-2. El resultado es que incluso teniendo unos niveles altos de dicha enzima, esta tendrá poca capacidad para producir eicosanoides proinflamatorios, como la prostaglandina E_2 (PGE_2), que está muy relacionada con el crecimiento rápido de los tumores. La PGE_2 básicamente actúa como escudo furtivo ocultando la identidad de la célula cancerígena para que el sistema inmunitario no pueda reconocerla.

Interrumpir la producción de la PGE_2 significa que la célula cancerígena no puede ocultarse y queda al descubierto para ser atacada. Reducir la inflamación silenciosa reduciendo el AA supone también cortar la producción de otros eicosanoides proinflamatorios, como los leucotrienos, que son importantes en la angiogénesis del tumor. En esencia, lo que estás haciendo es eliminar las herramientas moleculares del cáncer para esconderse del sistema inmunitario, expandirse, invadir otras zonas del cuerpo y privarlas de los nutrientes.

Creo firmemente que un poco de prevención (reducir la inflamación silenciosa) puede proporcionar grandes beneficios (combatir los devastadores efectos de la quimioterapia). Sam tuvo suerte con sus resultados porque tanto él como su familia tomaron la iniciativa dando pasos para paliar los efectos de los fármacos y de la radiación. Sam comprende que su resultado extraordinario se debe a que está en la Zona antiinflamación. Pudo potenciar la producción de eicosanoides antiinflamatorios, a la vez que reducía la producción de eicosanoides proinflamatorios que promovían el cáncer, algo que ninguna quimioterapia podía hacer.

Resumen

La prevención del cáncer reside en reducir la inflamación silenciosa. El primer paso es controlar la insulina comiendo mucha fruta y verdura y bajando la dosis de hidratos de carbono con alta carga glucémica. Esa es una buena descripción de la Dieta de la Zona. Luego, tomar las dosis adecuadas de concentrado destilado de EPA/DHA hasta que tu SIP se encuentre entre 1,5 y 3. Si estás recibiendo tratamiento contra el cáncer, estas estrategias dietéticas son imprescindibles para reducir la toxicidad propia de estos tratamientos.

Por supuesto, puedes optar por no hacer nada y esperar que las terapias estándar con fármacos tóxicos y radiación acaben sólo con tus células tumorales y no dañen a las sanas. Pero dado que esta es una expectativa muy poco realista, ¿por qué has de exponerte a los desagradables efectos secundarios de los actuales tratamientos contra el cáncer? Adopta la visión más saludable: entra en la Zona antiinflamación.

17

Desgaste del cerebro debido a la inflamación silenciosa

La mente es la última frontera de la ciencia médica. Tu cerebro contiene miles de misterios por explicar. Los investigadores siguen siendo humildes ante sus complejidades, mientras intentan encontrar las áreas exactas del cerebro responsables del habla, de la experiencia del amor, de aprender a odiar y de expresar la creatividad.

Debido a la complejidad de las funciones neuronales, el cerebro es muy sensible a la inflamación silenciosa. Puesto que el cerebro no tiene receptores de dolor, la inflamación silenciosa puede transformarse en inflamación formal (suficiente para provocar dolor en otras partes del cuerpo), sin que jamás te des cuenta de ello. Esto es lo que hace tan temibles las enfermedades nerviosas. Puede que no te enteres de que tu cerebro está sufriendo un ataque inflamatorio hasta que sea demasiado tarde y ya se haya asentado una enfermedad irreversible. La demencia provocada por la enfermedad de Alzheimer, por ejemplo, no se puede invertir cuando ya se ha hecho el daño. Las nuevas medicaciones pueden retrasar su evolución, pero no pueden devolver al cerebro su funcionamiento normal.

Tu mejor defensa contra las lesiones cerebrales es una fuerte ofensiva. Esto significa mantener la inflamación silenciosa bajo control durante toda la vida. El aceite de pescado concentrado es tu principal «fármaco» antiinflamatorio. A diferencia de los medicamentos farmacéuticos que tienen dificultades para atravesar la barrera sangre-cerebro, los ácidos grasos omega-3 de cadena larga del aceite de pescado no tienen ese problema. De hecho, el 6 por ciento del peso en seco del cerebro es grasa, y una gran parte de ella procede del DHA, un componente necesario para la conducción nerviosa, la fidelidad visual y la producción de energía. Esta es la razón por la que tu abuela puede que te hubiera hablado del aceite de pescado como del «alimento del cerebro».

Si el aceite de pescado es tan importante, ¿no es posible que una falta de aceite de pescado en la dieta pueda afectar a la función cerebral? ¿No serías más propenso a las enfermedades nerviosas debido a la inflamación silenciosa? La respuesta a ambas preguntas es un sí rotundo.

Los anteriores estudios sobre poblaciones nos han señalado el hecho de que la gente que vive en países donde el consumo de pescado es elevado (como Japón) tienen los índices más bajos de trastornos nerviosos del mundo, como es el caso de la depresión. Sin embargo, la cantidad de aceite de pescado de la dieta estadounidense ha ido disminuyendo paulatinamente durante el último siglo. Se calcula que el consumo de EPA y DHA en Estados Unidos es tan sólo un 5 por ciento de lo que se consumía hace 100 años. Durante el mismo período de tiempo se ha producido un tremendo aumento de grasas proinflamatorias omega-6 procedentes de los aceites vegetales. Este hecho, sumado al espectacular aumento de nuestros niveles de insulina, explica por qué se han disparado nuestros índices de enfermedades nerviosas. Simplemente padecemos mucha más inflamación silenciosa en nuestro cerebro que en el pasado.

Con las nuevas tecnologías para destilar los concentrados de EPA/DHA, ahora tenemos la capacidad de elevar sin peligro nuestros niveles de DHA y EPA en el cerebro. Si podemos subir lo suficiente los niveles de ácidos grasos antiinflamatorios, deberíamos poder reducir nuestro riesgo de contraer enfermedades mentales provocadas por la inflamación silenciosa. Lo más importante es que por fin está en nuestras manos invertir los efectos de estas condiciones, si ya han empezado a debilitar nuestras funciones mentales. De modo que este es realmente el momento decisivo para este nuevo aceite de pescado purificado. Ahora, por fin tenemos un producto que puede asimilar dosis altas para combatir la inflamación silenciosa en el cerebro. Al igual que las personas mayores pueden recuperar su masa muscular perdida haciendo entrenamiento de fuerza, estoy convencido de que las personas con trastornos cerebrales pueden recobrar su funcionamiento siguiendo mis recomendaciones dietéticas para alcanzar la Zona antiinflamación.

La enfermedad de Alzheimer

La enfermedad de Alzheimer representa el gran temor al envejecimiento: el cerebro se rinde antes que el cuerpo. Aproximadamente, entre el 1 y el 5 por ciento de los estadounidenses tendrán Alzheimer antes de los 65 años, y a los 85 la escandalosa cifra del 50 por ciento padecerá esta enfermedad. Además, se calcula que hacia el año 2040 en Estados Unidos habrá 10 veces más camas en las residencias geriátricas que en los hospitales. Si vas a un geriátrico (especialmente los especializados en pacientes de Alzheimer), quizá estés viendo tu futuro.

Por desgracia, actualmente no existe ninguna medicación que pueda invertir el Alzheimer leve o moderado. Ni siquiera los fármacos que se ofrecen para retrasar su avance son tan eficaces cuando se prueban en estudios independientes no patrocinados por las empresas farmacéuticas. La única baza que tenemos contra el Alzheimer es que sabemos que es una enfermedad inflamatoria.

El Alzheimer se cree que es el resultado del desarrollo de placas amiloides en el cerebro que obturan las paredes arteriales, de forma bastante similar al modo que las placas de ateroma bloquean las paredes arteriales y provocan los infartos de miocardio. De hecho, las personas con una tendencia genética a los infartos de miocardio también tienen un riesgo mucho más alto de desarrollar Alzheimer. De modo que utilizar una estrategia antiinflamatoria para prevenir ambas enfermedades es de sentido común. En realidad, Hipócrates afirmó esto hace unos 2.300 años cuando dijo: «Todo lo que es bueno para el corazón, probablemente también sea bueno para el cerebro».

Puesto que reducir la inflamación es bueno para el corazón, también será bueno para el cerebro. Las pruebas indican que así es. Los estudios epidemiológicos han demostrado que los pacientes que toman antiinflamatorios regularmente tienen mucha menor incidencia en el desarrollo del Alzheimer que el resto de la población.

Por supuesto, no recomiendo en modo alguno tomar antiinflamatorios no esteroideos regularmente debido a sus efectos secundarios (véase el capítulo 12 para más detalles), pero ¿con la dieta se puede reducir la probabilidad de desarrollar Alzheimer? Veamos qué dice la ciencia. Los estudios sobre poblaciones han demostrado que las personas mayores de 85 años que comen las dosis más altas de pescado en el mundo, tienen un 40 por ciento menos de riesgo de desarrollar Alzheimer que los que no comen pescado. Los estudios de las autopsias de pacientes que han muerto de Alzheimer revelan que sus cerebros contienen un 30 por ciento menos de DHA que los cerebros de las personas que han muerto de otras causas. En los datos del famoso Estudio del Corazón de Framingham, los pacientes con los niveles más bajos de ácidos grasos omega-3 de cadena larga en la sangre, tenían un 67 por ciento más de probabilidades de desarrollar Alzheimer. Pero lo más importante es que el suplemento de DHA parece mejorar la función cognitiva de los pacientes de Alzheimer, según un estudio de intervención [en el que a un grupo se les proporcionó DHA mientras que a los demás no]. El suplemento de DHA también ayudó a reducir el desarrollo rápido de las lesiones cerebrales en un ratón modelado por ingeniería genética para desarrollar Alzheimer.

Lo más funesto es que las personas que consumen muchos ácidos grasos proinflamatorios omega-6 (los que se encuentran en los aceites vegetales) tienen 2,5 veces más probabilidades de desarrollar Alzheimer. Recordemos que el consumo excesivo de estos ácidos grasos conduce a un incremento en la formación de AA. Por lo tanto, no tengo que extenderme mucho en teorizar que crear niveles excesivos de eicosanoides proinflamatorios probablemente aumente tu riesgo de padecer Alzheimer. Mi hipótesis era que el SIP de los pacientes de Alzheimer debía ser mucho mayor que el de los grupos de control normales de la misma edad. Esto es justamente lo que se descubrió en un estudio realizado por Julie Conquer en la Universidad de Guelph, en Canadá. El SIP de los pacientes de Alzheimer era casi el doble de alto que el de los grupos de control sanos. Por lo tanto, el SIP se puede utilizar para predecir el riesgo de desarrollar Alzheimer en el futuro, y cuanto antes lo sepas, mejor. De hecho, recientemente se han publicado estudios en los que se ha observado que hombres de mediana edad que tienen un nivel alto de la proteína C-reactiva (un marcador burdo de la inflamación) tienen un riesgo 3 veces mayor de desarrollar Alzheimer dentro de 25 años.

¿Cuánto EPA y DHA has de tomar para invertir la inflamación subyacente al Alzheimer? Si estás sano, basta con que tomes la cantidad suficiente (unos 2,5 gramos al día) para que tu SIP se sitúe en la puntuación óptima de 1,5 a 3. Si ya tienes Alzheimer, vas a necesitar mucho más aceite de pescado para invertir los efectos inflamatorios. Mis estudios con más de 300 pacientes indican que una dosis diaria de 20 gramos al día (que equivale a 3 cucharadas de concentrado de EPA/DHA destilado) es lo que se necesita para reducir el SIP de estos pacientes. ¿Por qué tanto? Según parece, las personas que padecen Alzheimer tienen una mayor oxidación beta de los ácidos grasos omega-3, que reduce espectacularmente los niveles de EPA y DHA circulantes en la sangre. Estos ácidos grasos son quemados como fuente de energía en lugar de almacenarse en los tejidos donde pueden ofrecer sus propiedades antiinflamatorias. Por consiguiente, para conseguir un nivel estable en la sangre para que se reduzca el SIP, se necesitan grandes dosis de concentrado de EPA/DHA destilado.

Otro factor clave para tratar (y prevenir) el Alzheimer es el control de la insulina. Se ha demostrado que las neuronas que tienen una resistencia a la insulina son potentes estimuladores de la producción de placas amiloides. El aceite de pescado concentrado y el control de la insulina son las dos formas principales de reducir los niveles de los biomarcadores que definen la Zona antiinflamación.

En resumen, mantenerte siempre en la Zona antiinflamación será tu mejor recurso contra esta enfermedad. Para conseguirlo deberás tomar aceite de pescado concentrado (la dosis que determinen los SIP que te hagas periódicamente) y controlar la insulina para evitar el aumento de la inflamación silenciosa. Si estás en los comienzos de la enfermedad de Alzheimer o tienes muchos antecedentes familiares, mi Programa de estilo de vida de la Zona será tu mejor medicina, cuando no tu única esperanza.

Esclerosis múltiple

La esclerosis múltiple, al igual que el Alzheimer está muy relacionada con la inflamación. En la esclerosis múltiple la membrana aislante que recubre las células nerviosas se deshace debido a la inflamación. Esto dificulta que las células nerviosas transmitan sus señales. Aunque se desconoce la causa molecular de esta enfermedad, todos los científicos están de acuerdo en que principalmente se debe a la inflamación.

Al igual que todas las condiciones inflamatorias, la esclerosis múltiple se caracteriza por una superproducción de eicosanoides proinflamatorios. Los tratamientos actuales consisten en inyecciones semanales de betainterferón, que se cree que actúa como una citoquina antiinflamatoria. Lo que se pretende con esta medicación es la inhibición de la síntesis de citoquinas proinflamatorias (como el gammainterferón), que se espera que retrase el avance de la enfermedad. Desgraciadamente, este medicamento extraordinariamente caro sólo surte efecto un tercio de las veces. Se utiliza porque parece ser el único recurso médico para los pacientes de esclerosis múltiple.

No obstante, el aceite de pescado concentrado puede ser algo más que una promesa no farmacéutica para estos pacientes. Los ácidos grasos omega-3 de cadena larga son agentes antiinflamatorios que pueden atravesar la barrera sangre-cerebro, pero lo más importante es que se sabe que los pacientes de esclerosis múltiple tienen niveles bajos de DHA en el cerebro. También se sabe que los ácidos grasos omega-3 inhiben la producción de citoquinas proinflamatorias como el gammainterferón (una acción parecida a la del betainterferón). Esto puede explicar la razón por la que las poblaciones que consumen más pescado tienen los índices más bajos de esclerosis múltiple.

Un estudio con pacientes de esclerosis múltiple sería la única forma de probar todas estas teorías. No hace mucho se realizó en Noruega un estudio donde a estos pacientes se les dieron dosis diarias de aceite de pescado concentrado durante dos años y se les dijo que consumieran pescado entre tres y cuatro veces a la semana, redujeran su consumo de carne roja y comieran más frutas y verduras. (Esto se parece bastante a la Dieta de la Zona.)

A finales del primer año, el SIP medio de los pacientes había descendido de 6,5 a 1,5 (el nivel de la población japonesa), y permaneció en este nivel bajo durante todo el año siguiente. El número de ataques de esclerosis múltiple que padecieron estos pacientes descendió en un 90 por ciento durante el primer año. Al cabo de 2 años, el nivel de discapacitación de estos pacientes disminuyó en un 25 por ciento, lo que significa que ganaron mucha movilidad. Puesto que los pacientes de esclerosis múltiple no mejoran con el tiempo, estos resultados son bastante sorprendentes y pueden suponer la primera prueba de que la esclerosis múltiple se puede invertir al menos parcialmente.

Trastorno de déficit de atención

Últimamente, el trastorno de déficit de atención (*Attention deficit disorder*, ADD) en Estados Unidos ha alcanzado proporciones epidémicas, ya que afecta entre un 3 y un 5 por ciento de los niños estadounidenses. Aunque hay seis tipos distintos de ADD, entre los que se encuentra el trastorno de déficit de atención por hiperactividad (ADHD), me referiré a todos ellos como ADD. La deficiencia del neurotransmisor dopamina parece ser el factor común a todos los pacientes con ADD. Para controlar esta condición suelen recetarse fármacos como la Ritalina, que incrementan la producción de dopamina. Puesto que el aceite de pescado también aumenta los niveles de dopamina, es lógico pensar que pueda aliviar los ADD sin la ayuda de otros fármacos.

Muchos de mis conocimientos sobre los ADD proceden de mis dos socios, Ned Hallowell, uno de los líderes en el tratamiento de niños con ADD, y Dan Amen, uno de los pioneros en el trabajo con escáneres cerebrales para identificar los diferentes tipos de ADD determinando las variaciones en el riego sanguíneo del cerebro (utilizando una técnica especializada denominada SPECT). Según parece, ciertas áreas del cerebro no reciben la misma cantidad de flujo sanguíneo. Aquí tenemos otra observación interesante: la gravedad de los ADD está directamente relacionada con el grado de inflamación silenciosa en la sangre, tal como determina el SIP. Los niños con ADD tienen un SIP mucho más elevado que los niños que no padecen esta enfermedad. Por lo tanto, el problema del ADD es mucho más complicado que la simple falta de dopamina en el cerebro.

Actualmente, el tratamiento para este trastorno se basa principalmente en medicamentos, como el metilfenidato, que aumentan los niveles de dopamina. Pero ¿y si esta aparente falta de dopamina fuera sólo un síntoma secundario del aumento de la inflamación silenciosa? Se sabe también por los experimentos realizados con animales que los ácidos grasos omega-3 de cadena larga aumentan los niveles de dopamina y el número de receptores de dopamina en el cerebro. Esto indicaría que los ADD pueden estar más relacionados con una deficiencia nutricional (falta de EPA y DHA en la dieta) que con una condición médica o psicológica. Esta hipótesis se corrobora con estudios en animales que indican que después de tres generaciones de deficiencias en la ingesta de ácidos grasos omega-3, aparecen en las crías esos importantes trastornos cognitivos y conductistas. Los niños estadounidenses de hoy son la tercera generación que ha sido expuesta a este tremendo descenso de la ingesta de ácidos grasos omega-3 de cadena larga en la dieta. Los primeros estudios que se han publicado sobre este tema indican que las pequeñas dosis de EPA y DHA que se han dado a los niños con ADD dieron como resultado una mejora en su conducta. En mis primeros estudios piloto con niños con ADD, solía darles hasta 15 gramos de EPA y DHA al día para conseguir un SIP de 2. Una vez alcanzado ese nivel, sus trastornos conductistas fueron controlados en la misma medida que se controlaban con la Ritalina. La diferencia es que la Ritalina sólo trata los síntomas externos de los ADD, mientras que el aceite de pescado concentrado trata la causa subyacente: la inflamación silenciosa.

La razón por la que los niños con ADD necesitan tanto EPA y DHA es porque probablemente tengan el mismo metabolismo acelerado de combustión de los ácidos grasos omega-3 que se encuentra en los pacientes de Alzheimer. Los últimos datos han confirmado esta hipótesis con niños con ADD. Entonces, ¿cómo conseguir que tu hijo tome esas dosis tan altas de aceite de pescado cada día? Muy sencillo. Hazle el Batido Gran Cerebro, que he descrito en la página 96. Tendrá que tomar dos batidos al día para ingerir la dosis de EPA y DHA necesaria para reducir su SIP. Con el Batido Gran Cerebro también consigues el beneficio extra de estabilizar los niveles de glucosa en la sangre. En las páginas 95 y 96 encontrarás otras sugerencias para tomar el aceite de pescado. Una advertencia importante: cuando reduzcas la dosis de aceite de pescado, probablemente el SIP volverá a subir y reaparecerán rápidamente todos los trastornos conductistas.

La enfermedad de Parkinson

La enfermedad de Parkinson tiene puntos en común con el Alzheimer y con los ADD. Es una condición inflamatoria neuronal en una zona concreta del cerebro (*sustancia nigra*) que se caracteriza por la pérdida de dopamina. El Parkinson es una de las enfermedades nerviosas más temidas, porque conservas todas tus facultades mentales dentro de un cuerpo que ya no responde a tus órdenes. O sea, tu mente está atrapada en un cuerpo cada vez más disfuncional.

Desafortunadamente, no es tan fácil sustituir la dopamina en el cerebro mediante dosis orales de la misma. Los extraordinarios resultados iniciales del doctor Oliver Sacks incluyendo dopamina en la dieta de sus pacientes (que tenían síntomas similares al Parkinson, pero no padecían el verdadero Parkinson), fueron recogidos en el libro y en la película *Awakenings* (*Despertares*). En cuestión de semanas, personas que habían estado inmóviles y que no podían hablar —atrapadas en cuerpos paralizados como si fueran tumbas vivientes— pudieron volver a moverse y regresar al mundo. Los efectos secundarios de este fármaco pronto lo descartaron como opción de tratamiento a largo plazo. Entre estos efectos secundarios se incluían temblores descontrolados y nuevos problemas nerviosos.

En la actualidad, se está hablando de nuevos tratamientos como la implantación de células madre en el cerebro para que, en teoría, crezcan y se conviertan en neuronas (y con la esperanza de que no se conviertan en células cancerígenas). No obstante, aunque se demuestre que estos avances son eficaces, todavía pueden tardar muchos decenios. Creo que ya tenemos en nuestras manos una solución mucho más segura y con bastantes más probabilidades de éxito: la reducción de la inflamación silenciosa en el cerebro.

Mi optimismo se debe a los resultados que he visto en los tres últimos años en varios pacientes. Una historia particularmente conmovedora es la del nadador de elite de 55 años que vino a verme después de que le hubieran diagnosticado la enfermedad. Había batido numerosos récords en las competiciones y no estaba dispuesto a ceder ante la enfermedad. Inmediatamente le asigné un régimen con aceite de pescado concentrado (con una dosis diaria de 15 gramos de EPA y DHA) y seguir fielmente la Dieta de la Zona. Ahora nada más rápido que hace tres años. Hace poco se fue a Utah a tomar clases de esquí por primera vez en su vida, y el monitor le dijo que nunca había visto a un principiante con semejante equilibrio. No está mal para un paciente de Parkinson.

La depresión

La depresión clínica es una condición incapacitadora en la que pierdes el gusto por las cosas que antes te hacían feliz. En realidad, hasta cuesta recordar los buenos tiempos. Toda motivación para el futuro se evapora, por no hablar del día siguiente.

La depresión ha aumentado significativamente en el siglo pasado; sólo en Estados Unidos casi 20 millones de personas la padecen. El incremento de esta incidencia está íntimamente relacionado con nuestra disminución de la ingesta de pescado y de aceite de pescado en ese mismo período (muy similar a la incidencia de los ADD).

Los investigadores de psiquiatría descubrieron hace mucho tiempo que la depresión suele deberse a la falta de un neurotransmisor: la serotonina. De hecho, las empresas farmacéuticas han ganado miles de millones de dólares con medicamentos que aumentan los niveles de serotonina, como el Prozac, el Paxil y el Zoloft, todos ellos marcas mundialmente conocidas. Investigaciones más recientes han puesto de manifiesto que incluso personas no deprimidas experimentan una mejoría en sus estados de ánimo cuando toman estos fármacos.

Probablemente, no se te ocurriría pensar en la depresión como una enfermedad inflamatoria y, sin embargo, el SIP se corresponde con la gravedad de la depresión. ¿Por qué? Un sorprendente beneficio del aceite de pescado concentrado es que aumenta los niveles de serotonina, al igual que aumenta los de la dopamina. Esto viene confirmado por las pruebas epidemiológicas que demuestran que las poblaciones que comen mucho pescado (los esquimales de Groenlandia y los japoneses) tienen índices muy bajos de depresión. De hecho, los índices de depresión en Japón son sólo una fracción de los índices de Estados Unidos y otros países donde el consumo de pescado es mínimo. Los neozelandeses, que son la población del mundo industrializado que come menos pescado, tienen un índice de depresión 50 veces superior al de los japoneses. (Lo que es peor, comen grandes cantidades de ácidos grasos proinflamatorios omega-6.) En Groenlandia, los esquimales (que consumen entre 7 y 10 gramos al día de ácidos grasos omega-3 de cadena larga) prácticamente no saben lo que es la depresión, a pesar de que sus condiciones de vida puedan parecernos bastante deprimentes, con sólo una hora o dos de sol al día durante los meses de invierno. Por último, los estudios clínicos europeos indican que cuanto más bajos sean los niveles de ácidos grasos omega-3 en la sangre, más alta es la incidencia de depresión.

Una razón por la que el consumo de ácidos grasos omega-3 mejora la depresión es porque reduce el nivel de AA. Esto supone la disminución de los eicosanoides proinflamatorios, como la PGE_2, que se sabe que está presente en niveles mucho más altos en el fluido espinal de los pacientes deprimidos, comparado con los pacientes sanos de los grupos de control.

Todos estas sugerentes muestras de investigación no son más que pistas. No obstante, un estudio de intervención de la Facultad de Medicina de Harvard dirigido por Andrew Stoll y sus colaboradores nos ha proporcionado algunas pruebas fehacientes. En este experimento un grupo de pacientes con depresión bipolar tomó unos 10 gramos de EPA y DHA diarios (aproximadamente 4 cucharaditas de concentrado destilado de EPA y DHA). El otro grupo de pacientes tomó un placebo que contenía aceite de oliva. A los 4 meses del estudio, que debía durar 9, los investigadores pusieron fin al mismo porque la divergencia entre ambos grupos era tan notable que no consideraron ético proseguir con él. Los que estaban en el grupo que tomaba aceite de pescado concentrado experimentaron una significativa estabilización de sus síntomas, mientras que los del grupo de control que tomó aceite de oliva sufrieron un gran empeoramiento en sus síntomas. Estudios similares han confirmado los beneficios de utilizar aceite de pescado en pacientes con depresión clínica (que no tienen depresión bipolar), en los que a las 3 semanas ya se han observado los resultados positivos en su cambio de humor.

Por espectaculares que hayan sido estos resultados, creo que podían haber sido mejores si los investigadores de Harvard hubieran controlado los niveles de insulina (con la Dieta de la Zona), a la vez que hubiesen probado con dosis aún más altas de aceite de pescado, utilizando el SIP para que les indicara cuándo habían llegado a la Zona antiinflamación.

Un nivel más bajo de insulina habría reducido todavía más la producción de AA y mejorado los beneficios del suplemento de aceite de pescado.

La esquizofrenia

Esta enfermedad, caracterizada por alucinaciones, visiones, voces internas y conductas altamente anormales, ha sido siempre muy temida. Con los nuevos fármacos parece que es una enfermedad «controlable». No obstante, los medicamentos no funcionan con todos los pacientes y muchos se niegan a tomarlos debido a sus desagradables efectos secundarios, como el «achatamiento» de su personalidad y la pérdida de pensamiento creativo.

La causa de la esquizofrenia sigue siendo desconocida, e incluso la comprensión de cómo actúan los medicamentos para controlarla es bastante oscura. Lo que es evidente es que los esquizofrénicos tienen niveles muy bajos de ácidos grasos omega-3 en comparación con las personas sanas. Los primeros intentos de mejorar la esquizofrenia sólo con suplementos de ácidos grasos omega-3 han dado resultados muy variados. El suplemento de EPA parecía tener un efecto favorable, pero el de DHA era totalmente ineficaz. Esto ilustra por qué se ha de utilizar la combinación de ambos para tratar las enfermedades nerviosas. El EPA tiene propiedades antiinflamatorias, y el DHA proporciona las propiedades estructurales necesarias para un funcionamiento óptimo del cerebro. Usar uno sin el otro para tratar trastornos nerviosos es una receta nutricional destinada al fracaso.

Por supuesto, la otra cuestión es si estos investigadores administraron dosis lo bastante altas de EPA y DHA como para poder obtener resultados perdurables. Todos los estudios publicados sobre la esquizofrenia (como prácticamente todos los estudios de intervención en los que se ha empleado aceite de pescado) se basan en adivinar la dosis de aceite de pescado, en lugar de suministrar unas dosis altas de EPA/DHA hasta que la sangre indique cuándo se ha alcanzado el nivel de SIP apropiado.

El autismo

Tal como cabía esperar, los autistas tienen la misma tendencia a tener niveles bajos de EPA y DHA, así como un SIP alto, como hemos visto en otras enfermedades nerviosas. Hasta la fecha no se han realizado estudios de intervención para comprobar si el suplemento de aceite de pescado concentrado puede contribuir a una mejora en su conducta. Dada la conexión entre los trastornos del cerebro, la inflamación y los niveles bajos de omega-3, mi teoría es que esos niños se beneficiarían con este suplemento. Sin embargo, necesitarían unas dosis muy elevadas de EPA y DHA (probablemente similares a las de los niños con ADD) para reducir su SIP hasta un nivel donde puedan darse cambios conductistas positivos. Una vez más, esto requeriría un control periódico de la sangre para ajustar la dosis.

Conducta violenta

Aunque oficialmente no se considera una enfermedad mental, muchas personas tienen la tendencia a utilizar la violencia para resolver sus problemas cotidianos. La conducta violenta puede tener causas bioquímicas subyacentes, que se pueden corregir reduciendo el SIP. Por ejemplo, los animales que demuestran patrones agresivos anormales suelen tener niveles bajos de DHA. En los estudios también se ha visto que los presidiarios violentos tienen niveles más bajos de DHA que sus compañeros de prisión no agresivos. Cuando se da aceite de pescado a los presidiarios, la violencia disminuye.

Ahora se sabe con certeza que la violencia (e incluso los videojuegos violentos) aumentan los niveles de dopamina. Por consiguiente, la gente agresiva puede tener esta tendencia como una forma de automedicación para aumentar sus niveles de dopamina. Otros estudios han demostrado que los niveles bajos de serotonina también pueden contribuir a la conducta violenta, puesto que la serotonina actúa como una hormona de la «moralidad» frenándonos de cometer actos impulsivos. Si unos niveles bajos de neurotransmisores (como la serotonina o la dopamina) desempeñan un papel importante en la conducta violenta, quizás el suplemento de aceite de pescado concentrado (que puede hacer subir los niveles de ambos) pueda desempeñar una función fundamental en la modificación de la conducta.

El alcoholismo

El alcoholismo es una enfermedad con un fuerte componente genético y está muy vinculada a la depresión y a otros trastornos de los estados de ánimo. Las personas que abusan del alcohol suelen encontrarse en la situación de que su deseo por esa sustancia supera en mucho las consecuencias sociales negativas derivadas de su uso.

Es evidente que no todas las personas que beben llegan a ser alcohólicas, pero los alcohólicos suelen tener niveles bajos de ácidos grasos omega-3 en comparación con las personas no alcohólicas. El alcohol también termina con el DHA del cerebro. Asimismo, cuando una mujer embarazada toma alcohol, está absorbiendo el DHA del cerebro del feto, lo cual puede conducir al síndrome de alcoholismo fetal y a una lesión cerebral congénita.

Los alcohólicos también tienen un nivel bajo de GLA, el compuesto básico de los eicosanoides «buenos». Esto nos indica que el aceite de pescado concentrado se debería combinar con pequeñas dosis de GLA (probablemente unos 10 mg al día), con lo que se conseguirían excelentes resultados para hacer disminuir el deseo de consumir alcohol.

Por importante que sea el aceite de pescado (y el GLA) para el tratamiento del alcoholismo, el control regular de la insulina es igualmente importante. Esto te quedará claro si algún día vas a una reunión de Alcohólicos Anónimos y ves una mesa llena de donuts. Los hidratos de carbono azucarados son otra forma de automedicarse para mantener los niveles de azúcar en la sangre. Sin controlar la insulina, el suplemento de aceite de pescado concentrado no tendrá efectos duraderos en el tratamiento del alcoholismo. El Programa de Estilo de vida en la Zona proporciona todas las herramientas necesarias para que los alcohólicos que se están rehabilitando superen este inconveniente genético.

Resumen

Llegar a la Zona antiinflamación es la mejor forma de asegurarte de que tu cerebro no sufre un ataque inflamatorio constante. Puesto que no tendrás signos externos de «dolor en el cerebro», no sabrás que estás sufriendo un daño en el mismo hasta que sea demasiado tarde. Esta es la razón por la que has de hacerte un SIP para saber dónde estás, y hacerte análisis periódicos para asegurarte de que continúas en la Zona antiinflamación. Esta es tu mejor baza para evitar estas enfermedades que tanto tememos, las que no sólo drenan tu cerebro sino también tu vida.

18

Dolor agudo

En todo este libro hablo de la inflamación silenciosa y de su impacto en las enfermedades crónicas. No obstante, sigue siendo inflamación, sólo que está por debajo del umbral del dolor. ¿Qué sucede cuando la inflamación es lo bastante grave como para atravesar el umbral del dolor? Pues que padeces dolor agudo, el tipo de inflamación clásica contra la que los médicos no han dejado de luchar desde los comienzos de la medicina moderna hace más de 2.000 años.

El dolor agudo provocado por la inflamación puede abarcar una serie de condiciones médicas diferentes. En general, si una condición termina en «itis», sencillamente significa que hay inflamación. Estos son algunos ejemplos:

Descripción médica	Zona de la inflamación
Artritis	Articulaciones
Encefalitis	Cerebro
Pancreatitis	Páncreas
Hepatitis	Hígado
Meningitis	Cerebro
Bronquitis	Pulmones
Colitis	Colon
Gastritis	Estómago

De todos modos, también hay una serie de condiciones inflamatorias que pueden provocar dolor agudo entre las que se encuentran:

Fibromialgia

Síndrome de fatiga crónica

Enfermedad de Crohn

Cáncer terminal

Es evidente que estas enfermedades provocadas por la inflamación silenciosa (enfermedades del corazón, Alzheimer, diabetes, cáncer, etc.), de las que ya he hablado, pueden llegar a producir dolor agudo si provocan suficientes lesiones en los órganos. Llegado a ese punto el daño provocado por la inflamación silenciosa ha traspasado el umbral donde registras el dolor y por fin capta tu atención.

Como ya sabes, la causa subyacente del dolor es una superproducción de eicosanoides proinflamatorios. Por lo tanto, es razonable pensar que la zona antiinflamación debería ser tu primera opción contra el dolor crónico agudo. Eso significa hallar la dosis correcta de aceite de pescado.

Puede que pienses que mi continua propaganda del aceite de pescado concentrado como cura para todos los males suena al vendedor de aceite de serpiente de principios del siglo XX. Pero cuando entiendes que casi todas las enfermedades crónicas, incluido el dolor agudo, son provocadas por una superproducción de eicosanoides proinflamatorios, te das cuenta de la necesidad de tomar aceite de pescado concentrado para llegar a la Zona antiinflamación.

Con el paso de los siglos, uno de los principales retos en el tratamiento para el dolor ha sido hallar la forma fisiológica de medir su gravedad. Los médicos confían en los síntomas que les dicen sus pacientes. Sin un sistema clínico para medir la eficacia de los tratamientos, el control del dolor a veces roza la magia.

POR CIERTO, ¿QUÉ TIENE DE MALO EL ACEITE DE SERPIENTE?

El aceite de serpiente original era un producto científico serio. Procedía de las serpientes de mar, y los inmigrantes chinos lo llevaron a Estados Unidos a finales del siglo XIX. Las serpientes de mar se alimentaban exclusivamente de peces. Por lo tanto, el aceite que se extraía de las mismas era muy rico en EPA y DHA. De hecho, el auténtico aceite de serpiente de mar contiene una concentración de EPA y DHA mayor que el aceite de hígado de bacalao. Debido a sus propiedades antiinflamatorias, el aceite de serpiente de mar fue uno de los mejores «fármacos» de su tiempo. Su mala reputación llegó cuando se empezaron a vender productos adulterados sin EPA ni DHA, pero con el mismo sabor horrendo. (Esto suena a los primeros tiempos de la industria de los alimentos naturales.) El aceite de pescado destilado y concentrado se puede considerar la versión del siglo XXI del auténtico aceite de serpiente.

Ahora el SIP nos proporciona la suficiente información sobre la causa subyacente al dolor: la producción excesiva de eicosanoides proinflamatorios. Si tu SIP no baja con los tratamientos con fármacos antiinflamatorios que te receta tu médico, significa que simplemente está tratando los síntomas, no la causa. El resultado es que probablemente terminarás padeciendo dolor agudo crónico y tendrás que vivir utilizando medicamentos antiinflamatorios cada vez más caros y padecer sus efectos secundarios.

El problema con los fármacos antinflamatorios

Aunque parezca perfectamente lógico tratar el dolor agudo desde su origen (un nivel excesivo de AA), la industria farmacéutica se ha centrado en paliar los daños colaterales que devienen de ese exceso. Concretamente, diseñan medicamentos que inhiben las enzimas que producen los eicosanoides proinflamatorios procedentes del AA. Eso es como llamar a los bomberos cuando ya se ha quemado la casa. Como ya he dicho anteriormente en otro capítulo, esta visión es como ir a *contracorriente*. Así es como actúa la aspirina y otros medicamentos antiinflamatorios no esteroideos.

Sin embargo, los medicamentos más potentes para el dolor son los corticoides. Tratan el dolor yendo a *contracorriente* para evitar la liberación de AA de las membranas. Por desgracia, los corticoesteroides también inhiben la liberación de DGLA y EPA. Aunque los corticoesteroides tienen efectos inmediatos para aliviar el dolor, acaban con todos los eicosanoides («buenos» y «malos») sin discriminar. Esta es la razón por la que el uso prolongado de corticoesteroides puede acarrear graves efectos secundarios como la depresión del sistema inmunitario, problemas cognitivos y resistencia a la insulina. Debido a estos efectos secundarios, actualmente los corticoesteroides son el último recurso para tratar el dolor agudo.

Supongamos que pudieras seguir tratando el dolor agudo a contracorriente, pero sin ninguno de los efectos secundarios de los corticoides. Esto lo puedes hacer reduciendo los niveles de AA en la membrana sin que te afecte a los niveles de DGLA o EPA. Ahora reduces la producción de eicosanoides proinflamatorios sin inhibir los poderosos eicosanoides antiinflamatorios. Esto supondrá un arma muy poderosa para tratar no sólo el dolor agudo, sino prácticamente toda condición que tenga un componente inflamatorio. Aquí reside el poder de los concentrados destilados de EPA/DHA: actúan conjuntamente con todos los fármacos antiinflamatorios porque van a contracorriente, mientras que los fármacos van a favor de la corriente. Los concentrados de EPA/DHA simplemente son una forma mucho más elegante de tratar el dolor agudo y las enfermedades crónicas. Pero a las empresas farmacéuticas no les acaban de gustar los concentrados de EPA/DHA por dos razones. La primera es que los concentrados de EPA/DHA son una forma mucho más racional de tratar la inflamación que los medicamentos actuales. La segunda razón es que los concentrados de EPA/DHA no se pueden patentar.

Para llegar a la Zona antiinflamación hay que dar un primer paso para tratar el dolor agudo. Cuando ya has llegado, es porque has reducido los niveles de AA en los 60 billones de células de tu cuerpo, y en el proceso has eliminado la materia prima para generar eicosanoides proinflamatorios. Veamos algunas de las condiciones de dolor agudo en las que se han demostrado los efectos del aceite de pescado concentrado.

Artritis

El primer artículo publicado en un periódico sobre los beneficios del aceite de pescado concentrado para el tratamiento de la artritis apareció en 1775. El aceite que se utilizó en ese estudio era aceite de hígado de bacalao muy burdo. Sin embargo, los pacientes que pudieron soportar el sabor nauseabundo, disfrutaron de un espectacular alivio. Otros encontraron que era un sabor tan putrefacto que se decantaron por los elixires antiinflamatorios más agradables para el paladar (pero menos eficaces), como el alcohol (recordemos que también tiene algunas propiedades antiinflamatorias) para hacer frente a su artritis.

Ahora, después de más de dos siglos, el aceite de pescado ha vuelto al escenario de la artritis. En la década de 1980, los resultados positivos de las investigaciones reivindicaban que el aceite de pescado era una nueva «cura» para la artritis. Puesto que el aceite de pescado era ya más refinado y se presentaba en cápsulas de gelatina fina, era mucho más fácil de ingerir que en el pasado. En los primeros estudios se utilizaban sólo entre 3 y 4 gramos de ácidos grasos omega-3 de cadena larga, de modo que los resultados fueron positivos, aunque no espectaculares. Parece haber dos razones para esto. La primera es que la dosis era demasiado baja como para alterar significativamente los niveles de AA. La segunda, existe una gran diferencia entre la dosis que se ingiere oralmente y la cantidad real que llega a la sangre. Esta es la razón por la que el SIP es tan importante para indicarte cuál es la dosis correcta que has de tomar.

Trastornos autoinmunes

Los trastornos autoinmunes, en los que el sistema inmunitario ataca al cuerpo como si fuera un agresor extraño, se pueden aliviar con aceite de pescado concentrado. La esclerosis múltiple, por ejemplo, responde bien al aceite de pescado concentrado, como ya he dicho en el capítulo 17. El lupus, una enfermedad que puede llegar a ser letal y que puede provocar insuficiencia renal y muchos otros problemas, también se puede controlar mejor con un suplemento de aceite de pescado concentrado. Se hicieron experimentos con ratones que habían sido programados genéticamente para desarrollar el lupus; cuando se les dio el suplemento de aceite de pescado, se pudo observar que vivían mucho más de lo que se esperaba. Lo más sorprendente fue que las inyecciones de eicosanoides antiinflamatorios detuvieron por completo la progresión de la enfermedad en estos animales, incluso cuando la enfermedad ya se había desarrollado.

La nefropatía IgA es otra enfermedad autoinmune en la que el sistema inmunitario ataca a los riñones. Los estudios a largo plazo con pacientes que toman aceite de pescado concentrado han dado resultados sorprendentes en la reducción del desarrollo de la insuficiencia renal en estos pacientes en comparación con los que tomaron un placebo. Recordemos que el aceite de pescado no sólo actúa como modulador de los eicosanoides proinflamatorios, sino que también inhibe la liberación de varias citoquinas inflamatorias, como la IL-6 y el factor de necrosis tumoral (TNF). La capacidad del aceite de pescado concentrado para reducir el amplio espectro de estos mediadores inflamatorios (eicosanoides y citoquinas) es lo que lo convierte en el primer tratamiento para el dolor agudo.

Cáncer en fase terminal

Aunque la causa principal del cáncer sea la inflamación silenciosa, en las etapas terminales se caracteriza por un dolor intenso y agudo. El dolor suele ser tan intenso que a los pacientes les han de inyectar narcóticos muy fuertes que les provocan estados de conciencia alterados, lo cual dificulta su conexión con sus seres queridos en el momento de la muerte. Si se les diera a escoger, muchos pacientes preferirían morir en sus hogares con su dignidad y facultades mentales intactas, rodeados de sus seres queridos. Por el contrario, normalmente se los deja morir en un hospital aséptico y en un estado de estupor (inconsciencia) inducido por las drogas para calmar el dolor.

Este era el dilema al que se enfrentaba Akira, el padre de un gran amigo mío. Akira tenía 85 años y le habían diagnosticado un cáncer de páncreas que ya no se podía tratar. Su seguro médico le dijo que el único tratamiento que le podían proporcionar eran dosis altas de narcóticos para aliviar el dolor. En lugar de poner fin a su vida de ese modo, decidió probar otra alternativa. Empezó a tomar dosis muy altas de aceite de pescado concentrado (unos 30 gramos de EPA y DHA al día). Cada semana la enfermera de su seguro médico venía a preguntarle si quería que le inyectara calmantes porque debía tener unos dolores muy fuertes. Aunque cada vez estaba más débil y fatigado, no tenía mucho dolor. Cuando murió, lo hizo con pleno dominio de sus facultades mentales y pudo hacerlo rodeado de su familia, en su casa y sin dolor. Así es como ha de terminar la vida.

Como ya he dicho anteriormente, la desnutrición (caquexia) es otra manifestación del dolor agudo en la fase terminal de los pacientes de cáncer. El aceite de pescado concentrado en dosis muy altas (unos 18 gramos al día) es también el único tratamiento que se conoce para reducir la desnutrición. Actúa reduciendo la producción de la citoquina proinflamatoria denominada factor de necrosis tumoral (TNF). Es la misma citoquina proinflamatoria que se reduce mediante las inyecciones de Enbrel. Esta reducción del TNF (y el correspondiente descenso del dolor) ha hecho que el Enbrel sea el fármaco más vendido (más de 500 millones de dólares en el año 2003) para el tratamiento de la artritis reumatoidea. Es una pena que estos pacientes no sepan que el aceite de pescado concentrado es más barato y mucho más fácil de tomar (utilizando el Batido Gran Cerebro) que las inyecciones de Enbrel. Por supuesto, es muy poco probable que las compañías farmacéuticas se lo digan.

Dolor de los atletas

Los atletas de elite suelen padecer dolor agudo debido a las exigencias de sus intensos entrenamientos y competiciones. Esta es la razón por la que los medicamentos más recetados en la medicina deportiva son los antiinflamatorios. Los atletas de elite no pueden entrenar sin ellos.

Uno de estos casos fue el del nadador italiano Lorenzo Vismara. A los 26 años padecía continuas lesiones de tipo inflamatorio, y sus entrenadores habían recurrido a todos los especialistas en medicina deportiva de Europa en busca de respuestas, pero casi se habían dado por vencidos. Básicamente, a Lorenzo le dijeron que sus días en la selección nacional estaban contados.

Los entrenadores, desesperados, acudieron a un colega mío italiano, el doctor Riccardo Pina, como último recurso. El doctor Pina analizó rápidamente el problema y les señaló que el problema estaba en la dieta de Lorenzo. Al igual que muchos atletas de elite, Lorenzo pensaba que su estómago era un horno crematorio que podía con todo y comía lo que le gustaba, puesto que luego lo quemaba nadando.

Sucedía que la dieta de Lorenzo era alta en carga glucémica y había estado provocándole inflamación silenciosa. Inmediatamente, se puso a Lorenzo a que siguiera la Dieta de la Zona (al estilo italiano, por supuesto) y a tomar dosis altas de aceite de pescado (7,5 gramos de EPA y DHA al día). Al cabo de un mes, tanto su SIP como su rendimiento atlético habían empezado a mejorar. Un año después, Lorenzo consiguió siete récords nacionales en una sola competición. No está nada mal para alguien que tenía los días contados en la selección nacional.

Otra historia adicional: el equipo nacional italiano de baloncesto también fue a visitar al doctor Pina. Les habían predicho que quedarían en último lugar en los campeonatos europeos para clasificarse para los Juegos Olímpicos de 2004, por lo tanto no tenían nada que perder. El equipo adoptó el mismo programa dietético que Lorenzo. Seis meses después se clasificaron en el tercer puesto en los campeonatos europeos para los Juegos Olímpicos. Luego vencieron al equipo estadounidense, formado por los jugadores del equipo de las estrellas de la NBA, por más de 20 puntos, en un partido de exhibición en los preolímpicos. Al final consiguieron la medalla de plata en los Juegos Olímpicos de Atenas de 2004, para sorpresa de toda la comunidad internacional de baloncesto. En lugar de hablar de cómo llegar a «la zona» (cómo sentirse bien), los atletas (especialmente los aquejados de dolores agudos) deberían enfocarse en alcanzar la Zona antiinflamación.

Mi prescripción para el dolor agudo

El dolor agudo exige atención inmediata y has de abordarlo por partida doble. En primer lugar, utiliza algún fármaco de los que se venden sin receta, como la aspirina o algún antiinflamatorio no esteroideo, para conseguir la acción más rápida posible. Funcionan, el problema es utilizarlos durante mucho tiempo. En segundo lugar y mucho más importante: es que empieces a hacer todo lo posible para alcanzar la Zona antiinflamación. Te sugiero que empieces con una dosis alta de unos 7,5 gramos al día de EPA y DHA (lo que equivale a 1 cucharada de concentrado destilado de EPA/DHA) para reducir los niveles de AA en tus membranas. Aunque lo ideal sería hacerse un SIP, lo que te interesa es tratar el dolor. Incluso con esta dosis de aceite de pescado tardarás unos 30 días en ver los resultados en la reducción de tus niveles de AA. Al cabo de esos días y durante 2 semanas, irás reduciendo paulatinamente tu dosis de fármacos antiinflamatorios mientras mantienes la misma dosis de aceite de pescado. Luego, transcurridas otras 2 semanas, empieza a reducir la dosis de aceite de pescado hasta que reaparezca el dolor. Idealmente, el aceite de pescado debería bastar para hacer frente al dolor, pero en la realidad puede que necesites combinar una dosis baja de antiinflamatorios con una dosis alta de aceite de pescado. Deberías hacerte un SIP cada 6 meses para asegurarte de que estás tomando la dosis adecuada de EPA y DHA para controlar los niveles de AA.

Resumen

El dolor crónico discapacita y le resta alegría a la vida. La causa principal es una superproducción de AA que conduce a una producción excesiva de eicosanoides proinflamatorios. En lugar de tomar medicamentos antiinflamatorios durante mucho tiempo, que actúan yendo a favor de la corriente para intentar resolver el problema, piensa en ir a contracorriente para atacar la raíz del problema (exceso de AA). Tu cuerpo te lo agradecerá si lo haces.

CUARTA PARTE

¿Qué futuro nos espera?

19

¿A quién hemos de responsabilizar de la epidemia de la inflamación silenciosa?

Actualmente, los estadounidenses gastan más dinero en cuidados médicos que ningún otro país del mundo, y los resultados son bastante descorazonadores. En casi todos los marcadores nacionales del bienestar, Estados Unidos puntúa relativamente bajo en comparación con otros países desarrollados del mundo. Creo que esto se debe en gran parte al aumento de la epidemia de inflamación silenciosa en nuestra sociedad. La pregunta inevitable es: ¿a quién hay que responsabilizar de este dramático aumento de la inflamación silenciosa y de su impacto negativo en nuestro bienestar?

La tecnología

Curiosamente, la respuesta última puede ser la tecnología. Nos hemos hecho adictos a la tecnología. La tecnología aumenta la productividad, pero también comprime el tiempo para las tareas humanas más elementales, como preparar comidas hormonalmente equilibradas y tener tiempo para comerlas tranquilamente. Nos hemos convertido en la generación de la comida rápida, y no me estoy refiriendo sólo a McDonald's y a Pizza Hut, sino a la tecnología, esa que nos proporciona avena que se hace en 1 minuto en lugar de 30. Me refiero a los cereales para el desayuno, a los sándwiches ya preparados para el almuerzo de media mañana, a las cenas congeladas que se ponen en el microondas y están listas en cuestión de minutos. Cocinar con ingredientes crudos se ha convertido en un arte perdido en Estados Unidos, porque sencillamente no tenemos tiempo.

A raíz de esto, muchos estadounidenses comen fuera de sus hogares, porque preparar la comida lleva demasiado tiempo. Los restaurantes de comida rápida existen porque preparan comidas que se comen rápidamente, pero los demás restaurantes no se quedan muy atrás en cuanto a velocidad. La consecuencia es que más del 50 por ciento de las comidas se hacen fuera de casa. Todos los restaurantes tienen una necesidad urgente de complacer a los clientes para que vuelvan a visitarlos. La forma más sencilla para dar mucha comida es utilizar los ingre- · dientes más baratos posibles. Eso significa muchos cereales, almidones y grasa (principalmente ácidos grasos proinflamatorios omega-6) para que la comida sepa mejor. Nos hemos convertido en víctimas de nuestro éxito tecnológico en el campo de la agricultura. Tenemos la comida más barata del mundo, y el resultado es que comemos más a menudo y más cantidad.

Nuestros genes

La nueva y cambiante tecnología aumenta constantemente nuestra productividad. Por otra parte, tal como he dicho en el capítulo 2, nuestros genes son constantes y están anclados en nuestro pasado evolutivo. Ahora nos damos cuenta de lo sintonizados y estrechamente interconectados que están nuestros genes con nuestros sistemas hormonales. Trabajan conjuntamente no sólo para controlar el flujo de grasa almacenada en nuestro cuerpo, sino para mantener los niveles adecuados de respuestas inflamatorias. Estos sistemas han evolucionado a la par que nos alimentábamos a base de dietas de baja carga glucémica con la dosis adecuada de proteína y ácidos grasos omega-3 de cadena larga (dieta del Paleolítico). Pero este estrecho vínculo entre las hormonas y la dieta ha sido saboteado por los cambios dietéticos de nuestros tiempos.

Recordemos que nuestra supervivencia como especie venía muy marcada por nuestra capacidad para almacenar el exceso de calorías en forma de grasa, para poder utilizarla en tiempos de escasez y superar los ataques inflamatorios causados por invasores microbianos. Esa ha sido nuestra gran ventaja en las épocas de hambruna y sin prácticas sanitarias que pudieran ayudarnos, pero esos mismos genes conspiran ahora contra nosotros en un entorno que suministra un exceso de calorías (principalmente compuestas de hidratos de carbono baratos con una alta carga glucémica) y fomenta el aumento de los ácidos grasos proinflamatorios omega-6 en nuestros alimentos. Todo esto ha hecho que las dietas inflamatorias sean lo habitual en Estados Unidos.

El Gobierno

Responsabilizar a la compresión del tiempo provocada por la tecnología y a nuestros genes puede resultarles un tanto extraño a los medios de comunicación, pero señalar al Gobierno es mucho más fácil. Toda la infraestructura de la industria agrícola estadounidense se basa en los cereales y los almidones. Los industriales de la agricultura son uno de los grupos más influyentes en el Gobierno. El Ministerio de Agricultura se dedica a contentar a dichos grupos y no está interesado en la repercusión que pueden tener sus políticas sobre la salud de la nación. Esta es la razón por la que pedir al USDA (Ministerio de Agricultura de Estados Unidos) que creara una pirámide alimentaria ha sido como pedir al zorro que vigile el corral de las gallinas.

El problema empezó con los subsidios a los agricultores. Esta práctica se inició en la época de la Depresión para proteger las granjas familiares, dado que una gran parte de la población trabajaba en ellas. En la actualidad, esos subsidios ascienden a 20.000 millones de dólares al año, aunque menos de un 1 por ciento de la población trabaja en granjas. Eso se debe a que los avances tecnológicos de las gigantescas corporaciones agrícolas han hecho que fueran innecesarios. Lo cierto es que ya no se obtienen tantos votos de las granjas como sucedía antaño, porque las personas han sido sustituidas por corporaciones, que son las que apoyan la política. Estos subsidios del Gobierno continúan a pesar de que en Estados Unidos se produce el doble de alimentos de los que se deberían consumir. ¿Por qué prosiguen estos subsidios si estamos produciendo demasiados alimentos? Los dos grupos agrícolas más poderosos (y los que se benefician de los subsidios) son los que proceden de los sectores del maíz y del trigo. La gran mayoría del maíz que se cultiva es para alimentar al ganado y hacer sirope de maíz para edulcorantes. Otra buena parte (aunque es otro despilfarro) del exceso de la producción de maíz se convierte en etanol para los automóviles. El sector del trigo es igualmente poderoso, especialmente si tenemos en cuenta que los animales (los principales beneficiarios de los subsidios del maíz) no comerán trigo. Comerán maíz, copos y muchos otros cereales, pero no trigo. De hecho, el trigo se emplea principalmente para los humanos, pero en la forma de alimentos con alta carga glucémica como el pan, los cereales para el desayuno, la pasta y la bollería. Por consiguiente, la única forma de deshacerse del exceso de trigo que producimos es hacer que las personas coman más productos derivados del mismo. Esa es la otra misión del USDA: asegurarse de que los estadounidenses se comen el exceso de producción. Por lo tanto, a nadie debería sorprender que el USDA promueva la pirámide alimentaria que se basa principalmente en cereales y almidones como el trigo y el maíz.

Mientras los productos del trigo y del maíz gozan de todos los privilegios de las arcas del Gobierno, menos de un 1 por ciento de los subsidios gubernamentales está destinado a la producción de frutas y verduras. De hecho, se calcula que aunque los estadounidenses comieran las pequeñas dosis de fruta y verdura recomendadas por la pirámide alimentaria, se tendría que doblar la producción para abastecer al mercado. Para ello se deberían ocupar tierras que actualmente se utilizan para la producción del trigo y del maíz, cosa muy poco probable de que suceda.

Otro destino de los subsidios del USDA es la producción de soja, principalmente para la fabricación de más aceite de soja, rico en ácidos grasos proinflamatorios omega-6. Si existiera una fórmula para crear una epidemia de inflamación silenciosa en Estados Unidos, sin duda sería la de apoyar la superproducción de hidratos de carbono con alta carga glucémica y de ácidos grasos proinflamatorios omega-6. Pero el USDA no está solo. Tiene un aliado ideal en la industria de la comida procesada.

Industria de los alimentos procesados

Los subsidios del USDA han hecho que los aceites vegetales ricos en ácidos grasos omega-6 y los productos refinados del trigo y del maíz (harinas y edulcorantes) sean los más baratos del mundo en cuanto a precio por caloría. Por consiguiente, la industria de los alimentos procesados ha empleado todas las tretas posibles para incorporar estos productos baratos en los alimentos procesados que no sólo se conservan más tiempo, sino que dejan un margen de beneficio mucho más amplio. Actualmente, un supermercado grande puede contener hasta 50.000 productos, la mayoría de alimentos procesados hechos con cereales refinados y grasas baratas. Las ventas anuales de estos alimentos procesados ascienden a 175.000 millones al año. Este número se acerca peligrosamente a los 160.000 millones al año que se gastan los estadounidenses en medicamentos.

La industria de los alimentos procesados en Estados Unidos es la más avanzada del mundo, ya que puede hacer prácticamente de todo con los cereales refinados y los aceites vegetales. Pero lo más importante es que esta industria también sabe cómo hacer que sepan mejor. Hay otro dilema con la comida procesada: el sabor frente a la saciedad. Los alimentos que son muy sabrosos abren el apetito (porque son ricos en hidratos de carbono con alta carga glucémica). Los alimentos que sacian (controlan el apetito) no son muy gustosos. Una barrita de caramelo es muy gustosa, pero no controla bien el apetito. Un plato de brécoles nos sacia, pero no es muy apetitoso. La naturaleza humana nos induce a buscar el sabor, y la industria alimentaria tiene las herramientas apropiadas (gracias a los subsidios del USDA) para fabricar lo que nos gusta comer. Para no dejar ningún cabo suelto, la industria alimentaria gasta unos 33.000 millones de dólares al año en publicidad (un tercio de la publicidad dirigida a los niños) para decir dónde puedes encontrar los alimentos más apetitosos y baratos del mundo.

Esto nos lleva a la esencia del problema. Para las personas de grupos socioeconómicos bajos, la mejor decisión para su economía es comprar comida que contenga el máximo número de calorías por el precio más bajo. Antiguamente solía ser el arroz, el pan y las patatas. Ahora es la comida procesada hecha con harinas refinadas, azúcares y aceites vegetales. De hecho, el precio de las frutas y verduras frescas es entre 100 y 400 veces superior por caloría que el de las harinas refinadas, azúcares y aceites vegetales. Pedir a los pobres que compren más frutas y verduras para reducir su carga glucémica en sus dietas es, según Adam Drewnowski de la Universidad de Washington, el equivalente de «elitismo económico». Simplemente no va a suceder. ¿Por qué? Porque los subsidios del USDA mantienen los precios de venta de los cereales, almidones y aceites vegetales increíblemente bajos, y la industria de los alimentos procesados transforma esos productos en alimentos muy gustosos y baratos.

Los portavoces de la industria de los alimentos procesados también han aprendido la lección de la industria del tabaco, diciendo que comer sus productos es responsabilidad del consumidor. Si realmente quieres perder peso, has de «comer menos y hacer más ejercicio». Lo que no te dicen es que para quemar todas las calorías de un menú McDonald's Big Mac tendrías que caminar 6 horas al día. Y si los estadounidenses realmente hicieran caso de la primera parte de ese dicho («comer menos»), pronto toda la industria agrícola (así como una significativa parte de la industria de los alimentos procesados, comestibles y restaurantes) se hundiría, porque necesitan el mayor número posible de personas que consuman sus productos para seguir obteniendo sus enormes beneficios.

¿Son el USDA y toda la industria de los alimentos procesados las únicas organizaciones responsables de la actual epidemia de inflamación silenciosa? Todavía existe otro sospechoso menos probable: el estamento médico estadounidense.

«Pensaba que era bueno para ti»

El camino hacia el infierno está lleno de buenas intenciones. Por desgracia, las buenas intenciones del estamento médico para luchar contra las cardiopatías se basaban en una ciencia incorrecta, e indirectamente nos han conducido a nuestra epidemia de inflamación silenciosa. A principios de la década de 1950 un número cada vez mayor de investigadores médicos declararon la guerra contra la grasa porque contiene colesterol. El colesterol en la dieta se consideró el agente causante de las enfermedades del corazón (lo cual no es cierto). La solución era eliminar muchas fuentes de colesterol (especialmente la proteína animal) de la dieta y sustituirlas por hidratos de carbono sin grasa (como los cereales y almidones). Si tenías que ponerle grasa a la dieta, tenía que ser omega-6, puesto que parecía bajar el colesterol.

Mirando retrospectivamente, estas recomendaciones dietéticas promulgadas por el estamento médico fueron una forma infalible de preparar el escenario para el incremento de la epidemia de la inflamación silenciosa. No obstante, esta llamada a la acción por parte de los investigadores (que sabían muy poco de las consecuencias hormonales de los alimentos) fue asimilada rápidamente por una nueva generación de nutricionistas (que no sabían absolutamente nada de las consecuencias hormonales de los alimentos). Enseguida se movilizaron para difundir el mensaje de que la grasa era nociva y que los hidratos de carbono de los almidones y cereales libres de grasa se acercaban a la perfección. Nunca comprendieron que cuanto más alta es la carga glucémica de los hidratos de carbono que comes, más hambre tienes. Y cuanta más hambre tienes, más calorías consumes, principalmente de hidratos de carbono sin grasa. Esta es la razón por la que en los últimos 30 años el consumo medio de calorías ha aumentado en 300 calorías al día. No estamos más activos, sino que simplemente tenemos más hambre debido al incremento en nuestros niveles de insulina.

Aunque el estamento médico estaba convencido de que la grasa y el colesterol en la dieta provocaban las enfermedades cardíacas, todas las pruebas clínicas que se han realizado no han dado prácticamente ninguna evidencia de que comer menos grasas (o colesterol) tenga repercusión alguna sobre este tipo de enfermedades. Para conseguir el apoyo político (puesto que apenas existía el apoyo científico, por no decir que no había ninguno) para emprender la guerra contra la grasa, en la década de 1980 el Gobierno decidió organizar un congreso para el «consenso» sobre la grasa y el colesterol en la dieta. Los organizadores del Gobierno invitaron a un número desproporcionado de académicos que estaban a favor de que la grasa y el colesterol en la dieta provocaban las cardiopatías, y, por supuesto, a unos pocos que no estaban de acuerdo con ello. Todos dieron su opinión y luego se realizó una votación. Como cabía esperar, en el congreso se acordó que si se reducían las dosis de grasas y colesterol en la dieta, se reducía el riesgo de padecer un ataque al corazón.

El hecho de que no hubiera ningún estudio científico que apoyara esa afirmación no detuvo la campaña masiva para cambiar los hábitos de los estadounidenses. El USDA utilizó este congreso para afianzar su famosa pirámide alimentaria, que ahora se está empezando a reconocer que es errónea. Tal como dijo Walter Willett, presidente del Departamento de Salud Pública de la Facultad de Medicina de Harvard, en su libro *Eat, Drink and Be Healthy*: «La pirámide alimentaria del USDA está equivocada. Se ha construido sobre un terreno científico inestable... [la pirámide del USDA] ofrece unos consejos pasados por agua, sin fundamento científico... Tampoco se ha probado nunca para saber si realmente funciona».

No se puede decir que sea un apoyo incondicional de la pirámide alimentaria del USDA por parte de Harvard. Si miramos retrospectivamente, la pirámide alimentaria del USDA podría colocarse en un escalafón bastante bajo como uno de los peores programas gubernamentales concebidos y puestos en práctica. Esta guerra contra las grasas y el colesterol en la dieta fue declarada con mucho bombo y platillo por parte del estamento médico, y todavía continúa en la actualidad. Las armas para esa guerra contra el colesterol las proporcionó el Gobierno (hidratos de carbono sin grasa, baratos y con una alta carga glucémica y ácidos grasos proinflamatorios omega-6). Poco sospechaba nadie que esta guerra basada en buenas intenciones terminaría con la salud de millones de estadounidenses al desencadenar una nueva y temible epidemia de inflamación silenciosa que viene alimentada por la obesidad.

La versión más reciente de la pirámide alimentaria del USDA, que se publicó en 2005, todavía no tiene en cuenta el papel de la carga glucémica en la dieta, pero al menos recomienda comer más fruta y verdura. Pero las nuevas directrices son tan vagas que no ofrecen ninguna información útil para invertir las dos epidemias gemelas de la obesidad y la inflamación silenciosa. Principalmente, es una cuestión de números para las industrias agrícola y de los alimentos procesados. Cualquier cambio importante en su estatus provocaría una inestabilidad política y la falta del apoyo al Gobierno por parte de estas industrias. Como es natural, ningún miembro del Gobierno quiere que suceda eso.

Por no escuchar a tu abuela

Hay un último culpable en nuestra obra a quien podemos responsabilizar de la inflamación silenciosa: a nosotros por no haber seguido el consejo de nuestras abuelas de tomar aceite de pescado. Hace dos generaciones era normal tomar una dosis diaria de aceite de hígado de bacalao. Aunque sigue siendo uno de los suplementos más desagradables de tomar, estas dosis proporcionaban unos 2,5 gramos de EPA y DHA, con sus importantes propiedades antiinflamatorias. El día en que los padres dejaron de dar a sus hijos aceite de pescado, posiblemente fuera el desastre de salud pública más grande del siglo XX. El resultado es nuestra epidemia de inflamación silenciosa.

La exportación de la inflamación silenciosa

Muchas tendencias empiezan en Estados Unidos y acaban llegando a todos los rincones del planeta. Nuestra epidemia de inflamación silenciosa es una más. Hemos exportado los Bic Macs y la Coca-Cola, y ahora la pirámide alimentaria del USDA. Prácticamente, todos los gobiernos del mundo la han adoptado como la norma para sus recomendaciones dietéticas nacionales. No es de extrañar que la obesidad se haya convertido en un problema mundial, con más personas obesas que desnutridas. Las mismas tendencias que he señalado que existen actualmente en Estados Unidos (la compresión del tiempo debida a la tecnología, la disponibilidad de ingredientes alimentarios baratos y el deseo de tomar alimentos apetitosos) se han unido para exportar nuestra epidemia de inflamación silenciosa a Europa y están empezando a medrar en el Extremo Oriente, Latinoamérica e India. De hecho, los niños italianos son ahora los más gordos de Europa, mientras que hace tan sólo unos años se encontraban entre los más delgados. Con este aumento del peso corporal llega el correspondiente aumento de la inflamación silenciosa y la aceleración del desarrollo de enfermedades crónicas como la diabetes de tipo 2. Actualmente, hay más diabéticos de tipo 2 en India o en China que en Estados Unidos. Si la epidemia de diabetes de tipo 2 amenaza con destruir el sistema sanitario de Estados Unidos debido a su coste, ¿qué repercusión tendrá esta enfermedad en los sistemas sanitarios de India o de China, que tienen una capacidad muy inferior para costear la sofocante carga sanitaria (ceguera, amputaciones, cardiopatías e insuficiencia renal) que conlleva la diabetes de tipo 2?

¿Soy pesimista? La verdad es que no lo soy. No se puede resolver un problema a menos que se conozca su causa. Es fácil responsabilizar al Gobierno, a la industria agrícola, a los restaurantes de comida rápida o a la industria de alimentos procesados, pero perdemos de vista cuál es la esencia del problema. El verdadero problema es nuestra falta de conocimiento sobre cómo controlar nuestras hormonas. En última instancia eres tú quien ha de controlar tu futuro controlando tus hormonas para entrar en la Zona antiinflamación. Pero para ello has de comprender las consecuencias hormonales de la comida que ingieres.

En el último capítulo de este libro resumo los pasos que ha de dar nuestra sociedad para deshacerse de esta epidemia de inflamación silenciosa y las consecuencias de no hacerlo.

20

Cómo evitar el futuro colapso del sistema sanitario de Estados Unidos

A pesar de todos los avances de la medicina moderna, parece que no podemos invertir la epidemia de inflamación silenciosa que amenaza con destruir el actual sistema sanitario de Estados Unidos. El bienestar de sus habitantes está desapareciendo rápidamente.

Nuestras dietas han cambiado tan deprisa que las consecuencias hormonales están desbordando a nuestros genes. Como hemos desoído las consecuencias hormonales de nuestra dieta, la mayor amenaza para Estados Unidos es el potencial colapso de su sistema sanitario, y lo tenemos ante nuestras narices. Los primeros signos ya están apareciendo con los rápidos aumentos de las cotizaciones de los seguros médicos y el creciente número de personas que no pueden pagarlos.

La primera enfermedad crónica que acelerará este colapso es la creciente epidemia de diabetes de tipo 2. Es la más cara de todas las enfermedades, porque los pacientes acaban gravemente debilitados, pero pueden vivir muchos años en esa condición. Es la primera causa de ceguera y amputaciones, el principal desencadenante de las enfermedades del corazón y una causa muy común de insuficiencia renal. Cuesta más de 200.000 dólares al año mantener con vida a un paciente que necesita diálisis. En general, esta patología cuesta a Estados Unidos 132.000 millones de dólares al año.

En la actualidad, aproximadamente un 7 por ciento de los estadounidenses adultos tienen diabetes de tipo 2, y calculo que cuando esa cifra llegue al 10 por ciento de la población adulta, no podremos pagar los costes sanitarios, por fuerte que sea nuestra economía. La única pregunta es cuánto tiempo tardaremos en llegar a esa mágica cifra del 10 por ciento. Puede que sean 5 años, 15 como mucho. No importará que tengamos un seguro médico universal, un seguro médico privado o que no tengamos ninguno. El sistema sanitario estadounidense quebrará. Pero cuando llegue ese momento, todo el mundo en este país se preguntará qué ha sucedido. Cuando la epidemia de la inflamación silenciosa se cobre todas sus víctimas, será demasiado tarde. La diabetes de tipo 2 sólo será la primera entre muchas otras enfermedades crónicas, como las cardiopatías, el cáncer y el Alzheimer, que empezarán a azotarnos a edades cada vez más tempranas, y afectarán a un mayor número de personas. Si no es la diabetes de tipo 2 la que acabe con nuestro sistema sanitario, serán estas otras enfermedades alimentadas por la inflamación silenciosa las que acabarán de hacer el trabajo.

Pagar un seguro médico es uno de los principales campos de batalla de los empleados y empleadas estadounidenses. Vivimos en el país más rico del mundo, y todavía hay más de 40 millones de personas que no están aseguradas. ¿Por qué son tan caros los seguros médicos? Preguntémoselo a las compañías aseguradoras. Casi el 80 por ciento de los gastos de un seguro médico medio se destinan a pagar enfermedades íntimamente relacionadas con la inflamación silenciosa. Cuanto más tiempo se descuide esta, más daños ocasionará. Esta es la razón por la que suben tan rápido las cuotas de los seguros médicos, y de que cada vez haya más personas que no pueden pagarlos. Lo cierto es que los empresarios están haciendo frente a estas subidas de precios limitando el número de contratos nuevos.

Aunque el futuro no es muy prometedor, podemos cambiarlo si empezamos inmediatamente a dar los pasos necesarios para invertir la inflamación silenciosa. Esto requerirá que tengamos una visión realista respecto a las personas, no eslóganes políticos sin sentido. Los pasos que propongo a continuación también incluyen el problema de la obesidad infantil y adolescente, el segmento con un crecimiento más rápido de nuestra epidemia de obesidad. Se calcula que un tercio de los niños nacidos después del 2000 desarrollarán diabetes de tipo 2 en algún momento de su vida. Tendrán mayor riesgo de padecer enfermedades cardíacas, cáncer y trastornos nerviosos a una edad relativamente temprana. Me temo que, a menos que demos estos pasos, la siguiente generación de estadounidenses será la primera en los anales de la historia cuya esperanza de vida sea inferior a la de sus padres.

Eso es una mala noticia. Si no hacemos nada, el futuro es evidente. Es muy, pero que muy funesto. Por consiguiente, deberíamos preguntarnos: ¿qué están haciendo las compañías de seguros, las corporaciones y el Gobierno para impedir el colapso del sistema sanitario de Estados Unidos?

Compañías de seguros

Las compañías de seguros deberían estar en la primera línea de fuego en la batalla contra la inflamación silenciosa, puesto que son ellas las que acaban pagando las consecuencias. Eso parece lógico hasta que te das cuenta de que las compañías de seguros no son más que agentes de Bolsa. Siempre y cuando consigan su margen de beneficio, están dispuestas a aceptar tu dinero. Ahí es realmente donde las compañías de seguros hacen apuestas de bobos. Básicamente, das dinero a las compañías de seguros por temor a caer enfermo. Ellas lo aceptan apostando a que no enfermarás. Al igual que cualquier buen agente de Bolsa, simplemente calculan las posibilidades, y sea cual sea el resultado, consiguen un beneficio. No tienen un interés verdadero en promover la reducción de la inflamación silenciosa, puesto que tú seguirás pagando independientemente de lo que te cueste. Si la población enferma, simplemente subirán las tarifas para cubrir los gastos. Si no puedes pagar las subidas, es tu problema.

Aunque es fácil ser cínico con las compañías de seguros, creo que cambiarían su dinámica si estuvieran convencidas de que podrían ganar mucho más dinero manteniendo tu bienestar que tratando los síntomas de la enfermedad. Eso se podría conseguir pagando una bonificación a los médicos por mantener la buena salud de sus pacientes, que se podría determinar por un análisis de sangre barato como es el que se necesita para conocer la ratio de TG/HDL. Si los pacientes mantienen esa ratio bajo cierto nivel (2 por ejemplo), el médico obtendría una prima. Si es superior, podría recibir su pago habitual por tratar los síntomas de la enfermedad crónica. Esto proporcionaría a los médicos un verdadero incentivo para enseñar a sus pacientes que la dieta y el aceite de pescado pueden alterar sus ratios. Los datos clínicos son bastante claros: cuando el ratio de TG/HDL baja, pasan cosas buenas. Por desgracia, pueden pasar muchos decenios hasta que las compañías de seguros lleguen a esta conclusión, pero todavía hay esperanza.

Seguro médico pagado por las empresas

Muchas empresas aseguran ellas mismas a sus empleados, pero se han dado cuenta de que el costo de los seguros médicos, cada vez más caros, merma las ganancias de la empresa. Francamente, no ha habido muchos incentivos económicos para que las empresas promuevan el bienestar. Esto se debe a que si los empleados se marchan de la empresa al cabo de unos años, el siguiente empresario que los contrate obtendrá todos los beneficios potenciales sin tener que pagar por ellos, y la primera empresa no podrá demostrar sus gastos. Sin embargo, si se convenciera a los empleadores de que un programa para un verdadero bienestar aportaría un incremento inmediato en la productividad de los empleados, podrían observar una mejora en sus resultados y tendrían un incentivo económico para promover cambios.

Este es justamente el beneficio que ofrece la Dieta de la Zona a los empresarios. En siete días las compañías pueden empezar a ver significativos aumentos en la productividad de sus empleados. En la mayoría de las compañías, la productividad desciende entre las 2 y las 3 de la tarde, cuando descienden los niveles de azúcar debido a las comidas con alta carga glucémica. En realidad, es más barato pagar comidas que estabilicen la glucosa en la sangre de sus empleados para que sean más productivos durante el día. Este concepto ya lo han puesto en práctica de manera burda en algunas empresas de informática y agencias de Bolsa de Wall Street. Las compañías de informática dan a sus empleados refrescos gratis sin azúcar a lo largo del día para mantener artificialmente los niveles de glucosa en la sangre. Las agencias de Bolsa de Wall Street siempre pasan carritos de comida durante el día para cumplir la misma meta. El hecho de que estos empleados se estén consumiendo debido al aumento de los niveles de inflamación silenciosa poco les importa a las empresas, siempre y cuando obtengan mayor productividad. Por otra parte, el coste de proporcionar comidas y aperitivos en la Zona sería casi el mismo, pero con la diferencia de que invertiría el avance de la inflamación silenciosa en lugar de aumentarlo. Otras corporaciones que tienen cafetería podrían ofrecer comidas en la Zona con descuento o comidas con alta carga glucémica a precio normal. Entonces, no sería una elección difícil para el empleado. El empresario obtendría un incremento en tiempo real en la productividad, y la reducción en los futuros gastos sanitarios sería la guinda, no el pastel. Esta perspectiva debería atraer a los asesores financieros de las empresas, porque los costes no son muy altos en comparación con el incremento en la productividad. Con los nuevos marcadores de bienestar (como el SIP, y la ratio de TG/HDL, que es más económica), los resultados de estas inversiones en programas de bienestar corporativo (incluidos los descuentos en las comidas) se podrían auditar y comprobar. En lugar de limitarse a instalar más cintas para caminar o gimnasios, las corporaciones podrían saber a través de un análisis de sangre si su inversión en bienestar está funcionando o no. Si los parámetros sanguíneos que determinan el bienestar (y principalmente el alcance de la inflamación silenciosa) no mejoran, simplemente pueden dejar de invertir en ello y centrarse en las actividades que aumenten el bienestar (y la productividad). Por desgracia, hasta las corporaciones más innovadoras necesitarán tiempo para integrar este tipo de pensamiento en sus actuales programas de bienestar, aunque la lógica financiera sea aplastante.

El Gobierno

Como ya he señalado antes, uno de los principales factores de la epidemia de inflamación silenciosa han sido los subsidios del Gobierno a los sectores agrícolas del cereal y de la soja. Por supuesto, el Gobierno también podría aumentar los subsidios para el cultivo de frutas y verduras para equilibrar la balanza, pero eso es poco probable con nuestro déficit cada vez más alto. Otra opción todavía menos probable es reducir los actuales subsidios para los productores de trigo y de maíz. No es más que una cuestión de apoyo político y de grupos de poder. Esta es la razón por la que el Gobierno está muy dispuesto a incrementar la cobertura de Medicare para los medicamentos que sólo tratan los síntomas de las enfermedades crónicas derivadas de la inflamación silenciosa, pero no es muy probable que ataque la causa del problema, que es el patrocinio de una industria (agrícola) que tiene una superproducción de productos que alimentan la inflamación silenciosa. Lo más funesto es que sólo nos quedan unos pocos años para que los primeros *baby boomers* empiecen a acceder a todos los beneficios de Medicare. Ese será el momento de la verdad económica, cuando el Gobierno simplemente no tenga dinero para pagar todas las facturas médicas que se le van a presentar.

La industria de los alimentos procesados

Creo que la institución que más probabilidades tiene de ayudar a invertir la epidemia de la inflamación silenciosa es el sector de los alimentos procesados. Justo la misma que nos condujo a esta epidemia será, sorprendentemente, la que probablemente nos saque del atolladero. Tal como he dicho en el capítulo anterior, las empresas de alimentos procesados han dominado el arte de utilizar productos baratos (gracias a los subsidios gubernamentales) y han conseguido hacer alimentos procesados muy económicos y con buen sabor, pero que sacian poco. No obstante, esa misma tecnología también se puede emplear para producir alimentos apetitosos y económicos, que gusten y sacien al mismo tiempo si se les añaden más proteínas (la soja y los productos lácteos son las opciones más probables) sin comprometer el gusto. Si puedes, corta inmediatamente el nudo gordiano del hambre equilibrando las proteínas y los hidratos de carbono. Si no tienes hambre entre comidas, no consumes tantas calorías. Con un descenso en el consumo de calorías viene la pérdida de peso y la reducción del principal generador de inflamación silenciosa: el exceso de grasa. Resumiendo, lo que te interesa es conseguir comer de la manera más sana y hormonalmente correcta con la comida basura que está a tu alcance. Esta estrategia debería llegar a todas las esferas de nuestra sociedad. Idealmente podría encajar en una sociedad con un tiempo cada vez más comprimido debido a la tecnología, y que se basa en los productos agrícolas baratos para confeccionar comidas que sean apetitosas y que sacien a un precio muy asequible.

Decirle a la gente: «come menos y haz más ejercicio» no ha funcionado ni funcionará. Decirle a la gente que coma más frutas y verduras frescas es muy bonito, pero sólo es posible para las clases más acomodadas. Tener acceso a comidas basura saludables (barritas dulces, helados, batidos, aperitivos de maíz, masas de *pizza*, etc.) puede ser la única forma de evitar el colapso sanitario. Sé que se puede hacer, porque en mi laboratorio hemos desarrollado prototipos de todos estos alimentos que son prácticamente idénticos a nuestra actual comida basura. Es una visión atrevida que sin duda hará entrar en cólera a la comunidad de la nutrición, pero tal como yo lo veo, puede ser la única esperanza para Estados Unidos. La única pregunta es si las grandes empresas de comida basura pueden ganar dinero vendiendo alimentos basura saludables. Si es así, la epidemia de inflamación silenciosa podría invertirse con facilidad.

La responsabilidad individual

La buena noticia es que no tenemos que esperar a que las instituciones y otros grupos de poder de la industria estadounidense hagan algo por invertir el proceso de la inflamación silenciosa. En tu mano está empezar a cambiar tu futuro reduciendo tus niveles de inflamación silenciosa. La recompensa será casi inmediata, y en muchos casos casi milagrosa.

En última instancia, conservar tu bienestar reduciendo tu inflamación silenciosa es tu responsabilidad personal. Sin embargo, en una sociedad a la que le falta tiempo como a la nuestra, has de desarrollar un plan que te ayude a obtener los máximos resultados en la mínima cantidad de tiempo posible. Ese plan es el Programa de estilo de vida en la Zona, que te conduce a la Zona antiinflamación con el menor esfuerzo.

Si estás dispuesto a dedicar sólo 15 segundos al día para reducir tu nivel de inflamación silenciosa, tomar suficiente aceite de pescado será tu mejor inversión de tiempo. Nada actúa más rápido que una buena dosis de aceite de pescado. Esta sería una ayuda que podría ofrecer el Gobierno para mejorar inmediatamente el bienestar de todos los estadounidenses sin provocar un caos político en la industria de la agricultura: dar aceite de pescado gratis a todo el que quisiera. Esto no es tan exagerado como puede parecer, puesto que actualmente se está haciendo en Italia y en Finlandia. Ambos países cuentan con un sistema de seguridad social nacional, y han incluido los concentrados destilados de EPA/DHA en su lista de medicamentos que se pueden comprar en la farmacia a cargo de su sistema de seguridad social.

Si estás dispuesto a realizar más esfuerzo, seguir la Dieta de la Zona es igualmente importante para invertir la inflamación silenciosa, porque es tu pasaje para perder el exceso de grasa corporal de la manera más rápida y segura posible. Seamos claros: perder peso no es fácil, y mantenerlo es casi imposible, dadas las continuas tentaciones cargadas de hidratos de carbono que nos ofrecen los fabricantes de alimentos procesados. Pero como has de comer, por lo menos hazlo con inteligencia.

No cabe duda de que puedes perder peso con cualquier dieta siempre y cuando restrinjas las calorías. No obstante, el aumento de tu apetito debido a un aumento de la insulina (por una dieta alta en hidratos de carbono) o al aumento de la producción de cortisol (por una dieta baja en hidratos de carbono) desequilibrarán tu sistema hormonal. Esta es la razón por la que un reciente estudio clínico de un año de duración realizado por la Facultad de Medicina de Tufts ha demostrado que las personas se acostumbran con mayor facilidad a la Dieta de la Zona que a las dietas altas o bajas en hidratos de carbono. Todo depende de tu capacidad para controlar el apetito entre las comidas. Si no tienes hambre, no te hace falta tanta fuerza de voluntad para tomar menos calorías. Por otra parte, si siempre tienes hambre, necesitarás una gran fuerza de voluntad, o comerás calorías de más. Como saben la mayoría de los estadounidenses, la segunda opción es la más probable.

Por último, tenemos el papel del ejercicio y de la meditación para reducir la inflamación silenciosa. Ambas cosas exigen más compromiso de tiempo, y no tendrán el mismo efecto en la reducción de la inflamación silenciosa que el aceite de pescado y la Dieta de la Zona. No obstante, si se utilizan correctamente son unos poderosos componentes secundarios para mantenerte en la Zona antiinflamación una vez que hayas llegado a la misma gracias a la dieta.

Controlar la inflamación silenciosa es una labor de toda la vida. Recuerda que los invasores están acechándote para aprovechar la menor oportunidad para echar a perder tu futuro. Tu primera defensa contra la inflamación silenciosa es perder tu exceso de grasa corporal. Sí, es difícil. Eso es porque te has de dar cuenta de que tus genes son los mismos que los de tus antepasados del Paleolítico. No puedes cambiar tus genes, pero puedes seguir el Programa de estilo de vida en la Zona que hará que tus genes trabajen a tu favor, no contra ti.

No te fíes de mi palabra. Tu sangre te dirá si estás en la Zona antiinflamación y si gozas de un estado de bienestar. Sigue adaptando tu dieta y tu estilo de vida hasta que tu sangre te diga que ya has llegado. Cuando lo consigas, intenta mantener ese mismo estilo de vida durante el resto de tus días. De lo contrario, la inflamación silenciosa será tu eterna compañera.

En resumen, todo lo que has de hacer es seguir las sencillas prescripciones de este libro y empezar a avanzar de nuevo hacia tu estado de bienestar reduciendo la inflamación silenciosa. Todas las revoluciones suelen empezar por una sola persona. La revolución del bienestar no es diferente.

Apéndice A

Apoyo continuado

Los datos científicos que apoyan la Zona se están ampliando constantemente. Esta es la razón por la que tengo varias páginas web para que puedas estar al día de las últimas novedades sobre la teoría del control hormonal. Si estás interesado en saber más sobre las pruebas clínicas que se están llevando a cabo actualmente para saber cómo repercute la dieta en la inflamación silenciosa, te sugiero que visites *www.inflammationresearchfoundation.org*. Esta es la página web de mi fundación sin ánimo de lucro, que está realizando una serie de pruebas sobre el papel de la dieta para reducir la inflamación silenciosa en enfermedades crónicas como la obesidad, la diabetes de tipo 2, cardiopatías, trastornos neurológicos, cáncer y otras patologías inflamatorias. Si buscas ayuda para componer tus comidas y aperitivos en la Zona, te sugiero que visites *www.zonediet.com*, y si lo que estás buscando son concentrados de EPA/DHA destilados que hayan sido clínicamente testados, te aconsejo que visites *www.zonelabsinc.com*. Para comprender mejor mi tecnología de la Zona, a la vez que podrás descubrir pistas prácticas y útiles, te recomiendo que visites *www.drsears.com*, que es mi página web que contiene un montón de archivos antiguos que te permitirán profundizar en la ciencia de la Zona. Por supuesto, siempre puedes contactar con mi equipo en el 1-800-404-8171 para responder a tus preguntas sobre la función de la dieta y sobre la inflamación silenciosa.

En España, puedes obtener más información
llamando al teléfono gratuito 900 807 411

o contactando a través de la web
www.enerzona.net

Apéndice B

Bloques de alimentos

El concepto bloques de alimentos de macronutrientes nos proporciona un método sencillo para elaborar platos de la Zona. A continuación te presentamos el tamaño de las raciones de los bloques de proteína, los de hidratos de carbono y los de grasa que equivalen a un bloque. No olvides que los volúmenes de proteína son para raciones crudas. Cada bloque de hidratos de carbono representa la cantidad de hidratos de carbono promotores de la insulina que contiene esa porción. Aunque, por lo general, los hidratos de carbono favorables tienen un índice glucémico bajo, hay excepciones, como los helados y las patatas fritas, que también tienen un alto contenido en grasa (véase el índice glucémico del Apéndice E).

He convertido los bloques en medidas muy fáciles de memorizar. Esta lista no pretende ser exhaustiva. Si en ella no encuentras alguno de tus alimentos favoritos, consulta el libro *Complete Book of Food Counts* de Corinne Netzer (Dell, 1991), donde la encontrarás ampliada. La he actualizado desde que se publicó la *Dieta para estar en la Zona*, por lo que algunos bloques son distintos de los de la versión original.

Siempre que confecciones un menú de la Zona, recuerda la regla básica: que los bloques de proteína y los de hidratos de carbono estén en relación de 1:1.

Unidades de medida
Taza: equivale al volumen de un vaso de agua de 250 ml.
Cucharada: contenido de una cuchara sopera.
Cucharadita: contenido de una cuchara de las de café.

MINIBLOQUES DE PROTEÍNAS
(Equivale a 7 g de proteína)

Fuentes favorables – La mejor elección

Carne fresca	Peso (g)
Cordero (muslo y costilla)	35
Ciervo	35
Ternera	35
Pavo sin piel (pechuga)	30
Pavo fiambre (pechuga)	45
Pollo sin piel (pechuga)	30
Pollo fiambre (pechuga)	45
Avestruz (pechuga)	35
Caracoles	55
Ancas de rana	50
Bacon de pavo	3 tiras
Vacuno	35
Cabrito	35
Caballo	35
Conejo, sin muslo	35
Faisán	30
Cerdo	35
Pollo sin piel, sin pechuga	35
Perdiz	30
Pavo sin piel, sin pechuga	40
Cecina, magra	30
Avestruz	30

Carnes transformadas	Peso (g)
Jamón de York desgrasado	30
Jamón crudo desgrasado	25

Quesos	Peso (g)
Queso de cabra fresco	60
Queso fresco	40
Feta	45
Quesos light	45
Mozzarela de vaca (desnatada)	35
Requesón de búfala	65
Requesón de oveja	75
Requesón de vaca	80
Brie	35
Camembert	35
Gorgonzola	35
Mozarela de búfala	40
Parmesano	20
Provolone	25
Ricotta, desnatada	75

Huevos	Cantidad
Clara	2
Entero	1

Proteína de origen vegetal	Cantidad
Albóndiga de Soja	1 unidad
Hamburguesa de Soja	$1/2$ pieza
Proteína en polvo (según concentración)	8-10 g
Perrito caliente de Soja	1 unidad
Salchichas de Soja	2 unidades

Pescado	Peso (g)
Anchoas	40
Anchoa en aceite	30
Anguila de cría, filetes	50
Anguila de río	60
Langosta	45
Arenque fresco	45
Arenque ahumado	35
Arenque escabechado	40
Arenque sin sal	35
Carpa	35
Mújol	45
Huevos de Mújol (bote)	20
Mero	40
Mejillón	60
Gamba	50
Cangrejo	40
Hipogloso (Halibut)	40
Lucio	40
Bacalao	35
Bacalao seco	25
Merluza o pescadilla fresca	40
Dorada	35
Pagel	35
Pez gato	45
Pez persa	45
Pez espada	45
Pulpo	65
Salmón fresco*	40
Salmón ahumado*	30
Salmón en salmuera*	35
Sardo	35
Sardinas*	35
Calamar	50
Caballa fresca*	40
Caballa en salmuera*	35
Lenguado	40

* Rico en EPA.

Lirio	30
Lubina salvaje	40
Lubina de cría	30
Esturión	35
Huevos de esturión (caviar)	25
Atún fresco	30
Atún en salmuera	30
Atún en aceite	30
Salmonete	45
Trucha	50
Trucha de cría, filetes	35
Almejas	70
Abadejo	45
Vieira	45

Fuentes desfavorables – Intentar evitar

Carne fresca	Peso (g)
Cordero	35
Pato doméstico	35
Hamburguesa grande	$1/4$
Vacuno, con grasa**	35
Caballo, con grasa**	35
Hamburguesa con queso	$1/2$
Conejo, muslo	35
Menudillos varios	30
Gallina	35
Hamburguesa	$1/2$
Cerdo, con grasa	35
Ganso	45
Pollo con piel	35
Pavo con piel	35
Ternera picada (10-15% grasa)	45
Ternera picada (más de 15% grasa)**	45

** Contiene Ácido Araquidónico.

Quesos	Peso (g)
Emmenthal	25
Queso de oveja curado	25

Huevos	Cantidad
Yema	2

Carnes transformadas	Peso (g)
Sobrasada	35
Carne vacuna prensada, enlatada	45
Chicharrones	15
Mortadela	50
Tocino	30
Paté de conejo, de hígado	55
Paté de pollo, de jamón	60
Salchichón	25
Salchicha de cerdo	45
Kielbasa (salchicha alemana)	60
Perrito caliente (cerdo o ternera)	1 unidad
Perrito caliente (pavo o pollo)	1 unidad

MINIBLOQUES DE CARBOHIDRATOS
(Equivale a 9 g de carbohidratos)

Fuentes favorables – La mejor elección

Legumbres	Peso crudo (g)	Peso cocido (g)
Garbanzos	20	60 ($1/_4$ taza)
Judías	20	50 ($1/_4$ taza)
Judías verdes	380	360 (2 tazas)
Habas frescas	200	160
Habas secas	15	$1/_4$ taza
Lentejas secas	15	45 ($1/_4$ taza)
Altramuces	125	

Hortalizas, tubérculos, hierbas aromáticas	Peso crudo (g)	Peso cocido (g)
Acelgas cortadas	300	250 (1 y $1/_2$ tazas)
Espárragos trigueros	270	2 tazas
Espárragos blancos	300	290 (2 tazas)
Brécol	290	280 (2 tazas)
Alcachofas	360	270 (1 y $1/_2$ tazas)
Coliflor	330	300 (2 tazas)
Coles de Bruselas	215	190 (1 taza)
Col roja	335	
Col verde	360	360 (2 tazas)
Pepinos	500	2 tazas
Cebollas	160	130 ($1/_2$ taza)
Hinojo	libre	
Setas comunes	libre	
Endibia	330	2 tazas
Ensalada: achicoria, lechuga	libres	
Berenjenas	350	280 (2 tazas)
Menta	170	
Pimientos amarillos y rojos	130	$1/_2$ taza
Pimientos verdes	150	$1/_2$ taza

Tomates de ensalada	300	1 taza
Conserva de tomate	45	
Tomate triturado	300	1 taza
Tomates maduros	250	1 taza
Tomates pelados, en lata.	300	1 taza
Zumo de tomate	300	1 taza
Puerros	170	1 taza
Achicoria roja	550	
Achicoria verde	libre	
Nabos	240	230
Rábanos	500	
Espinacas, también congeladas	300	260 (1 y $^1/_2$ tazas)
Jaramago o diente de león	250	
Trufa negra	libre	
Calabacines	640	600 (2 tazas)
Borraja		1 y $^1/_2$ tazas
Cardo		1 y $^1/_2$ tazas

Fruta	Peso (g)	Cantidad
Albaricoques	130	3 unidades
Guindas	90	
Piña	90	$^1/_2$ taza
Naranjas	115	$^1/_2$ unidad
Sandía	250	$^3/_4$ taza
Fresas	170	1 taza
Kivi	100	1 unidad
Frambuesas	140	
Limones	400	
Litchi	50	
Macedonia al natural	120	
Clementinas	70	1 unidad
Mandarinas	50	1 unidad
Granadas	50	
Manzanas	90	$^1/_2$ unidad
Membrillos	140	
Melones de invierno	180	$^1/_2$ taza
Melones de verano	120	
Arándanos	175	

Nísperos	150	
Pasiflora (fruta de la pasión)	160	
Peras	100	$^1/_2$ unidad
Pomelo	145	
Ciruelas negras	85	1 unidad
Ciruelas amarillas	125	1 unidad
Ciruelas rojas	85	1 unidad
Grosella	135	
Uva	60	$^1/_2$ taza

Cereales	Peso crudo (g)	Peso cocido (g)
Avena	20	50 (1 tacita de café)
Gachas	15	
Harina de cebada	15	
Copos de centeno	10	
Cebada en grano	15	1 tacita de cafe

Fuentes desfavorables – Intentar evitar

Legumbres	Peso crudo (g)	Peso cocido (g)
Guisantes frescos	140	120 ($^1/_2$ taza)
Guisantes en lata, escurridos	80	$^1/_4$ taza
Guisantes secos	20	

Hortalizas	Peso crudo (g)	Peso cocido (g)
Remolacha	225	
Zanahorias	120	120 ($^1/_2$ taza)
Maíz	30	$^1/_8$ taza
Patatas	50	
Patata asada	35	
Patatas fritas	30	
Calabaza	250	

Fruta	Peso (g)
Albaricoques deshidratados	10
Albaricoques secos	15
Plátanos	60
Castañas	25
Castañas secas	15
Cerezas confitadas	15
Dátiles	15
Higos frescos	80
Higos secos	15
Kaki	55
Mango	70
Manzanas deshidratadas	10
Papaya	130
Peras confitadas	10
Ciruelas secas	15
Pasas	10

Cereales y derivados	Peso (g)	Cantidad
Cracker salado	10	2
Harina de trigo duro	15	
Harina de trigo duro integral	15	
Harina de maíz	10	
Harina de maíz cocido	40	
Harina de centeno	15	
Tostadas	10	1
Tostadas integrales	15	1
Bastoncitos de pan	15	2
Pan de leche	15	
Pan al aceite	15	
Pan	15	1
Pan de centeno	20	
Pan integral	20	
Pasta al huevo	10	
Pasta de sémola	10	
Pasta de sémola cocida	30	
Arroz	10	$^1/_4$ taza

Arroz integral	15	$^1/_4$ taza
Sémola	10	

Dulces	Peso (g)	Cantidad
Bizcochos	10	1
Bizcochos integrales	15	
Barquillos	10	
Confitados	10	
Golosinas	10	
Chocolate	20	
Croissant	15	$^1/_2$
Crema de avellanas	15	
Costrada	15	
Fructosa	10	1 cucharita
Helado de chocolate	35	
Cucurucho de helado	30	
Helado empaquetado con galleta y crema	20	
Helado de leche	45	
Helado de castaña	35	
Helada de nata	35	
Polo de naranja	25	
Mermelada	15	
Bollos	15	
Miel	8	$^1/_2$ cuchara
Panettone	15	
Pasta de almendras	15	
Saboyanos	15	
Turrón de almendra	15	
Barquillo bañado de chocolate	15	
Azúcar	8	

Bebidas	Peso (g)	Cantidad
Naranjada	100	
Cerveza	180	
Cola	100	

Superalcóholicas (whisky, vodka...)   30
Vino   120 $^1/_2$ copa

Zumos de Fruta	Peso (g)
Zumo de albaricoque	60
Zumo de naranja	100
Zumo de pera	60
Zumo de uva	50

MINIBLOQUES DE GRASA
(Equivale a 1,5 g de grasa)

Fuentes favorables – La mejor elección

	Peso (g)	Cantidad
Anacardos	3	3
Cacahuetes	3	6
Aguacate	6	
Almendras	3	3
Avellanas	2,5	3
Nueces de macadamia	2,5	1
Nueces frescas	2,5	1
Nueces secas	2	1
Aceite de oliva	1,5	$^1/_3$ cucharada
Aceito de oliva extra virgen	1,5	$^1/_3$ cucharada
Aceitunas negras	5	3
Aceitunas verdes	10	3
Piñones	3	8
Pistachos	2,5	6

Fuentes menos favorables – Consumir con moderación

	Peso (g)	Cantidad
Mayonesa light	6	
Mayonesa	2	
Aceite de cacahuete	1,5	$^1/_3$ cucharada
Aceite de sésamo	1,5	$^1/_3$ cucharada

Fuentes desfavorables – Intentar evitar

	Peso (g)
Manteca	2
Tocino	1,5
Mayonesa	2
Margarina	2
Aceite, otros tipos	1,5
Nata	4

ALIMENTOS DE COMPOSICIÓN MIXTA

Fuentes favorables – La mejor elección

Leche y Yogur	Peso (g)	Bloques
Leche de vaca, semidesnatada*	200	1
Leche de vaca, UHT semidesnatada*	200	1
Yogur natural semidesnatado*	200	1

Soja	Peso (g)	Proteína	Minibloques: Carbohidrato	Grasa
Judías	40	2	1	2,5
Harina	40	2	1	3
Brotes	300	2,5	1	1,5
Leche	240	1	1,5	
Tempeh	45	1	1	
Tofu	32	1	1,5	

Fuentes menos favorables – Consumir con moderación

Cereales	Peso (g)	Proteína	Minibloques: Carbohidrato	Grasa
Germen de trigo duro	15	1	$1/2$	
Germen de trigo tierno	15	1	$1/3$	
Tortellini frescos	20	1	$1/3$	
Tortellini secos	15	1	$1/3$	

* Contienen proteínas, carbohidratos y grasas en las justas proporciones.

Apéndice C

Hidratos de carbono favorables y desfavorables

No existe el concepto de hidrato de carbono prohibido en la Dieta de la Zona, pero tendrás que hacer elecciones para poder controlar tus niveles de insulina y, por consiguiente, la inflamación silenciosa. Las elecciones se basan en la carga glucémica del hidrato de carbono. Cuanto más alta sea la carga glucémica de una comida, más insulina producirás. Los términos *favorable* y *desfavorable* simplemente hacen referencia a la carga glucémica del hidrato de carbono. Una ración típica de hidratos de carbono favorables tiene una carga glucémica baja, mientras que la misma ración de hidratos de carbono desfavorables tiene una carga glucémica alta.

Para hacer una comida en la Zona, empieza por tomar algo de proteína baja en grasa que tenga el tamaño y el grosor de la palma de tu mano. Luego añade una cantidad adecuada de hidratos de carbono favorables que no superen el doble del volumen de la proteína baja en grasa. Si en tus comidas la mayoría de los hidratos de carbono son favorables, reducirás la secreción de insulina. Procura asegurarte de que al menos dos tercios de los hidratos de carbono de tu plato pertenecen a la lista de los favorables.

Por último, añade una pizca (eso es una pequeña dosis) de grasa monoinsaturada, como aceite de oliva, almendras o aguacate para completar tu Dieta de la Zona.

Favorable	Desfavorable
Verduras sin almidón	Cereales
Frutas	Almidones
	Zumos de fruta
	Pan, cereales para el desayuno, pasta, alimentos procesados (comida basura)

Apéndice D

Bloques de hidratos de carbono de la Zona

Puedes contar los hidratos de carbono favorables y desfavorables utilizando los bloques de hidratos de carbono de la Zona. Un bloque de hidratos de carbono equivale a 9 gramos de carbohidratos estimuladores de la insulina (total de hidratos de carbono menos la fibra). Los hidratos de carbono favorables son los que tienen una baja carga glucémica, mientras que los desfavorables son los de alta carga glucémica. El método de los bloques de hidratos de carbono simplemente te permite cuantificar la cantidad total de hidratos de carbono de una comida con mayor precisión.

Para componer una comida en la Zona has de incluir proteína baja en grasa que no supere el tamaño y el grosor de la palma de tu mano. Una mujer normal necesitará unos 90 gramos de proteína, mientras que un hombre unos 120 gramos. Luego añadirás la cantidad adecuada de bloques de hidratos de carbono de la Zona. Una mujer normal necesitará unos 3 bloques, mientras que un hombre necesitará unos 4 bloques. Intenta siempre asegurarte de que más de dos tercios de tus hidratos de carbono se encuentren en la lista de los favorables. Si lo haces así, tu plato será generoso en cada comida.

Por último, añade una pizca (una pequeña cantidad) de grasa monoinsaturada, como aceite de oliva, almendras laminadas o aguacate para completar tu comida en la Zona.

HIDRATOS DE CARBONO FAVORABLES

Verduras cocidas	Cantidad para 1 bloque de hidratos de carbono
Acelgas troceadas	2 tazas
Alcachofas	4 grandes
Alcachofas, corazones de	1 taza
Alubias rojas	$1/4$ de taza
Berenjenas	$1\,1/2$ tazas
Bok choi	3 tazas
Brécoles	4 tazas
Calabacines en rodajas	2 tazas
Calabaza amarilla cortada	1 taza
Cardo troceado	$2\,1/2$ tazas
Cebollas cortadas y cocidas	$1/2$ taza
Champiñones hervidos	2 tazas
Chucrut	1 taza
Col	3 tazas
Col rizada troceada	2 tazas
Coles de Bruselas	$1\,1/2$ tazas
Coliflor	4 tazas
Espárragos	1 taza (12 puntas)
Espinacas troceadas	1 taza
Fríjoles	$1/4$ de taza
Garbanzos	$1/4$ de taza
Judías verdes	$1\,1/2$ tazas
Lentejas	$1/4$ de taza
Nabo, puré	$1\,1/2$ tazas
Nabo, hojas troceadas	4 tazas
Puerros	1 taza
Quingombó cortado y cocido	1 taza
Zanahorias en rodajas	1 taza

Verduras crudas	Cantidad para 1 bloque de hidratos de carbono
Alfalfa, brotes	10 tazas
Apio en rodajas	4 tazas
Bambú, tallos	4 tazas
Berros	10 tazas
Brécoles, cogollos	4 tazas
Castaña de agua	$1/2$ taza
Cebollas en rodajas	$1\,1/2$ tazas
Champiñones cortados	4 tazas
Col a tiras	4 tazas
Coliflor, cogollos	4 tazas
Endibias troceadas	10 tazas
Escarola troceada	10 tazas
Espinacas troceadas	10 tazas
Guisantes	$1\,1/2$ tazas
Hummus	$1/4$ de taza
Lechuga iceberg (15 cm de diámetro)	2 unidades
Lechuga romana cortada	10 tazas
Pepino	$1\,1/2$ mediano
Pepino en rodajas	4 tazas
Pimientos verdes o rojos	2
Pimientos verdes o rojos troceados	2 tazas
Pimientos jalapeños	2 tazas
Rábanos en rodajas	4 tazas
Salsa	$1/2$ taza
Tomates	2
Tomates cherry	2 tazas
Tomates troceados	$1\,1/2$ tazas
Zanahoria en tiras	1 taza

Frutas	Cantidad para 1 bloque de hidratos de carbono
Albaricoques	3
Cerezas	8
Ciruelas	1
Frambuesas	1 taza
Fresas en rodajas finas	1 taza
Kiwi	1
Lima	1
Limón	1
Macedonia de frutas	$1/3$ de taza
Mandarina	1
Mandarina envasada	$1/3$ de taza
Manzana	$1/2$
Compota de manzana sin azúcar	$1/3$ de taza
Melocotón	1
Melocotón envasado	$1/2$ taza
Moras	$3/4$ de taza
Naranja	$1/2$
Nectarina mediana	$1/2$ taza
Pera	$1/2$
Pomelo	$1/2$
Uvas	$1/2$ taza

Cereales	Cantidad para 1 bloque de hidratos de carbono
Cebada seca	$1/4$ de taza
Copos de avena de cocción lenta	$1/3$ de taza (cocida)
Copos de avena de cocción lenta	15 g (secos)

Lácteos	Cantidad para 1 bloque de hidratos de carbono
Leche (desnatada)	1 taza
Leche de soja	1 taza
Yogur entero	$1/2$ taza

HIDRATOS DE CARBONO DESFAVORABLES

Verduras cocinadas	Cantidad para 1 bloque de hidratos de carbono
Alubias blancas	$1/4$ de taza
Alubias blancas en salsa de tomate	$1/4$ de taza
Alubias fritas	$1/4$ de taza
Alubias pintas	$1/4$ de taza
Boniato asado	$1/3$ de taza
Boniato, en puré	$1/4$ de taza
Calabaza	$1/2$ taza
Chirivía	$1/3$ de taza
Guisantes	$1/2$ taza
Maíz	$1/4$ de taza
Patata, asada	$1/4$
Patata, hervida	$1/3$ de taza
Puré de patatas	$1/4$ de taza
Patatas fritas	5 unidades
Remolacha en rodajas	$1/2$ taza

Frutas	Cantidad para 1 bloque de hidratos de carbono
Arándanos	$3/4$ de taza
Arándanos, compota de	$3/4$ de taza
Ciruelas secas	2
Guayaba	$1/2$
Higos	1
Kumquat	3
Mango en rodajas	$1/3$ de taza
Melón cantalupo	$1/4$
Melón cantalupo en dados	$3/4$ de taza
Melón de pulpa verde en cubos	$2/3$ de taza
Papaya, en dados	$3/4$ de taza
Pasas	1 cucharadita
Piña, troceada	2
Plátano	$1/3$
Sandía en dados	$3/4$ de taza

Zumos de frutas	Cantidad para 1 bloque de hidratos de carbono
Arándanos	$1/4$ de taza
Hortalizas	$3/4$ de taza
Lima	$1/3$ de taza
Limonada sin azúcar	$1/3$ de taza
Macedonia de frutas	$1/4$ de taza
Manzana	$1/3$ de taza
Naranja	$1/3$ de taza
Piña	$1/4$ de taza
Pomelo	$1/3$ de taza
Sidra de manzana	$1/3$ de taza
Tomate	1 taza
Uva	$1/4$ de taza

Cereales, harinas y panes	Cantidad para 1 bloque de hidratos de carbono
Arroz blanco hervido	$1/5$ de taza
Arroz integral hervido	$1/5$ de taza
Bastoncitos de pan, blandos	$1/2$
Bastoncitos de pan, duros	1
Bollo, pequeño	$1/4$ de unidad
Cereales secos para el desayuno	15 g
Crepes (de 10 cm diámetro)	1
Cruasán	$1/2$ unidad
Cuscús, seco	15 g
Fideos de huevo, hervidos	$1/4$ de taza
Trigo sarraceno seco	15 g
Trigo bulgur seco	15 g
Galletas rellenas	$1 1/2$
Galletas, saladas	4 unidades
Galletas, no saladas	3 unidades
Harina de maíz	4 cucharaditas
Magdalena	$1/4$ de unidad
Magdalena con pasas, pequeña	$1/2$ unidad
Mijo, seco	15 g
Palomitas de maíz	2 tazas

Pan, blanco o integral	$1/2$ rebanada
Pan rallado	15 g
Pan de maíz	1 rebanada de 10 cm
Pan de pita	$1/2$ unidad
Pan de pita pequeño	1 unidad
Panecillo	$1/2$ unidad
Panecillo grande	$1/4$ de unidad
Panecillo pequeño	$1/2$ unidad
Panecillo de hamburguesa	$1/2$ unidad
Pasta, hervida	$1/4$ de taza
Pastelillo de arroz	1
Sémola cocida	$1/3$ de taza
Taco (torta de maíz)	1
Tortilla de maíz (12 cm diámetro)	1
Tortilla de trigo (16 cm diámetro)	$1/2$
Tostada Melba	15 g
Waffle (barquillos)	$1/2$

Alcohol	Cantidad para 1 bloque de hidratos de carbono
Cerveza, *light*	180 ml
Cerveza, normal	120 ml
Licores destilados	30 ml
Vino	120 ml

Otros	Cantidad para 1 bloque de hidratos de carbono
Azúcar en terrones	3 unidades
Azúcar granulado	2 cucharaditas
Azúcar integral	2 cucharaditas
Azúcar de confitería	1 cucharadita
Barrita de caramelo	$1/4$ de unidad
Bizcocho	$1/3$ de rebanada
Compota de ciruela	$1 1/2$ cucharadas
Galletas, pequeñas	1 unidad
Helado normal	$1/4$ de taza

Helado superior	$^1/_6$ de taza
Ketchup	2 cucharadas
Melazas ligeras	$^1/_2$ cucharadita
Mermelada o gelatina	2 cucharadas
Miel	$^1/_2$ cucharada
Nachos	15 g
Patatas fritas de bolsa	15 g
Pretzel (rosquillas)	15 g
Salsa barbacoa	2 cucharaditas
Salsa rosa	2 cucharadas
Salsa teriyaki	1 cucharada
Sirope de arce	2 cucharaditas
Sirope para crepes	2 cucharaditas
Tofu congelado	$^1/_6$ de taza

Apéndice E

Puntos de la Zona

Los puntos de la Zona son otra forma de calcular la carga glucémica de cada comida. Los puntos de la Zona representan la carga glucémica relativa para una ración estándar de hidratos de carbono.

Para componer una comida en la Zona, empieza por una dosis adecuada de proteína baja en grasa que no exceda del tamaño y el grosor de la palma de tu mano. Para una mujer normal eso supone unos 90 gramos, y para el hombre unos 120 gramos. Luego añade suficientes hidratos de carbono para equilibrar la proteína. La mujer normalmente consume unos 15 puntos de la Zona por comida, mientras que el hombre consume unos 20 puntos. Al igual que con los bloques de hidratos de carbono, intenta que al menos dos tercios de hidratos de carbono sean del grupo de los favorables. Con el sistema de puntos de la Zona también podrás observar que los platos son mucho más generosos cuando se llenan con hidratos de carbono favorables, mientras que si usas los desfavorables verás un plato muy vacío. El secreto es saber cuándo has de dejar de añadir hidratos de carbono.

Por último, añade una pizca de grasa monoinsaturada, como aceite de oliva, almendras laminadas o aguacate, para completar tu comida.

HIDRATOS DE CARBONO FAVORABLES

Verduras cocidas	Ración	Puntos de la Zona
Acelgas troceadas	1 taza	1
Alcachofas	$^1/_2$ taza	3
Alcachofas, corazones de	$^1/_2$ taza	2
Alubias rojas	$^1/_2$ taza	6
Berenjenas	$^1/_2$ taza	3
Bok choi	$^1/_2$ taza	1
Brécoles	1 taza	1
Calabaza amarilla cortada	$^1/_2$ taza	2
Calabacines en rodajas	$^1/_2$ taza	1
Cardo troceado	$^1/_2$ taza	1
Cebollas cortadas y cocidas	$^1/_2$ taza	3
Champiñones hervidos	$^1/_2$ taza	1
Chucrut	$^1/_2$ taza	2
Col	1 taza	1
Col rizada troceada	1 taza	2
Coles de Bruselas	$^1/_2$ taza	1
Coliflor	1 taza	1
Espárragos	1 taza	3
Espinacas troceadas	$^1/_2$ taza	1
Fríjoles	$^1/_2$ taza	6
Garbanzos	$^1/_2$ taza	6
Judías verdes	$^1/_2$ taza	3
Lentejas	$^1/_2$ taza	6
Nabo, hojas troceadas	1 taza	1
Nabo, puré	$^1/_2$ taza	1
Puerros	$^1/_2$ taza	2
Quingombó cortado y cocido	$^1/_2$ taza	2
Zanahorias en rodajas	1 taza	4

Verduras crudas	Ración	Puntos de la Zona
Alfalfa, brotes de	1 taza	1
Apio en rodajas	$^1/_2$ taza	1
Bambú, tallos de	1 taza	1
Berros	1 taza	1
Brécoles, cogollos de	1 taza	1
Castaña de agua	$^1/_2$ taza	3
Cebollas en rodajas	$^1/_2$ taza	1
Champiñones cortados	1 taza	1
Col, en juliana	1 taza	1
Coliflor, cogollos de	1 taza	1
Endibias troceadas	1 taza	1
Escarola troceada	1 taza	1
Espinacas troceadas	1 taza	1
Garbanzos	$^1/_2$ taza	6
Guisantes	$^1/_2$ taza	1
Hummus	$^1/_2$ taza	3
Lechuga iceberg (15 cm de diámetro)	1 taza	1
Lechuga romana cortada	1 taza	1
Pepino	1 mediano	2
Pepino en rodajas	1 taza	1
Pimientos verdes o rojos	1	2
Pimientos verdes o rojos, troceados	1 taza	1
Pimientos jalapeños	$^1/_2$ taza	1
Rábanos en rodajas	1 taza	1
Salsa	$^1/_2$ taza	3
Tomate	1	1
Tomate cherry	$^1/_2$ taza	1
Tomate troceado	$^1/_2$ taza	1
Zanahoria, rallada	1 taza	4

Frutas	Ración	Puntos de la Zona
Albaricoques	4	9
Arándanos negros	$^3/_4$ de taza	5
Cerezas	12	8
Ciruelas	1	5
Frambuesas	1 taza	5
Fresas en rodajas finas	1 taza	3
Kiwi	1	5
Lima	1	5
Limón	1	5
Macedonia de frutas	$^1/_2$ taza	8
Mandarina	1	5
Mandarina envasada	$^3/_4$ de taza	11
Manzana	1	10
Manzana, compota de, sin azúcar	$^1/_2$ taza	8
Melocotón	1	5
Melocotón envasado	$^1/_2$ taza	5
Moras	$^3/_4$ de taza	3
Naranja	1	10
Nectarina mediana	1	10
Pera	1	10
Pomelo	$^1/_2$	5
Uvas	$^1/_2$ taza	5

Cereales	Ración	Puntos de la Zona
Cebada seca	$^1/_2$ taza	20
Copos de avena de cocción lenta	$^1/_2$ taza (cocida)	8
Copos de avena de cocción lenta	$^1/_2$ taza (secos)	20

Lacteos	Ración	Puntos de la Zona
Leche (desnatada)	1 taza	5
Leche de soja	1 taza	5
Yogur entero	$^1/_2$ taza	5

HIDRATOS DE CARBONO DESFAVORABLES

Verduras cocinadas	Ración	Puntos de la Zona
Alubias blancas	$^1/_2$ taza	14
Alubias blancas en salsa de tomate	$^1/_2$ taza	14
Alubias fritas	$^1/_2$ taza	14
Alubias pintas	$^1/_2$ taza	14
Boniato asado	$^1/_2$ taza	11
Boniato, en puré	$^1/_2$ taza	14
Calabaza	$^1/_2$ taza	7
Guisantes	$^1/_2$ taza	7
Maíz	$^1/_2$ taza	14
Patata, asada	$^1/_2$ taza	14
Patata, hervida	$^1/_2$ taza	11
Patata, puré de	$^1/_2$ taza	14
Patatas fritas	20 unidades	28
Remolacha en rodajas	$^1/_2$ taza	7

Frutas	Ración	Puntos de la Zona
Arándanos	$^1/_2$ taza	6
Arándanos, compota de	$^1/_4$ de taza	21
Ciruelas secas	$^1/_2$ taza	25
Guayaba	$^1/_2$ taza	7
Higos	1	7
Kumquat	1	2
Mango en rodajas	$^1/_2$ taza	11
Melón cantalupo	$^1/_3$	9
Melón cantalupo en dados	$^1/_2$ taza	6
Melón de pulpa verde, en cubos	1 taza	11
Papaya en dados	1 taza	9
Pasas	2 cucharadas	14
Piña, en dados	$^1/_2$ taza	7
Plátano	1	21
Sandía en dados	1 taza	11

Zumos de frutas	Ración	Puntos de la Zona
Arándanos	$^1/_2$ taza	14
Hortalizas	$^1/_2$ taza	5
Lima	$^1/_2$ taza	11
Limonada sin azúcar	$^1/_2$ taza	11
Manzana	$^1/_2$ taza	11
Macedonia de frutas	$^1/_2$ taza	14
Naranja	$^1/_2$ taza	11
Piña	$^1/_2$ taza	14
Sidra de manzana	$^1/_2$ taza	11
Tomate	$^1/_2$ taza	4
Uva	$^1/_2$ taza	14

Cereales, harina y panes	Ración	Puntos de la Zona
Arroz integral hervido	$^1/_2$ taza	18
Arroz blanco hervido	$^1/_2$ taza	18
Bastoncitos de pan, duros	2	14
Bastoncitos de pan, blandos	1	14
Bollo, pequeño	$^1/_2$	14
Cereales secos para el desayuno	30 g	14
Crepes (de 10 cm diámetro)	2	14
Cruasán	1	28
Cuscús, seco	30 g	14
Fideos de huevo, hervidos	$^1/_2$ taza	14
Galletas, rellenas	3	14
Galletas, saladas	6	11
Galletas, no saladas	5	14
Harina de maíz	4 cucharaditas	7
Magdalena	1	28
Magdalena con pasas pequeña	1	14
Mijo, seco	30 g	14
Palomitas de maíz	3 tazas	11
Pan, blanco o integral	1 rebanada	14
Pan de maíz	60 g	14
Pan de pita	1	14

Pan de pita pequeño	1	7
Pan rallado	30 g	14
Panecillo grande	$^1/_2$	14
Panecillo pequeño	1	14
Panecillo de hamburguesa	1	14
Pasta, hervida	$^1/_2$ taza	14
Pastelito de arroz	2	14
Sémola cocida	$^1/_2$ taza	11
Taco	2	14
Tortilla de maíz (12 cm diámetro)	1	7
Tortilla de trigo (16 cm diámetro)	1	14
Tostada Melba	4 rebanadas	14
Trigo bulgur seco	30 g	14
Trigo sarraceno seco	30 g	14
Waffle (barquillos)	1	14

Alcohol	Ración	Puntos de la Zona
Cerveza, *light*	350 ml	14
Cerveza, normal	350 ml	21
Licores destilados	30 ml	7
Vino	120 ml	4

Otros	Ración	Puntos de la Zona
Azúcar de confitería	1 cucharada	7
Azúcar en terrones	1	2
Azúcar granulado	1 cucharada	11
Azúcar integral	1 cucharada	11
Barrita de caramelo	1	28
Bizcocho	1 rebanada	21
Compota de ciruela	4 cucharaditas	7
Galletas	2	14
Helado normal	$^1/_2$ taza	14
Helado superior	$^1/_2$ taza	21
Ketchup	1 cucharada	4

Melazas ligeras	1 cucharadita	14
Mermelada o gelatina	1 cucharada	4
Miel	1 cucharada	14
Nachos	30 g	14
Patatas fritas de bolsa	30 g	14
Pretzel	30 g	14
Salsa barbacoa	2 cucharaditas	7
Salsa rosa	1 cucharada	4
Salsa teriyaki	1 cucharada	7
Sirope de arce	1 cucharada	11
Sirope para crepes	1 cucharada	11
Tofu congelado	$1/2$ taza	21

Cálculo del porcentaje de grasa corporal

Una manera rápida de determinar tu porcentaje de grasa corporal es simplemente utilizar una cinta métrica. Debes realizar todas las mediciones sobre la piel (no sobre la ropa) y asegurarte de que la cinta se ajusta bien pero sin presionar la piel y el tejido de debajo de la piel. Tómate las medidas tres veces y calcula la media. Todas las medidas deberías tomarlas en centímetros.

Cómo calcular el porcentaje de grasa corporal en las mujeres

Hay cinco pasos que dar para calcular tu porcentaje de grasa corporal:

1. Primero, mídete las caderas por la parte más ancha, y la cintura a la altura del ombligo. Es muy importante que la midas a la altura del ombligo y no por la parte más estrecha de la cintura. Toma cada una de estas medidas tres veces y saca la media.
2. Mide tu altura en centímetros sin zapatos.
3. Apunta la medida de tu altura, de tu cintura y de tu cadera en la hoja que encontrarás más adelante.
4. Busca cada una de las medidas en la columna apropiada de la siguiente tabla y apunta las constantes en la hoja.
5. Añade las constantes A y B, y después resta la constante C de esta suma y redondéalo al número entero más próximo. Ese número es tu porcentaje de grasa corporal.

Conversión de las Constantes para Calcular el Porcentaje de Grasa Corporal en las Mujeres

Caderas		Abdomen		Altura	
Centímetros	Constante A	Centímetros	Constante B	Centímetros	Constante C
75	32,75	50	14	140	33,59
76	33,39	51	14,27	141	33,83
77	33,83	52	14,55	142	34,07
78	34,44	53	14,83	143	34,31
79	34,98	54	15,11	144	34,55
80	35,70	55	15,39	145	34,79
81	36,14	56	15,67	146	35,03
82	36,59	57	15,95	147	35,27
83	37,30	58	16,23	148	35,51
84	37,75	59	16,51	149	35,75
85	38,20	60	16,79	150	35,99
86	38,90	61	17,07	151	36,23
87	39,35	62	17,35	152	36,47
88	40,05	63	17,64	153	36,71
89	40,45	64	17,92	154	36,95
90	41	65	18,19	155	37,19
91	41,75	66	18,48	156	37,43
92	42,10	67	18,75	157	37,67
93	42,65	68	19,03	158	37,91
94	43,20	69	19,31	159	38,15
95	43,75	70	19,59	160	38,39
96	44,30	71	19,87	161	38,63
97	44,85	72	20,15	162	38,87
98	45,40	73	20,43	163	39,11
99	46,02	74	20,71	164	39,35
100	46,65	75	20,99	165	39,59
101	47,19	76	21,27	166	39,83
102	47,66	77	21,55	167	40,07
103	48,21	78	21,83	168	40,31

Caderas		Abdomen		Altura	
Centímetros	Constante A	Centímetros	Constante B	Centímetros	Constante C
104	48,77	79	22,11	169	40,55
105	49,24	80	22,39	170	40,79
106	49,86	81	22,67	171	41,03
107	50,39	82	22,95	172	41,27
108	50,90	83	23,23	173	41,51
109	51,51	84	23,51	174	41,75
110	52,00	85	23,79	175	41,99
111	52,67	86	24,07	176	42,23
112	53,14	87	24,35	177	42,47
113	53,71	88	24,63	178	42,72
114	54,26	89	24,91	179	42,96
115	54,81	90	25,19	180	43,20
116	55,38	91	25,48	181	43,44
117	55,91	92	25,75	182	43,68
118	56,46	93	26,03	183	43,92
119	57,00	94	26,31	184	44,26
120	57,56	95	26,59	185	44,40
121	58,14	96	26,87	186	44,64
122	58,66	97	27,15	187	44,88
123	59,18	98	27,43	188	45,12
124	59,72	99	27,71	189	45,36
125	50,36	100	27,99	190	45,60
126	60,87	101	28,27	191	45,84
127	61,42	102	28,55	192	46,08
128	61,96	103	28,83	193	46,32
129	62,50	104	29,11	194	46,56
130	63,06	105	29,39	195	46,80
131	63,61	106	29,67	196	47,04
132	64,16	107	29,95	197	47,18

Caderas		Abdomen		Altura	
Centímetros	Constante A	Centímetros	Constante B	Centímetros	Constante C
133	64,70	108	30,23	198	47,42
134	65,26	109	30,51	199	47,66
135	65,81	110	30,79	200	47,90
136	66,36	111	31,07		
137	66,91	112	31,35		
138	67,46	113	31,64		
139	68,01	114	31,92		
140	68,55	115	32,20		
141	69,11	115	32,48		
142	69,66	117	32,75		
143	70,17	118	33,03		
144	70,76	119	33,31		
145	71,31	120	33,59		
146	71,86	121	33,87		
147	72,41	122	34,15		
148	72,96	123	34,43		
149	73,51	124	34,71		
150	74,06	125	34,99		

Hoja para que las Mujeres puedan Calcular su Porcentaje de Grasa Corporal

Medida media de caderas _____ (utilizada para la constante A)

Medida media del abdomen _____ (utilizada para la constante B)

Altura _____ (utilizada para la constante C)

Busca en la tabla de las páginas **338-340**, cada una de las medidas medias y la de tu altura en la columna apropiada.

Constante A = _____

Constante B = _____

Constante C = _____

Para determinar tu porcentaje aproximado de grasa corporal, añade las constantes A y B. De ese total, resta la constante C. El resultado es tu porcentaje de grasa corporal, como se muestra aquí.

(Constante A + Constante B) – Constante C = % Grasa Corporal

Cómo calcular el porcentaje de grasa corporal en los hombres

Hay cuatro pasos que dar para calcular tu porcentaje de grasa corporal:

1. Mide la circunferencia de tu cintura a la altura del ombligo. Toma cada una de estas medidas tres veces y calcula la media.
2. Mídete la muñeca en el espacio entre tu mano dominante y el hueso de tu muñeca, en el lugar donde se tuerce la muñeca.
3. Anota estas medidas en la hoja para los hombres.
4. Resta la medida de tu muñeca de la medida de tu cintura y busca el resultado en la tabla. A la izquierda de esta tabla, encontrarás tu peso. Pasa a la derecha de tu peso y hacia abajo a partir de la medida de tu cintura restándole la medida de la muñeca. En la intersección de estos dos puntos, lee tu porcentaje de grasa corporal.

Hoja para que los Hombres puedan Calcular su Porcentaje de Grasa Corporal

Medida media de la cintura _____ (centímetros)

Medida media de la muñeca _____ (centímetros)

Resta la medida de la muñeca de la medida de la cintura. Utiliza la tabla que empieza en la página **343** para encontrar tu peso. Después encuentra tu número de «cintura menos muñeca». En la intersección de las dos columnas encontrarás tu porcentaje aproximado de grasa corporal.

Una vez que hemos calculado la grasa corporal, vamos a calcular el peso libre de grasa y a partir de este valor y teniendo en cuenta el ejercicio físico que se realiza, calculamos las necesidades de proteínas, carbohidratos y grasas que requiere cada persona.

Cálculo del Porcentaje de la Grasa Corporal del Hombre

Peso (kg)	Cintura − muñeca (cm):								
	56	57	58	59	60	61	62	63	64
55	4	6	8	10	11	12	14	16	17
57	4	6	7	9	10	11	13	15	16
59	3	5	7	9	10	11	12	14	15
61	3	5	7	8	9	10	12	13	14
63	3	5	5	8	9	10	11	13	14
65		4	6	7	8	9	11	12	13
67		4	6	7	8	9	10	11	12
69		4	5	7	8	9	10	11	12
71		4	5	6	7	8	10	11	12
73		4	5	6	7	8	9	10	11
75		3	5	6	7	8	9	10	11
77		3	4	6	7	7	9	10	11
79			4	6	6	7	8	9	10
81			4	5	6	7	8	9	10
83			4	5	6	6	8	9	10
85			4	5	6	6	7	8	9
87			4	5	5	6	7	8	9
89			3	4	5	6	7	8	9
91			3	4	5	6	7	8	8
93	4	5	5	6	7	8			
95	4	5	5	6	7	8			
97	4	4	5	6	7	8			
99	4	4	5	6	7	8			
101	3	4	4	6	7	8			
103	3	4	4	6	7	8			
105	3	4	4	5	5	7			
107	3	3	4	5	5	7			
109		3	4	5	6	6			
111		3	4	5	6	6			
113			4	5	6	6			
115			3	4	5	6			
117			3	4	5	6			
119			3	4	5	6			
121			3	4	5	6			
123				4	5	5			
125				4	5	5			
127				4	4	5			
129				4	4	5			
131				3	4	4			
133				3	4	4			
135				3	4	4			

Cintura – muñeca (cm):

Peso (kg)	65	66	57	68	69	70	71	72	73
55	18	20	21	22	23	25	27	29	30
57	17	19	20	21	22	24	26	28	30
59	16	18	20	21	22	23	25	27	28
61	15	17	19	20	21	22	24	26	27
63	15	16	18	19	20	21	23	24	26
65	14	15	17	18	19	20	22	23	24
67	14	15	16	17	18	19	21	23	24
69	13	15	16	17	18	19	20	22	23
71	13	14	16	17	18	19	20	21	22
73	12	14	15	17	18	18	19	20	21
75	12	13	14	16	17	17	19	20	21
77	12	13	14	15	16	17	18	19	20
79	11	12	13	14	15	16	17	19	19
81	11	12	13	14	15	16	17	18	19
83	11	11	12	13	14	15	15	18	19
85	10	11	12	13	14	15	15	17	18
87	10	11	12	13	14	15	16	17	18
89	10	11	12	13	14	14	15	16	17
91	9	10	11	12	13	14	15	16	17
93	9	10	11	12	13	13	14	15	16
95	9	9	10	11	12	13	14	15	16
97	9	9	10	11	12	12	13	14	15
99	9	9	10	11	11	12	13	14	14
101	9	9	10	11	11	12	13	14	14
103	9	9	10	11	11	12	13	14	14
105	7	8	9	10	10	11	12	13	13
107	7	8	9	10	10	11	12	13	13
109	7	8	9	10	10	11	12	13	13
111	7	8	9	9	9	10	11	12	12
113	5	7	8	9	9	10	11	12	12
115	6	7	8	9	9	10	11	12	12
117	6	7	8	9	9	10	10	11	12
119	6	7	8	8	9	10	10	11	12
121	6	7	8	8	8	9	10	11	12
123	6	7	7	8	8	9	10	11	11
125	5	6	7	8	8	9	10	10	11
127	5	6	7	8	8	9	9	10	10
129	5	6	7	8	8	8	9	10	10
131	5	6	7	7	8	8	9	10	10
133	5	5	5	7	7	8	9	10	10
135	5	5	5	6	7	8	9	9	10

Cintura – muñeca (cm):

Peso (kg)	74	75	76	77	78	79	80	81	82
55	31	33	35	37	38	39	41	43	45
57	31	32	33	35	36	37	39	41	43
59	29	30	32	34	35	36	37	39	41
61	28	29	31	32	33	34	36	38	39
63	27	28	29	31	32	33	34	36	38
65	25	27	28	29	30	31	33	35	36
67	24	26	27	28	29	30	32	33	35
69	23	25	26	27	28	29	31	32	34
71	23	25	26	27	28	29	31	32	34
73	22	24	25	26	27	28	30	31	33
75	22	23	24	26	27	28	29	30	31
77	21	22	24	25	26	27	28	29	30
79	20	21	23	24	25	26	27	28	29
81	20	21	22	23	24	25	26	27	28
83	19	20	21	22	23	24	25	26	27
85	18	19	21	22	23	24	25	26	27
87	18	19	20	21	22	23	24	25	26
89	18	19	20	21	22	23	24	25	26
91	18	18	19	20	21	22	23	24	25
93	17	18	19	20	21	21	22	23	24
95	16	17	18	19	20	21	22	23	24
97	16	17	18	19	20	20	21	22	23
99	15	16	17	18	19	19	20	21	22
101	15	16	17	18	19	19	20	21	22
103	15	16	17	18	18	19	20	21	21
105	14	15	16	17	18	18	19	20	21
107	14	15	16	17	18	18	19	20	21
109	14	15	16	17	17	17	18	19	20
111	13	14	15	16	17	17	18	19	20
113	13	14	15	16	17	17	18	18	19
115	13	14	14	15	16	16	17	18	19
117	13	13	14	15	16	16	17	18	19
119	13	13	14	14	15	16	17	18	19
121	13	13	14	14	15	16	16	17	18
123	12	13	13	13	14	15	16	17	18
125	11	12	13	13	14	15	16	16	17
127	11	12	13	13	14	14	15	16	17
129	11	12	12	13	13	14	15	16	17
131	11	11	12	13	13	14	15	15	16
133	10	11	12	13	13	14	14	15	16
135	10	11	12	12	12	13	14	15	15

Peso (kg)	Cintura – muñeca (cm):								
	83	84	85	86	87	88	89	90	91
55	46	47	49	50	51	52	54		
57	44	45	46	48	49	50	52	54	
59	42	43	44	46	47	48	50	52	53
61	40	41	43	44	45	46	48	50	51
63	39	40	41	43	44	44	46	48	49
65	37	38	39	41	42	43	44	46	47
67	36	37	38	39	40	41	43	45	46
69	35	36	37	38	39	40	42	44	45
71	35	36	37	37	38	39	41	43	44
73	33	34	35	36	37	38	40	41	43
75	32	33	34	35	36	37	38	40	41
77	31	32	33	34	35	36	37	38	39
79	30	31	32	33	34	35	36	37	38
81	29	30	31	32	33	34	35	36	37
83	28	29	30	31	32	33	34	35	36
85	28	29	29	30	31	32	33	34	35
87	27	28	29	30	31	32	33	34	34
89	27	28	28	29	30	31	32	33	33
91	26	27	28	29	30	30	31	32	33
93	25	25	27	28	29	29	30	31	32
95	25	25	26	27	28	28	29	30	31
97	24	25	25	26	27	28	29	30	31
99	23	24	25	26	27	27	28	29	30
101	23	24	24	25	26	26	28	28	29
103	22	23	24	25	26	26	27	28	29
105	22	22	23	24	25	25	26	27	28
107	22	22	23	24	25	25	26	27	28
109	21	22	22	23	24	24	25	26	27
111	21	22	22	23	23	24	25	26	26
113	20	21	21	22	23	23	24	25	26
115	20	21	21	22	22	23	24	24	25
117	19	20	20	21	22	22	23	24	25
119	19	20	20	21	22	22	23	24	24
121	19	19	20	21	22	22	23	23	24
123	19	19	19	20	21	21	22	23	23
125	18	18	19	20	21	21	22	22	23
127	18	18	19	19	20	20	21	22	22
129	17	17	18	19	20	20	21	21	22
131	17	17	18	19	19	19	20	21	21
133	17	17	17	18	19	19	20	21	21
135	16	16	17	18	18	19	19	20	20

Peso (kg)	Cintura – muñeca (cm):								
	92	93	94	95	96	97	98	99	100
55									
57									
59	54	55							
61	52	53	55						
63	50	51	53	54					
65	48	49	51	52	53	54	55		
67	47	48	49	51	52	53	54	55	
69	46	47	48	50	51	52	53	54	55
71	45	46	47	49	50	51	52	53	54
73	44	45	46	47	48	49	50	51	53
75	42	43	44	45	47	48	49	50	51
77	40	41	43	44	45	46	47	48	49
79	39	40	41	43	44	45	46	47	48
81	38	39	40	41	42	43	44	45	47
83	37	38	39	40	41	42	43	44	46
85	36	37	38	39	40	41	42	43	45
87	35	36	37	38	39	40	41	42	44
89	34	35	36	37	38	39	40	41	43
91	34	35	36	37	38	39	40	40	41
93	33	34	35	36	37	38	39	39	40
95	32	33	34	35	36	37	38	38	39
97	31	32	33	34	35	36	37	37	38
99	30	31	32	33	34	35	36	36	37
101	30	31	32	33	34	35	36	36	37
103	29	30	31	32	33	34	35	35	36
105	29	30	31	32	33	34	35	35	35
107	28	29	30	31	32	33	34	34	35
109	27	28	29	30	31	32	33	33	34
111	27	27	28	29	30	31	32	32	33
113	26	27	28	29	30	30	31	31	32
115	25	26	27	28	29	30	31	31	32
117	25	26	27	27	28	29	30	30	31
119	25	26	27	27	28	29	30	30	31
121	24	25	26	27	28	28	29	29	30
123	24	25	25	26	27	28	29	29	30
125	23	24	25	25	26	27	28	28	29
127	23	24	24	25	26	27	27	28	29
129	22	23	24	25	26	26	26	27	28
131	22	23	23	25	26	26	26	27	27
133	21	22	23	24	25	25	26	26	27
135	21	22	22	23	24	24	25	26	26

Cintura – muñeca (cm):

Peso (kg)	101	102	103	104	105	106	107	108	109
55									
57									
59									
61									
63									
65									
67									
69									
71	55								
73	54	55							
75	52	53	54	55					
77	51	52	53	54	55				
79	49	50	51	52	53	54	55		
81	48	49	50	51	52	53	54	54	
83	47	48	49	50	51	52	53	53	54
85	46	47	48	48	49	50	51	51	53
87	45	46	47	47	48	49	50	50	52
89	44	45	46	46	47	48	49	49	50
91	42	43	44	45	46	47	48	48	50
93	41	42	43	44	45	46	47	47	48
95	40	41	42	43	44	45	46	46	47
97	39	40	41	42	43	44	45	45	46
99	38	39	40	41	42	43	44	44	45
101	38	39	40	40	41	42	43	43	44
103	37	38	39	40	40	41	42	43	44
105	37	37	38	39	40	40	41	42	43
107	36	36	37	38	39	39	40	41	42
109	35	35	36	37	38	39	40	40	41
111	34	34	35	36	37	38	39	39	40
113	33	34	35	35	36	37	38	38	39
115	33	33	34	34	35	36	37	37	38
117	32	33	33	34	35	35	36	36	37
119	32	32	33	33	34	34	35	36	37
121	31	31	32	33	34	34	35	35	36
123	31	31	32	32	33	34	34	35	36
125	30	30	31	32	32	33	33	34	35
127	29	30	30	31	32	32	33	33	34
129	29	29	30	30	31	31	32	33	34
131	28	28	29	30	31	31	31	32	33
133	27	28	28	29	30	30	31	32	32
135	27	27	28	29	29	30	30	31	32

Peso (kg)	Cintura – muñeca (cm):								
	110	111	112	113	114	115	116	117	118
55									
57									
59									
61									
63									
65									
67									
69									
71									
73									
75									
77									
79									
81									
83	55								
85	54	55	55						
87	53	54	54	55					
89	52	53	53	54	55	55			
91	51	52	52	53	54	55	55	55	
93	49	51	51	52	53	54	54	55	55
95	48	50	50	51	52	53	53	54	55
97	47	49	49	50	51	52	52	53	54
99	45	48	48	49	50	51	51	52	53
101	45	47	47	48	49	50	50	51	52
103	45	46	46	47	48	49	50	51	51
105	44	45	45	46	47	48	49	50	50
107	43	44	44	45	45	47	48	49	49
109	42	43	43	44	45	46	47	47	47
111	41	42	42	43	44	45	45	46	45
113	40	41	41	42	43	44	44	45	45
115	39	40	40	41	42	43	43	44	44
117	38	39	39	40	41	42	42	43	43
119	38	39	39	40	40	41	41	42	43
121	37	38	38	39	39	40	40	41	42
123	37	37	37	38	39	40	40	41	42
125	36	36	37	38	38	39	39	40	41
127	35	35	36	37	38	38	38	39	40
129	34	34	35	36	37	38	38	39	39
131	34	34	35	35	36	37	37	38	39
133	33	33	34	35	36	36	36	37	38
135	33	33	33	34	35	36	36	36	37

Cintura – muñeca (cm):

Peso (kg)	119	120	121	122	123	124	125	126	127
55									
57									
59									
61									
63									
65									
67									
69									
71									
73									
75									
77									
79									
81									
83									
85									
87									
89									
91									
93									
95	55								
97	54	55							
99	53	54	55	55					
101	52	53	54	54	55				
103	52	53	53	53	54	55	55		
105	51	52	52	52	53	54	55	55	56
107	50	51	51	51	52	53	54	54	55
109	48	49	50	50	51	52	53	53	54
111	47	48	49	49	50	51	52	52	53
113	46	47	48	48	49	50	51	51	52
115	45	46	47	47	48	49	50	50	51
117	44	45	46	46	47	48	49	50	50
119	44	44	45	45	46	47	48	49	49
121	44	44	45	45	46	47	48	48	49
123	43	43	44	44	45	46	47	48	48
125	42	42	43	43	44	45	46	47	47
127	41	42	42	43	43	44	45	46	46
129	40	41	42	42	43	43	44	45	45
131	39	40	41	41	42	43	43	44	44
133	39	39	40	40	41	42	43	43	43
135	38	39	39	39	40	41	42	43	43

PRODUCTOS ENERZONA

www.enerzona.net

📞 Teléfono gratuito
900.807.411

ENERZONA OMEGA 3 RX (cápsulas)

Aceite de pescado en Cápsulas.

Presentaciones de 90 y 180 cápsulas.

Complemento de ácidos grasos Omega 3 (EPA+DHA).

Altamente purificado y concentrado.

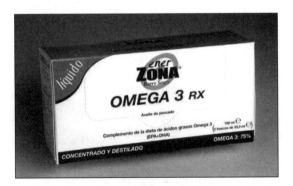

ENERZONA OMEGA 3 RX (3 x 33ml)

Aceite de Pescado Líquido.

Complemento de ácidos grasos Omega 3 ((EPA+DHA).

Altamente purificado y concentrado.

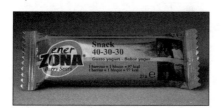

ENERZONA SNACK 40-30-30

Barrita con GLA, Magnesio, Vitamina E natural.

Sabores: cacao, coco, yogurt y naranja.

1 Barrita aporta 1 bloque.

ENERZONA NUTRITION BAR 40-30-30

Barrita con Vitaminas y Minerales.

Sabores: frutos rojos y chocolate.

1 Barrita aporta 2 bloques.

ENERZONA TENTEMPIÉ SALADO 40-30-30

Con aceite de oliva virgen extra, proteína de soja y fibras.

Sabores: mediterráneo y romero.

3 crakers aportan 1 bloque.

ENERZONA GALLETAS 40-30-30

Con aceite de oliva extra virgen, fibra y soja.

Variedades: avena y cacao.

4 galletas aportan 1 bloque.

ENERZONA SOPA JARDINERA 40-30-30

Con pasta, verduras variadas y proteínas de soja.

Aporta 3 bloques.

ENERZONA INSTANT MEAL 40-30-30

Complemento de la dieta glúcido - proteico en polvo.

Disuelto en 250 ml de leche semidesnatada.

Sabores: yogurt-fresa y chocolate.

Aporta 3 bloques.

Disuelto en agua aporta 2 bloques.

ENERZONA SOJA 90%

Complemento proteico de soja en polvo.

ENERZONA WHEY 90%

Complemento proteico
de suero de leche en polvo.